大学1冊目の
教科書

桃山学院大学教授
大野哲也
著

社会学

が面白いほどわかる本

KADOKAWA

（ もくじ ）

第 4 章 文化：創造されるホンモノ性

第 5 章 ジェンダー：社会的構築物としての性

第 9 章 障がい：差別と偏見を乗り越えたところにある差別心

第 10 章 コミュニケーション：私の「赤」とあなたの「赤」は同じか

第 11 章 環境：開発と自然保護のジレンマ

本文デザイン：ワークワンダース

（ はじめに ）

パプアニューギニアの老人

　今からさかのぼること三十数年、1988年から90年にかけての2年1か月間、大洋州に浮かぶ島国パプアニューギニアで暮らしていた。当時この国は「地球最後の秘境」と呼ばれ、日本社会で生きてきた者にとってはまさに異文化、毎日が驚きの連続だった。たとえばそこに暮らす人びとのほとんどは裸足で生活していた。貧しいから靴が買えないのではなく、そもそも靴を履く文化がないのだ。点在する町以外のムラで暮らす人たちは、電気はもとより水道もガスもない生活を営んでいた。そのような場所には時計もなく、正確な時間が必要ない——それはカレン

パプアニューギニアで活動する筆者

ダーがないことにつながる——日常を過ごしていた。友人のジョンソンに年齢を聞いてみると、「さあ、たぶん40歳くらいじゃないかな」と平然と答えたのをみて「歳なんて、そして時間なんて、人生にとっても社会にとってもたいした問題ではないのだ」という彼の感覚がよくわかり、なんだかとても気が楽になったことを思い出す。

　「700ある」といわれていた部族は互いに仲が悪く、女性、土地、さらには財産のシンボルであるブタをめぐって、弓矢と槍で武装した男たちが部族間戦争を頻繁に繰り返していた。社会全体が常にバイオレンスな雰囲気に包まれていて、生活していた間は夜間外出禁止令がずっと出ていた。

この国は第二次世界大戦時に激戦が繰り広げられた場所で、多くの日本兵が命を散らした悲惨な記憶の場でもあった。15万の兵士が送られ、12万8000人が命を落としたといわれている。大半は銃弾ではなく、食糧不足による飢えと、蚊を媒介にして罹るマラリアによって倒れたのだった。

　日本にとっては凄惨な歴史を有する国だが、住んでいた頃は、そのような面影はところどころに転がるように放置されている朽ち果てた戦闘機や軍事車両にみることができる程度であり、そこに暮らす人たちも戦争のことを話題にすることはまったくなかった。

　ただ、一度だけ面白い経験をした。仕事でラバウル島に行った時のこと、町を散策していると一人の老人がふらりと近づいてきた。自分たちとは肌の色や髪の毛の質がまったく違うアジアの人間をみつけて、興味と好奇心がむくむくと湧き上がってきたのかもしれない。おじいさんは出し抜けにこういった。「ニホンジンですか」。見知らぬ「外国人」がたどたどしくも正確な日本語を突然話したのでびっくりしたが、ともあれ、戸惑いつつ「そうです」と日本語で答えた。そうすると「おーっ」と歓声をあげて、満面の笑みをたたえながら「もしもしカメよ、カメさんよ」といきなり歌い出した。そして完全な歌詞と発音とメロディーで一番を歌い終えるとまたもや唐突に「タナカさんは元気ですか」といった。

　頭のなかが？マークでいっぱいになった私に彼が語ったところによると、その真相はこうだった。

「第二次世界大戦中に日本兵がたくさんやってきた」
「彼らは、当時、子どもだった私とよく遊んでくれた」
「タナカという人に日本語を教えてもらった」
「その時に"もしもしカメよ"の歌も教えてくれた」
「タナカはとてもよい人だった」
「彼は元気か？」

戦争に関して誰かがなにかを語り、メディアが伝えるときには、いかに残忍で悲惨で浅はかな行為であるかが強調される。「日本は唯一の被爆国」という言葉や、夏の高校野球のテレビ中継でかならず放送される８月15日の終戦記念日の黙祷などは、そのような集団的心象を象徴している。この姿勢は絶対的に正しい。「破壊と殺戮はよい行為だ」「どんどんするべきだ」とは誰も思わない。武力攻撃は人間性の否定と冒瀆であり、モノと自然と命の蕩尽であり、愚の骨頂である。

　だが個人の記憶レベルになると、戦時の楽しい記憶がよみがえることがある。微笑みながら「もしもしカメよ」と口ずさみ、歌を教えてくれた兵士タナカの今を気遣う心持ちは、自分とはなんの関係もない、いわばとばっちりともいえる交戦をけっして喜んではいないものの、非日常のなかの日常の一場面では、子ども心に楽しさがあったことの証左である。

　戦争をこのような視点からみたことはなかった。戦火を生き延びた父母と祖父母から断片的に聞く話は「食べるものがなくて生のドングリを食べた」「東京から着の身着のまま岡山に疎開した」などの定番化した苦労話ばかりだった。なので「楽しかった」という話はとても新鮮でインパクトがあった。30年以上も前の話なのにいまだにその光景を鮮明に再現できるのは、モノやコトを違う視点から見てみることの驚きがあまりにも強烈だったからだろう。

対象を違う視点でみる思考実験

　字面だけをみると社会学はとても簡単そうだ。なにせ「社会」を「学ぶ」のだから、「社会について考えるのだろう」とすぐに了解してしまう。しかも対象となる「社会」はあまりにも見慣れ、聞き慣れたコトバだ。

　大学入試で面接を担当するとき、「社会学ってどんな学問だと思っていますか」と質問することがある。すると多くの受験生は胸を張って「歴史とか政治とか社会問題とかを考えることです」と答える。

　その声を聞くたびに、笑みを保ったまま少しがっかりする。核心はその部分にはないからだ。

　ではエッセンスはなにか。パプアニューギニアで出会ったあの老人が、すでに教えてくれている。彼は社会学を生きているといえるのだ。

　社会学の心髄、一番重要な部分は「従来とは異なった視点で対象を捉える」ことにある。このことをもう少し深く考えてみよう。

　あなたの目の前に一本の缶ジュースがある。まず真正面に立ってみよう。どんな形に見えるだろうか。実際は円柱だが、そうは目に映らない。シルエットだけに限定すれば長方形に見えるはずだ。それを確認したうえで、次に上方にアングルを移動させてみよう。そうするとまん丸に見える。

　これが社会学的方法論である。

　なんだか、凡庸すぎて馬鹿にされたような気分になるかもしれない。しかしこのとき頭のなかでは、相当複雑な作業をしているのだ。円柱であることがすでにわかっているモノを、その「わかっている」をいったん横に置いておいて、長方形や真円だと認識・判断するのだから。

　パプアニューギニアの老人をもう一度振り返ってみよう。彼は戦争が悲惨なことは当然ながら理解している。そのうえでそのような感情

や知識をいったん留保して、戦場で経験した楽しい思い出を語ったのである。「凄惨な現場だったけれども、こういうこともあったのだよ」と。

私たちは日常生活を生きる実践の蓄積によって、知らず知らずのうちに視線を据えつけてはいないだろうか。「戦争はもっとも愚かな行為」「社会から犯罪はなくすべき」「女性がスカートを穿くのはよいが、男性がスカートを穿くのはおかしい」など、「〇〇はこうあるべき」というような価値観や意見、見る角度を固定化してしまっている。あるいは日々を生きるプロセスで、周囲（＝社会）からの影響を受けて一定の型に嵌め込まれていっている。

ある観念が自分自身のなかで凝り固まっているときに「社会学的方法論を用いてみよう」といわれても、戸惑ってしまうに違いない。「戦争はもっとも愚かな行為」以外の考え方がそもそも思い浮かばない。だがそれを乗り越えて、試行錯誤しつつ、従来とは異なる立ち位置から対象の違うかたちを追求するのが社会学の核心なのだ。

なぜそのようなことをするのだろうか。この方法論には、どのような意味や価値があるのか。大いにある。

パプアニューギニアでのことだ。住んでいた町から少し離れた経済的に豊かではないムラに行くと、ヘビ、トカゲ、ネズミなどを食べる文化があった。初めて見たときは、びっくりして「自分には無理だな」と思った。私が生まれ育った日本社会には、それらを食す文化はない。

この「理屈を超えた反射的な実感」を深掘りするとどうなるのか。

当初抱いた「彼らはなぜそれらを食べるのだろう」という素朴な疑問は、そっくりそのまま反転して「私はなぜそれらを食べられないのか」という問いと同じだとわかる。老人が戦時下での楽しい思い出を語ったことに驚いたのは、私に「戦争は100％悲惨だ」という前提があったからだ。社会学的思考法は「なぜ私は、戦争は100％悲惨だと思っているのか」と自問自答することにつながっているのだ。

思考実験としての社会学は、自分自身について一所懸命に考えるこ

とと同一だ。「あなた」の存在をいったん保留したうえで、あなた自身について考えることなのである。こうした学問は、小中高校で学ぶ知識のありようとは異なっている。そこでの勉学は基本的に、記憶することと、正しい答えを追求することに重点が置かれているからだ。漢字の読み書きを学ぶ、数学の公式を覚え応用して正答を求める、歴史を暗記する、元素記号を覚えるなどの学習はもとより、問題が生じた時には徹底的に話し合って最善の解決策を導き出すなど、これまでの学修は社会学的方法論とは対象へのアプローチの仕方がまるで違う。

　いまあなたは「社会学」というわかりやすい看板を掲げた知の扉を選択したわけだが、これは未知の世界の入り口でもあったのだ。

　あなたは自分自身をどのように捉えているだろうか。「私は男だ／女だ」「将来はYouTuberになりたい」「スマホがないと生きていけない」など、いろいろな性格や志向性や習慣があることだろう。そのような複雑怪奇な自己を、自分以外のモノやコトを経由して、いままでとは異なった立場から再考してみる。するとジュースの缶が長方形や真円に見えるように、新しい自分の姿が浮かび上がってくるに違いない。

常識を打破した先にある新しい地平

　社会学が採用する従来とは異なった視点とはなにか。①社会学がこれまで開発してきた多様な概念（ コラム1 ）、分析枠組み、知見を活用することで得られる視点、②自分で新たな概念を工夫・創造し、それらを組み合わせて新たな分析枠組みをつくりだすことによって得られる視点、③自らが文献探索や実地調査（ コラム2 ）をおこない、新たな知識を生み出すことによって得られる視点の三つである。

　本書は15章と4コラムで構成され計19のテーマを扱っているが、各パートで上記の三つをどのように応用・活用しているのかを簡潔に示しておこう。

　第一に、現代社会で頻繁に見聞し、体験する文化がいかにして人びとによって生成されてきたのかを振り返る研究の潮流がある。近代化の歴史のなかでスポーツ文化（第1章）、旅行文化（第3章）、伝統文化（第4章）などがどのように創造されたかを、社会学が蓄積してきた知見を応用して再構成する。これによって意外な事実を知ることができるだろう。

　第二に、私たちが人生で自然におこなっている恋愛（第6章）、家族生活（第7章）、食事（第8章）、身体動作や慣習や学び（ コラム3 ）、日常的に展開しているコミュニケーション（第10章）、宗教的行為（ コラム4 ）、そして生きていることそのものである自分自身（第13章）などについて、社会学が積み上げてきたデータ、概念、分析枠組みなどを活用し、それらの意味を問い直し深掘りしていく研究の潮流がある。このような試みによって、常識を超越した知識が得られるだろう。

　第三に、現代社会が直面している、今ここにある危機ともいうべき深刻な問題について、目を背けることなく原因を探り解決の方途を探究していく研究の潮流がある。民族・人種と差別問題（第2章）、ジェ

ンダーと差別問題（第5章）、障がいと差別問題（第9章）などの差別にか
かわる諸問題、そして近代化に伴う環境破壊問題（第11章）の解決の道
を、社会学が集積してきた知見を整理しつつ諸概念および分析枠組み
を活用していけば、従前とは異なるポジションから新たな社会の可能
性がみえてくる。また大規模自然災害などがもたらす社会問題の解決
に寄与しようとするボランティア活動（第12章）の可能性を、善意や慈
善といった表層的な意味を打ち破って追究すれば、新たな社会構想が
浮かびあがってくるだろう。

　第四に、現代社会に生きる私たちが巻き込まれている大きな流れを
把握するために、社会学が累積してきたマクロな社会変動についての
認識成果を学び応用する研究の潮流がある。多様な資本主義の奔流
（第14章）やグローバル化の荒波（第15章）は、日常的な知識では到底把
握できない。けれども社会学の知見や概念を学んで得られる視点を活
用すれば、一般論とは異なった独自の社会認識を獲得できるだろう。

　19のトピックスは個々に独立してはいるものの相互にゆるやかに
連関して、一塊の「人と社会の物語」を形成している。それぞれが焦
点化している個別テーマをミクロな視点で掘り下げつつ、それが全ス
トーリーのどこに位置しているのかをマクロな視点で俯瞰しながら読
み進めれば、生活世界の理解がより深まるだろう。

　知的好奇心を自在に操りながら、社会について、あるいは多様な生
き方を実践している人びとの意識や行為の深層に迫る。それが社会に
ついての深い理解、人びとに対する柔軟な諒解につながっていく。チ
ャレンジングでスリリングな知的冒険の先には、あなたなりの「より
よい社会」や「よりよい生」への扉がひらけているはずだ。

　社会学は、あなた自身の人生の可能性を広げるばかりか、生き方を
彩り豊穣にしていくことだろう。これが社会学の醍醐味であり、大学
で社会学を学ぶ意味である。

スポーツ：近代スポーツはなぜ イギリスで誕生したのか

《 キーワード 》
産業革命　余暇の誕生　遊び

① 近代スポーツ発祥の地イギリス

（1）スポーツの語源

　サッカー、陸上競技、水泳、ゴルフ、登山など、思い浮かべることができるスポーツのほとんどは1700年代から1800年代にかけてイギリスで誕生した。

　単語の"sports（スポーツ）"は、ラテン語の"deportare（デポルターレ）"が変化したものだ。デポルターレは「de（離れる）」＋「portare（持つ）」≒「一時的に離れる」という意味を持っていた。それがフランスに入ると「気晴らし」を意味する"desporter（デスポッティ）"となり、さらにそれがイギリスに渡って「遊び」を意味する"disport（ディスポート）"に変化した。その後さらに移行して1800年代から1900年代にかけて現在の"sports"が一般化していった。スポーツは「一時的に離れる」⇨「気晴らし」⇨「遊び」という歴史を持っているのだ（今泉2019：ⅱ）。

（2）産業革命とスポーツ

　なぜ「一時的に離れる」が「遊び」へと移り変わったのだろうか。

　その理由の一つは、1700年代から1800年代にイギリスでおこった産業革命にある。当時のイギリスは、アフリカ、アメリカ、オセアニア、アジアに多数の植民地を持ち、それらの地域からもたらされる巨万の富でこの世の春を謳歌していた。この強大な経済力で成し遂げたのが産業革命だった。成果はいろいろあるが、社会を変えたという意味で大きなインパクトがあったのは蒸気エンジンの発明だった。

│ 図1-1 │ 産業革命（1868年、ザクセン王国の工場）

❶ ものづくりの変化：工場の誕生

　内燃機関が創出される前は、人びとはどのようにものづくりをしていたのだろうか。

　職人（とその家族）が朝から晩までコツコツと手仕事で部品をつくり、それらを組み立てる作業を繰り返していたのである。こうした生産形態を家内制手工業という。この様式では、仕事をしながら食事をしたり、子どもをしつけたりと、労働と日常生活が融合していた。製品のクオリティや生産量は彼らの腕にかかっており、安定していなかった。

　動力としてのエンジンが発明され実用化されると製造方法が劇的に変転した。巨大な工場が建設され、機械の力で部品をつくることが可能となった。もはや職人技は必要なく、生産量も職工任せでなくなった。製品のクオリティも生産量も機械が担うようになり、安定していった。こうした生産形態を工場制機械工業という。

❷ 雇用労働者と余暇の誕生

　変わったのはものづくりの方法だけではない。人びとの生き方もドラスティックな変化を経験した。技工は不要になり、工場で働く雇用労働者が誕生したからである。彼らは朝、自宅を出て工場へ向かい働き始める。夕方になるとその日の勤務を終了して家路に就く。工場にいる時だけが労働時間で、そこを一歩でも出れば完全に労働から解放された。家内制手工業では渾然一体となっていた労働とプライベートが分離し、人間は歴史上初めてプライベ

ートの時間を手に入れた。これを「余暇の誕生」という。

③ スポーツの誕生

　労働から解き放たれて自由を手にした人びとはなにをしたのだろうか。

　家内制手工業では、仕事の主導権は職人が握っていた。どのような方法で
なにを作ろうが、彼らの裁量に完全に委ねられていた。しかし工場制機械工
業になるとそうはいかない。作業のイニシアティブを握っているのは冷徹に
動き続ける機械であり、人間はそのペースに合わせて動かなければならなか
った。心を持たないマシンにこきつかわれるわけだから、相当ストレスが溜
まったことだろう。その鬱積を発散し、心身ともにリフレッシュするために
工場を出て解放された彼らは思い切り遊んだ。そして明日の労働への活力を
養い、自分自身の尊厳を取り戻したのだ。

　労働から一時的に離れ（deportare）て、気晴らし（desporter）のため
に、一所懸命に遊んだ（disport）のである。これが"sports"の語源なのだ。
労働者たちは、さまざまなレクリエーションを考案した。原初のスポーツは
遊戯だった。至るところでおこなわれていた多種多様な遊びが互いに交流す
ることでルールが統一されていき、現在のスポーツが完成していったのであ
る。

④ 芸術もスポーツだった！

　原初のスポーツは、多くの人がイメージしているスポーツ＝身体活動とは
ずいぶん異なっていた。音楽、文学、絵画、彫刻、さらには建築までもが含
まれていたのだから。現代社会に生きる私たちからすれば「何かの間違いで
はないか」と思ってしまうが、証拠がオリンピックに残っている。1912年
のストックホルム大会から1948年のロンドン大会まで、これらが芸術競技
として実施されていたのだ。1936年のベルリン大会では絵画部門に出展し
た藤田隆治の『アイスホッケー』と、鈴木朱雀の『古典的競馬』が銅メダル
を獲得している。

‖ 図1-2 ‖ 藤田隆治『アイスホッケー』（左）／鈴木朱雀『古典的競馬』（右）

　その後、芸術競技は、展示物の品質の管理や客観的な採点基準の確立の困難などを理由に廃止される。ただしその精神はオリンピック開催期間中にスタジアム周辺で催される芸術展示や、開・閉会式でおこなわれる華やかなパフォーマンスに引き継がれている。

② 遊びの核心

　ここからはいくつかの競技を事例にしながらイギリスの遊びの発展史について考えていこう。

（1）フットボールの起源：血生臭い祭り

　サッカーやラグビーなど、二つのチームが一つのボールを奪い合い、追いかけ、ゴールに運ぶことをフットボールと総称する。イギリスにおけるその歴史は相当古く、起源を突き止めることはできない。とはいえ原型は、1500年代から1600年代ごろに多くの村や町でおこなわれていた祝祭にあるようだ。

FOOT BALL, KINGSTON-UPON-THAMES,
SHROVE TUESDAY. FEB. 24TH. 1846.

　祭りのメインイベントは、コミュニティを二つに分けて、たとえば一方のチームは丘の上に立つ教会に、他方は村外れにある川にかかる橋をゴールに設定して、どちらが相手より先にボールをゴールに運ぶことができるかを競うゲームだった。一つのチームの構成員が数百人から千人規模になることもあった。老若男女がボールの奪い合いに熱中して昼夜を問わず闘い続けた。現在のように気晴しの手段が豊富ではなかった時代の娯楽だから、できるだけ長く遊びたかったに違いない。

　当時はまだゴムボールは発明されておらず*1、ブタやウシの膀胱を風船のように膨らませて使用していた。尿が入るので弾力性があるのだ。私たちが想像するよりも丈夫だったようではあるが、争奪戦の最中に破れたりすると、新たな「ボール」を調達するためにブタやウシをまた屠殺しなければならなかった。現代的な感覚では、残酷で血生臭い祭事だった。

＊1　中空ゴムボールが世に登場するのは1800年代の終盤である。1888年にスコットランドのジョン・ボイド・ダンロップ（1840-1921）が空気入りのゴムチューブを発明したことが、中空ゴムボールの開発につながったといわれている。

‖ 図1-4 ‖ 膀胱を膨らませて作った風船（ピーテル・ブリューゲル
（1560）『子供の遊戯』より）

（2）オフサイドにみる遊びへの情熱

このレクリエーションが、時代がくだるにつれて徐々に洗練されていき、ル
ールがつくられるようになる。そのプロセスでボールを手で触ることを禁じる
サッカーと、手で扱うことと強烈なタックルを認めるラグビーに分化していっ
た。

❶ サッカーのオフサイド

二つは出自が同じなので、ルールも似ていることが多い。典型はオフサイ
ドという反則だろう。サッカーのそれをできるだけわかりやすく記述してみ
よう。

‖ 図1-5 ‖ オフサイド

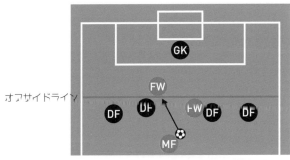

出典：Jリーグホームページ

理解するためには、まずオフサイド・ポジションがなにかを知る必要がある。攻撃側プレーヤーが、①守備側チームのフィールド内でボールより守備側チームのゴールラインに近い位置で、②後方から二人目の守備側プレーヤーよりゴールラインに近い位置にいる時のことをいう。ここに攻撃側プレーヤーがいるときに、ボールを持っている他の攻撃側プレーヤーがパスを出すとオフサイドになる。

　もう少し簡単に言い直してみよう。相手フィールドに攻め込んで、敵陣ゴールと攻撃側プレーヤーの間に相手選手が一人しかいないときにその攻撃側プレーヤーに対してパスを出すとオフサイドになる。こう書けば理解しやすいだろうか。

❷ ラグビーのオフサイド

　ラグビーの場合は状況によってかわる。スクラムをしている時は、スクラム最後尾のプレーヤーから5m以上後方に離れなければオフサイドとなる。ラインアウトの場合は、ラインアウトに参加する両チームの選手の間にある中央線からそれぞれ10m以上後方に離れなければオフサイドとなる。モール・ラックの場合は、モール・ラック最後尾の選手よりも前からラックに参加した場合にオフサイドとなる。

　文章で記述すると理解するのは至難の業だが、簡素化していえば、攻めている方向に対してボールの前から攻撃に参加してはいけないのだ。「待ち伏せ攻撃」はオフサイドの最たるものだ。

　このワードの原初の意味は「チームから離れている」あるいは「チームから離れていく」だった。「チーム」とはボールに密集している味方チームであり、団子状態から離れた位置にいたり、離れた位置に行ったりすることを指していた（中村2009:102）。

❸ 長い時間遊ぶための工夫

　これはじつに奇妙な規則だ。ボールを前に進める競技でもっとも効率的な戦略は、待ち伏せ攻撃だからだ。一人のプレーヤーをゴール近くで待たせておいて、その選手にロングパスを出せば、瞬く間に得点できる。現にバスケットボールやアメリカンフットボールはそうすることで大量得点が入るようになっている。ところがそれを厳禁しているのだ。<u>オフサイドの核心は、ボ</u>

ールを前に進める競技において、ボールを前に進めてはいけないということなのだ。

　この不自然なルールはどのような理由で生まれたのか。それは過去の祭事をみれば一目瞭然だ。気晴しの手段が非常に少なかった時代、祝祭でボールを奪い合った人たちは、可能な限りずっとプレーしたかったにちがいない。待ち伏せ攻撃をすれば勝てる確率は高くなるが、勝敗が決まってしまえばそこで祭りも終わってしまう。彼らは勝つことよりも、できるだけ長くゲームを続けることを優先した。そのような無邪気な心性がしだいに規範化されていき、現在のオフサイドになったのだ。

　このルールにはイギリス人の遊びに対する情熱が色濃く反映されているのである。

③ イギリス：男らしさの資本主義

　イギリス発祥の近代スポーツにはもう一つ特徴がある。「男らしさ」に強くこだわるところだ。

（1）オフサイドと男らしさ

　違う角度から考えてみよう。もしも待ち伏せ攻撃が合法だったらその試合はどうなるだろうか。おそらく攻撃側プレーヤーがフィールドのあちらこちらに散らばって球を持った選手からのパスを待つプレースタイルが主流となるだろう。しかしオフサイドを導入すれば、そのような戦術は採用できない。必然的に選手はボールに突っ込んでいかなければならない。さらにはその密集に突進していくことが求められるようになる。

　1845年、イギリスのラグビー校はフットボールのルールを成文化した。37条あるルールの第2条にオフサイドがでてくる（中村2009:102）。

　　プレイヤーは、彼の後方にいる同じチームのプレイヤーがボールに触れた時、相手チームのプレイヤーがそのボールに触れるまでオフサイドである。

　1700年代にウエストミンスター校ではオフサイドについて「よくない行為」

ではあるが違法ではないとしていた。1800年代のイートン校やケンブリッジ大学では、意図的に球から離れた位置でプレーすることは「汚い行為」だとして嫌悪されていた（中村2009:119）。

これらのルールには「ボールを前に進めていく競技ではあるがボールを前に進めてはいけない」というパラドキシカルな心性がよく表れている。球より前でのプレー、典型的には待ち伏せ攻撃を禁止しているのだから。

ラグビーの反則にはノックオンがあるが、これも同じだ。ボールのキャッチに失敗して前に落としてしまう行為をいい、故意か偶然かは関係なく、球を前に進めてしまうことを禁止している。

ボールから離れた位置、とくに球の前にポジショニングする行為が禁じられていれば、攻撃側も守備側も必然的にボールにラッシュせざるを得なくなる。ラグビーの試合などはその典型で、球を中心にして大勢の選手がずっと団子状態になっている。

彼らはたとえ怪我をしようが、しゃにむにボールにダッシュしていった。なぜなら、それが男らしさの象徴だったからだ。球から離れて恥をかいたり、汚い行為をする者といったレッテルを貼られたりするわけにはいかなかった。

（2）ボクシングと男らしさ

男らしさへの強いこだわりはボクシングにもみられる。

格闘技の歴史は古い。紀元前9世紀ごろから約1200年にわたってギリシャでおこなわれていた古代オリンピックにも格闘技種目があった。

したがって拳闘の発祥を正確に特定するのは困難ではあるが、1700年代から1800年代におこなわれていた初期段階では、階級も十分に制度化されておらず、グローブもなく、殴り殴られるだけの血なまぐさいファイトだった。たとえボクサーが深刻なダメージを受けようとも、本人には試合をやめる権利がなく、帯同しているスタッフが敗北を認めるまで試合は続けられた。

飛んでくる拳を腕でブロックするのは正当な技術だったが、上体を逸らしたりフットワークをつかって避けたりすることは男らしくない卑怯な行為として蔑まれていて、パンチを受けても倒れない屈強さをみせつけたうえで相手を殴り倒すところに醍醐味があった。選手にとっては賞金と命と尊厳を懸けたファイトであり、観客にとってはギャンブルの要素を含んだ娯楽であった。

1847年には140ラウンド、1849年には185ラウンドを戦った記録が残っている。相手との実力差を実感し、勝てないことがわかったとしても、勝利を諦めることは自尊感情が、そして彼に賭けた観客が許さなかった。時々死者が出ることは必然だった。現在の世界タイトルマッチが12ラウンド制でおこなわれていることを考えれば、男らしさに対する執着は尋常ではなかった。

1743年に「対戦者のダウンでラウンドが終了する」「ラウンド間のインターバルは30秒」などを定めたブロートン・ルールが、1838年には29条からなるロンドン・プライズリング・ルールズが、1867年に「1ラウンドは3分」「グローブの着用」「レフリーによるダウンの10カウント」などを定めたクインズベリー・ルールができることによって、ボクシングは規格化されていった（ボディ2011、樫永2019）。

（3）植民地支配の手段

イギリス流のスポーツがこれほどまでに男らしさにこだわった理由の一つは、当時の植民地主義を土台にした資本主義（capitalism　キャピタリズム）にある。1700年代から1800年代にかけてイギリスが産業革命を成し遂げたことは先述したとおりだが、そのためには属領地から巨万の富を吸い上げることが必須だった。植民地では、少数のイギリス人が圧倒的多数の現地の人びとを統治しなければならない。抑圧と差別をされ続け、苦難の生を強いられる者たちが、いつ反旗を翻し暴動を起こすかわからない。危険とリスクをともなう現地社会を支配するためには、不屈の闘志が必要だったのである。それを体現し、証明し、修養するための手段の一つとして、スポーツが利用されたのだ（大野2020:87-91）。

フットボールのオフサイド・ルールや死者が出ることも厭わないボクシングがイギリスで誕生し人気を博したのは、けっして偶然ではない。それを生み出す土壌が社会にはあったのである＊2。

④ 人工物のスポーツ、バスケットボールとバレーボール

つきにアメリカのスポーツを考えていこう。

日本をはじめ多くの国々で人気があるバレーボール、バスケットボール、ベ

ースボール、アメリカンフットボールはアメリカで誕生した。特徴的なのはイギリスのスポーツが自然発生的な生成過程を辿ったのとは対照的に、バレーボールとバスケットボールは考案者がいる人工物であることだ。

(1) バスケットボールの誕生

　バスケットボールは1891年にジェームズ・ネイスミス（1861-1939）によって、バレーボールは1895年にウィリアム・モーガン（1870-1942）によって考案された。イギリスをはじめとするヨーロッパから多くの移民が流入していたアメリカ大陸の東海岸では、厳しい寒さが長く続く冬に、屋内で男女が気軽に楽しめるスポーツが求められていた。しかしイギリス流のそれは男らしさにこだわるためにタックルなどの強い身体接触に寛容で、女性や子どもには不向きだった。

　ネイスミスはどうしたら選手同士のコンタクトを回避できるのかを考えた。そして一つの解答にいきつく。ラグビーの突進やサッカーのドリブルなど、ボールを保持したまま全力で前に向かって走ることを認めると、前進を阻止するためのタックルも認めざるを得ない。つまり球を持って全力疾走できないようにすれば、タックルも必要なくなる。ドリブルしながらでないとボールを持って移動できないようにすればスピードは落ち、タックルが不要になると思い至ったのである。

　さらに農業用のカゴを頭上に置き、それに球を入れると得点になることを思いつく。特別なテクニックは必要ないので誰でも簡単にプレーできる。ボールを持ったままゴールに走りこむラグビー方式ではなく、球を投げる行為――ボールから手を離す行為――と、フィールド内であればどこから投げてもよいとするルールによって、ゴール前で一段と激しさを増す身体接触を回避できることも好都合だった。

＊2　「男らしさ」「強靭な心身」「規律」「責任感」「忍耐」などの要素が凝縮された「筋肉的キリスト教（Muscular Christianity）」というムーブメントは、イギリスにおける近代スポーツの発展に大きな影響を及ぼした。

(2) バレーボールの誕生

　工夫の数々をこらしてもエキサイトした選手による接触プレーは絶えなかった。そんなバスケットボールを好まない人たちのために考案されたのがバレーボールだった。こちらのほうが後から考案されたのはそういう理由だ。モーガンは、身体接触を完全に断つためにはネット型スポーツを採用するしかないと考えた。もちろん厳しい寒さを回避できる屋内でできて、女性も子どもも楽しめるものでなければならない。これらの前提条件を踏まえ、トライアルアンドエラーの末に考案されたバレーボールは、怪我の心配がなく誰もが気軽に楽しめる特性が支持されて、ごく短期間で全米に広がっていった。

‖ 図1-6 ‖ バレーボールをプレーする女性たち（1900年ごろ）

⑤ アメリカ：合理的な資本主義

　アメリカ発祥のスポーツにはイギリスとは違う特徴がある。アメリカ資本主義はイギリスのように植民地経営を土台にして成立しているのではなく、合理性と効率性を基底にしており、それがスポーツにも反映されているのだ。

（1）フォード：合理主義の象徴

　アメリカ資本主義の象徴は、世界有数の自動車メーカーであるフォード社が発明した生産ラインにおける流れ作業方式だろう。1903年に同社を設立したヘンリー・フォード（1863-1947）は、どうしたら自動車を安く大量に作れるかに腐心していた。「大量生産ができれば価格を下げることができ、多くの人に購入のチャンスが広がる。単に会社が儲かるだけではなく、アメリカの繁栄と多くの人びとの幸福に寄与する」と確信していたのだ。

┃ 図1-7 ┃ T型フォード

　試行錯誤のなかで若きフォードが発見したのは、車のフレームの位置を固定しておいて、従業員が部品を持ってきて取り付ける工程が膨大な時間のロスを生んでいることだった。そこでフレームにロープを括り付け、人力で前に移動させ、待ち構えている従業員が部品を取り付けていくという方法を思いつく。現在のベルトコンベア方式へと続くものだ。

　人力から機械式へオートメーション化されることで生産効率はさらに向上した。大量生産された丈夫で安価なT型フォードは一瞬のうちに全米に普及して、現在に至るモータリゼーションの礎を築いた。それだけではなくフォードシステムは現代資本主義における生産手順を劇的に進化させ、社会の隅々に至るまで効率性と合理性を優先する考え方を浸透させた。社会システムや人びとの考え方そのものを根本から大きく変えたのである。

（2）徹底した分業

　効率性と合理性はアメリカ型スポーツにも色濃く反映されている。アメリカ型はプレーヤーのポジション（役割）がほぼ固定化されているからだ。ベースボールにおけるピンチランナーやピンチヒッターはその典型で、役割は一回だけの「走ること」と「打つこと」に限定されている。

　バレーボールのセッターはトス、リベロはサーブレシーブだけに専心して他のプレーは担当しない。

　アメリカンフットボールは選手の専門性を極限まで徹底している。攻撃側のオフェンスラインを構成するセンター、ガード、タックルはディフェンス選手の突進を食い止めること、ランニングバックはボールを持って走ること、ワイドレシーバーはパスされたボールを受けること、キッカーはフィールドゴールとキックオフだけを担当している。ディフェンス側はオフェンス側の選手に対応する形でポジショニングされており、役割はマークした選手の動きを徹底的に阻止することにある。選手は割り振られた仕事だけに特化し、それ以外のプレーはほとんどおこなわない。専門性を高めることで効率化と合理化が促進されるのだ。

（3）頭脳プレーの重視

　もう一つの特徴はイギリス型のように男らしさにはまったくこだわらないこ

とだろう。フットボールにおけるオフサイドのようにボールに密集していく心性はアメリカ型にはない。むしろそのような執着をナンセンスだと思っている節がある。ルール違反すれすれの行為は頭脳プレーとして称賛される傾向があるからだ。ベースボールの盗塁は英語でスチール（steal）といい、文字どおり「盗み」を意味する。卑怯そのものの行為ではあるが、ルールに則った正当なプレーである。バスケットボールやバレーボールのフェイントは相手を騙す行為だが、怒ったり汚いプレーだと批判したりする人はいない。

　アメリカに渡ったボクシングは、防御もせずに殴り殴られる男らしさの極致から、フットワークをつかい、ダッキング（上体をかがめてパンチを避ける）やブロッキング（グローブでパンチをガードする）などのディフェンステクニックを駆使しつつ、ジャブで相手を牽制しフェイントをかけながら「打たせずに打つ」合理的なスポーツへ姿をかえた。そして頭脳戦ともいうべきスマートな格闘技として人気を博するようになった。

（4）エンターテインメントとしての性格

　一つの試合で大量に得点が入ることもイギリス型とは異なる点だ。バスケットボールならば両チーム合わせて200点近く入ることがあるし、バレーボールは1セットが25点先取である。ほとんど点が入らないサッカーを思い浮かべてみれば、まったく指向性が違うことがわかる。アメリカ型スポーツにはエンターテインメントの要素が強いのだ。人工物としてのそれは、考案当初から観客の存在を視野に入れていた。オーディエンスからすると、いつまでたっても点が入らないゲームよりもたくさん点が入った方が楽しい。「する」だけでなく「見る」要素をはじめから組み込んでいるのが特徴だ。

　イギリス型とアメリカ型は同じ資本主義の申し子とはいえ、根底に流れている思想がまったく異なっているのである。

⑥ 体育として取り入れた日本

（1）後発国としての近代化

　250年におよぶ鎖国が続いた江戸時代が終わり、明治時代の幕が開いた1868年、世界に向けて開国した日本は軍事力や科学力などで優れる欧米列強

との圧倒的な差を見せつけられて、愕然・騒然としていた。背後には欧米によるアジアの植民地の争奪戦があった。「このままでは早晩、日本も植民地化されてしまう」という明治政府の危機感と恐怖心は相当のものだった。「一刻も早く彼らに追いつかねばならない」と焦った政府は二つのスローガン「脱亜入欧（後進世界であるアジアを脱してヨーロッパ列強と肩を並べる）」「富国強兵（経済を発展させて軍事力を強化する）」を掲げて猪突猛進する。

　手法は単純明快だった。各分野の専門家やスペシャリストを欧米から招き、彼らの手を借りて日本の近代化をすすめたのである。「御雇外国人」のトップクラスは総理大臣よりも高額な給与をもらっていた。政府の切迫感は半端ではなかった。

（2）日本に持ち込まれたスポーツ

　日本に初めて入ってきたスポーツはベースボールだった。1872（明治5）年にアメリカからやってきた英語教師ホーレス・ウィルソン（1843-1927）が赴任した第一大学区第一番中学（のちの開成学校であり、現在の東京大学につながる）で授業のかたわら教えたのが始まりだ。

　ただしスポーツを普及させた最大の功労者はイギリスからやってきて東京英語学校（のちの東京大学予備門）で教鞭をとったフレデリック・ストレンジ（1853-1889）だろう。学生たちに陸上競技やボートなどを教え、自身も学生たちと共に競技に熱中した。現在の運動会も開催し、日本の体育の礎を築いた。

　江戸時代、武士は火急の事態に直面しても動じることなく平静を保つことが求められていた。慌てふためいたり、取り乱したりすることはもっとも蔑まれる行動だった。そのような価値観がまだ濃厚に内面化されていた時代、走ったり体を奇妙に動かしたりするスポーツは、みっともない行為の最たるものだった。市井の人たちにとって、これに興じる学生たちは時に笑いの対象だった。けれども周囲からの冷ややかな眼差しにも動ずることなく、ストレンジとその門下生たちはスポーツを楽しみ普及させていった。

（3）規律・訓練としてのスポーツ

　政府もスポーツの普及を後押しし「体育」として学校教育に導入していった。心身を鍛え健康の増進に役立つからだ。それは「富国強兵」にもマッチしてい

た。だがこれを短期間で達成しなければならないという事情は、スポーツの核心である遊びの要素を排除していった。楽しんでいる場合ではなかったのだ。スポーツは体育となって一般化していったが、そのプロセスで遊戯の要素は失われ、楽しむよりも、礼儀を重んじ、努力を重ね、忍耐に忍耐を重ねる規律・訓練*3に変化した。これが現在の体罰問題、しごきや根性一辺倒などの間違った指導方法、監督や先輩・後輩間の礼儀作法の問題、勝利至上主義などにつながっている。

⑦ 遊びへと回帰するスポーツ

　遊びは体育へと変形して普及したが、体育が持っていた負の側面は徐々に改善されてきている。数十年前は常識だった練習中に水を飲むことの禁止や非科学的で非人道的な方法は姿を消しつつある。また選手たちの「競技を楽しみたい」といった発言も多くなってきた。

（1）プレッシャーとカネ

　とはいえスポーツがオリンピックやワールドカップなどメガイベント化するようになり、「ニッポン、チャチャチャ！」や「絶対に負けられない戦いがそこにはある」といった**スポーツ・ナショナリズム**が強まるにしたがって、選手たちにプレッシャーがかかるようになってきている。ミスした選手に対するバッシングは後を絶たず、サッカーのワールドカップで敗戦につながるプレーを犯してしまった選手が、帰国後すぐに暴漢に襲われ射殺される事件も起こっている。

　スポーツと経済が密接に結びつくことも問題を孕んでいる。オリンピックでは、放映権を手にした国の放送時間に合わせて競技や試合がおこなわれることが正当化されている。開催国ではなくテレビ局の都合に合わせてスケジュールが組まれるのだ。

　高額な収入を得るアスリートの登場は、人びとに夢をもたらすことはたしかだが、スポーツの主客が転倒する事態を生み出している。「スポーツをする結果として経済がついてくる」から「経済を回すためにスポーツを利用する」への変化だ。ボクシングのファイトマネーの最高額は、2015年のアメリカのフ

ロイド・メイウェザー対フィリピンのマニー・パッキャオ戦で、わずか1時間
足らずでメイウェザーは252億円、パッキャオは180億円を稼いだ。

(2) コンピューターゲームもスポーツ？

　一方では遊びに回帰する動きも出てきている。一例はeスポーツの台頭であ
る。エレクトロニック・スポーツの略語で、コンピューターゲームやビデオゲー
ムで対戦する。ネットゲームがスポーツなのかと訝しむ人がいるかもしれな
い。イギリスにおける「遊び」や「楽しみ」を意味する単語がスポーツの語源
であることと、オリンピックに芸術種目があったことは前述した。それらのこ
とを想起すればエレクトロニック・ゲームがスポーツであることに違和感はな
い。幅が広かったスポーツの概念がいつしか身体活動を伴う実践だけに縮小さ
れていき、それがまた、現在において過去とは違う形で拡張されてきているの
だろう。ただしeスポーツの発展と拡大に力を入れるのには、巨大な経済的効
果をもたらすといった理由があることもわきまえておく必要がある。

(3) 私たちがスポーツをする理由

　もう一つ重要な点を指摘しておこう。2011年に施行されたスポーツ基本法
の前文は「スポーツは、世界共通の人類の文化である」との文言ではじまる。
多くの人に共有されている実感だと思うが、本章で明らかになったのは、<u>スポ
ーツがイギリス文化を色濃く反映していることと、資本主義の精神を濃密に内
包していること</u>だった。
　イギリスは植民地経営をする際にスポーツを最大限に活用した。現地社会で
スポーツの発展と普及につとめたのだ。「イギリスに支配されている」といっ
た怒りや鬱憤が、スポーツによって逸らされたり発散されたりするからだ。熱
心に取り組むことは、知らず知らずにイギリスの文化や価値観を受容していく

＊3　フランスの思想史家ミシェル・フーコー（1926-1984）は、権力側にとって好都合
　　な価値、思考、身体技法などを日々の訓練によって人びとに埋め込んでいく権力のあり
　　方を「規律・訓練」と呼んだ。このように、以前の刑罰であれば死刑にしてしまうとこ
　　ろを、個人の生に積極的に介入し、人間性そのものを権力側に都合のいいように改変し
　　管理していく権力を生-権力と呼ぶ。

ことにもつながっていった。

　本章で示した歴史を踏まえたうえで、私たちはなぜスポーツが好きなのか、なぜスポーツをするのかを考えていく必要があるだろう。それが新しいスポーツ文化を生み出す契機になるに違いない。

🔍 参考文献

● 今泉隆裕、2019、「はじめに　―「スポーツは世界共通の人類の文化」か？」今泉隆裕・大野哲也編著『スポーツをひらく社会学　歴史・メディア・グローバリゼーション』嵯峨野書院。

● 大野哲也、2020、「書評　拳の近代――明治・大正・昭和のボクシング――」『ソシオロジ』（65-2）。

● カシア・ボディ、2011、『ボクシングの文化史』東洋書林。

● 樫永真佐夫、2019、『殴り合いの文化史』左右社。

● 中村敏雄、2009、『中村敏雄著作集8フットボールの文化論』創文企画。

👍 おすすめ

● 映画、2009、『インビクタス　負けざる者たち』
　人種隔離政策から決別した南アフリカで、同国初の黒人大統領ネルソン・マンデラはラグビーのW杯の自国開催を実現する。南アの主将に選んだのは白人選手で、大統領と彼との間の信頼関係が深まっていくことによってチーム内の、そして国内の人種差別に対する空気が変化していく。筆者が選ぶスポーツ映画No.1の感動作。

● 佐山和夫、2002、『明治五年のプレーボール　初めて日本に野球を伝えた男―ウィルソン』日本放送出版協会
　日本人に初めてスポーツを教えた御雇外国人の英語教師、アメリカ人のホーソン・ウィルソンの生涯を描いた物語。日本社会におけるスポーツ黎明期に関する資料としても貴重な作品。

人種と民族：科学的なものの分類

第2章

《 キーワード 》

進化論　植民地主義　差別

① ものの分類をし始めたヨーロッパ

（1） リンネと植物の分類

　私たちは日々の暮らしで他者についていろいろな思いを巡らせる。メディアでスポーツや音楽のシーンをみると「黒人の身体能力はすごい」とか「黒人のリズム感はヤバい」などのように。あるいはノーベル賞をみていると圧倒的に白人の受賞者が多いことに気づき「白人は頭脳明晰」といったように。また「アジアの人たちは手先が器用」という言説は広く一般化されているように思える。だが果たして黒人の身体能力とリズム感は突出していて、白人は頭脳明晰で、アジアの人たちは手先が器用なのだろうか。

　これらの疑問を第一歩として、これから人種や民族について考えていこう。そのためにはざっと300年前に遡らなければならない。

　1707年、スウェーデンで植物学者の**カール・フォン・リンネ**（1707-1778）が誕生した。彼の功績はその後の世界の「ものの見方」を劇的に変える。当時も現在と同じで、ヒマワリとチューリップが異なる品種であることはわかっていた。色、形状、繁殖する環境、匂いなどすべてが違うからだ。彼はその違いを科学的に説明しようとした。

　医者でもあり、植物学者でもあり、また動物や鉱物にも学的関心があったので活躍は多岐にわたる。もっとも興味・関心があったのはそれらを「類似と関連」（ゲールケ1994:104）から体系化すること、すなわち科学的に分類することだった。とはいえ最大の功績は植物分類学にあるので、これに限定して話を進めていこう。

　第一に「植物にとって一番重要な使命はなにか」と自問した。そして「子孫を残すこと」だと自答した。次に「子孫を残すことに関して一番大事な器官は

なにか」と問うた。そして「雄しべと雌しべを中心とする生殖形質」だと回答した。こうした思索から植物を類別していったのである。

「リンネは早くから、花糸〔雄ずい〕と雌ずいが、いかなる花でも規則的に認められる要素である、としてその意義を認めていた。このもっとも重要な植物器官に変化がおこるなど、考えられないことであった。これはかれがその体系の基礎として植物の生殖器官を採用した理由であったし、それが小さくて肉眼では判断しにくい場合があるにしても、同じであった」(ゲールケ 1994:112)。これが300年前の最先端の思考だった。

現在、生物の分類に用いられるのはDNAである。しかしその存在が知られていなかった当時は、リンネが用いた思考法がもっとも論理的だった*1。生物を属名と種名の二つで表す二名法も考案した。これは現在に至るまで継承されており、植物だけでなく生物一般に広く用いられている。「属」「綱」「種」といった分類階級を設けて生物をカテゴリー化していく方法も彼が確立した。

(2) ブルーメンバッハと人間の分類

リンネが先鞭となってヨーロッパでは科学的に分類することが流行する。

彼が誕生してから50年後のドイツで、人種概念に決定的な影響を及ぼしたヨハン・ブルーメンバッハ(1752-1840)が誕生する。医学者であった彼がおこなったのが人間の分類で、肌の色を規準にする方法だった。

話がそれるが「人種」と似た言葉に「民族」がある。両者はまったく異なった人間区分だ。前者は肌の色、髪質などの生物学的・遺伝学的差異によって人間を分けることであり、後者は言語、宗教などの文化的・歴史学的差異によって人間を分けることだ。

彼は世界中の人間を白、黒、黄、赤、茶の5色に類別している。主にヨーロ

----

*1 単に分類するだけであれば、リンネが人類史上はじめての人物ではない。イタリアのアンドレア・チェザルピーノ(1519-1603)は、リンネに先駆けること100年以上前に果実と種子、そして花冠、幹、根の形態を基準にして植物を分類している。彼の研究はリンネにも影響を与えたといわれている。このように16世紀から18世紀にかけて植物学者の何人かが雄しべと雌しべ、花冠、花糸などの生殖器官に着目して人為的な植物体系の確立を構想していた(ゲールケ1994：110-111)。リンネの功績は、その方法論の基礎に科学を置いたことである。

ッパに多く住んでいる肌の白い人たちを白、主にアフリカに多く住んでいる肌の黒い人たちを黒、主に北東アジアに多く住んでいる人たちを黄、主に南アジアに多く住んでいる人たちを茶、主にアメリカ大陸に多く住んでいる先住民の人たちを赤とした。この人間区分が現在に至るまでつかわれている「白人」「黒人」「黄色人」という呼び名の原型となったのである。

② 進化論の登場

(1) ダーウィンの自然選択論

　ブルーメンバッハが生まれたおよそ50年後にイギリスで**チャールズ・ダーウィン**（1809-1882）が誕生する。彼の**進化論**を簡単にいえば「自然選択によって環境に適応している生物だけが生き残る」となるだろう。生物は子孫を残すが彼らは同形でも同質でもない。一卵性双生児であったとしても顔、体型、性格が微妙に異なっているように、いろいろな性質を持った子孫が誕生する。そのとき環境に適していない者がいたら、いずれかの時点で死滅してしまうだろう。適合している者だけが生き残っていくことになる。

　環境がまったく変わらなければ、子孫の性質が一定でも生存していくことができる。けれども地球の状態は、ごみ問題、原発事故、温暖化などの影響をまともに受けて時々刻々と変動している。生き残るためには後裔にも状況に応じた変容が必要になる。

　このとき重要なのは「環境に適応するように変化がおこる」のではないことだ。そのような意志はDNAには内蔵されていない。どのような性質の子孫が誕生するのかはわからず、その千姿万態はあくまでランダムである。この無方向的な多様性のなかから、たまたま環境に適している者だけが次の代に生き延びていくことができるのだ。これを「自然選択」と表現した。

ガラパゴス諸島での発見

　ダーウィンは進化論をどのように思いついたのだろう。きっかけとなったのが1831年から36年にかけて、イギリス海軍の測量船ビーグル号での世界一周航海中に立ち寄ったガラパゴス諸島での経験であることは有名だ。エクアドルから約1000km離れた絶海の火山群島で観察された鳥、フィンチを見て、大小さまざまに点在する島によって嘴の形状が異なっていることに気がついた。これを島によって環境が異なっており、捕食している餌の違いが変異をもたらしていると推論した。

　木の幹の奥に生息するイモムシを食べるためには、嘴は細くて長い方が有利である。親が子づくりすると、嘴の長短、太細などいろいろな特徴を持った雛が誕生するだろう。そしてそのような餌しかない環境であれば、細くて長いものをもつ個体だけが捕食に成功するだろう。偶然の結果として、環境に適合している者だけが生き残っていくのである。

‖ 図2-1 ‖ ガラパゴス諸島のフィンチ

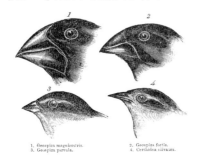

1. Geospiza magnirostris.
2. Geospiza fortis.
3. Geospiza parvula.
4. Certhidea olivacea.

> ダーウィンがビーグル号での航海中に発見したもの。嘴の形の違いに注目しよう。

（2）もう一人の進化論者ウォレス

　進化論を唱えたのはダーウィンだけではなかった。まったく同時期にもう一人のイギリス人博物学者アルフレッド・ウォレス（1823-1913）が着想していたのである。南米のアマゾン川流域やアジアのマレー諸島を探検・調査して「環境の圧力によってあらゆる種は変移していく」との結論に至る。そして第一人者と目されていたダーウィンに手紙を書き、自分の考えを伝えた。

二人が共同執筆した論文は1858年に、分類学・博物学の研究と普及を目的としているロンドン・リンネ協会で発表された。会の名称は、もちろんカール・フォン・リンネに由来している。

　この世のあらゆる存在は神が創ったとする創造説が圧倒的に優勢で、神こそが唯一絶対であるとしていた宗教──ダーウィンとウォレスが生まれ育ったイギリスにおけるキリスト教もその一つ──が強い力を持っていた社会では、進化論に対して猛烈な批判が巻き起こる。それは自明で予期されたことだった。彼らも堂々と自分たちの研究成果を公開・発表したわけではなく、「神への冒瀆」といった批判を覚悟したうえで公表に踏み切っている。そういう時代だったのだ。

　二人が着想した時期が一緒だったのはけっして偶然ではない。進化論が「発見」されるまで、リンネから100年間にわたる助走期間を人類は走り続けていたのだ。

（3）分類と序列づけ

　人間は分類が習性となっている。色であれば赤、青、緑など、料理であれば和食、イタリアン、中華などのようにあらゆるものを日常的に区別している。そうした方が認識しやすく、要領よく思考できるからだろう。

　この作業をしたとき、私たちは無意識のうちに別のあることをしてしまう。順番をつけることだ。私たちはよく「赤、青、緑、どの色が一番好き？」「和食とイタリアンと中華、どれが一番好き？」といった会話をしている。「分類して順番づける」行為は、人間という存在自体に深く埋め込まれている習性なのだ。

　科学的な思考をベースとする分類の歴史が100年続いたのちに、ダーウィンもウォレスも誕生している。つまり一世紀もの実践によって分類された生物を、進化の順序に沿って序列化したのだ。分類の集大成が進化論だったのである。

（4）進化論の現在地

　現在、進化論は二人が構想したシンプルな「自然選択説」から「進化の総合説」へと新たな展開をみせている。これは自然選択説と、ダーウィンと同時代を生きたオーストリアの植物学者グレゴール・メンデル（1822-1884）の研究を基礎とし、親から子への形質の受け継がれ方を研究する遺伝学*2を統合したものだ。総合説が現在の主流で、この立場を新ダーウィン主義ともいう。

‖ 図2-2 ‖ ゲノム、DNA、遺伝子

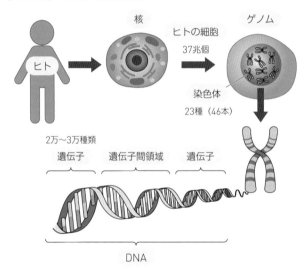

出典：国立がん情報センター

----

*2　メンデルは異なるエンドウを交配させて観察することで、優劣の法則、分離の法則、独立の法則の三つを発見した。当時は母の「液体」と父の「液体」が混ざり合うことで両親の形質を引き継いだ子が誕生すると考えられていた。しかしメンデルによって、液体ではなく粒子のような物質がそれらを引き起こしていることがわかった。のちに染色体やDNAが発見され、機能やメカニズムが明らかになることで彼の説は正しいことが証明された。

ウイルス研究が劇的な進展をみせている現在、進化にはそれが関与しているとするウイルス進化説を唱える研究者もいる。

　科学や医学の発展にともなって謎だったことが段階的に解明されてきてはいる。しかし一つの謎の解明は、別の謎の入り口でもある。進化論にはまだ結論がでていない分野もある。

❸　進化論のインパクト

（1）スペンサーの社会進化論

　「神への冒瀆」だとする反対論者も多かった進化論は、その一方で時代の趨勢でもあった。同時代に生きたイギリスの哲学者ハーバート・スペンサー（1820-1903）が唱えた「社会進化論（社会ダーウィニズム）」はその一例だろう。彼は「最適者生存（survival of the fittest）」というタームを用いて、状況にもっとも適応できた者だけが生き残り、それによって社会は段階的に進化していくと主張した。

　こうした思考の延長として、社会の経済活動に関して、政府は可能な限り関与せず個々人の自由に任せておけばよいとする自由放任主義を支持していた。そうすれば高くてまずい料理しかつくれない食堂は消費者の支持を得ることができずに淘汰されていき、安くておいしい品をつくることができる食堂——消費者のニーズにもっとも適応できたもの——だけが生き残っていく。

　個々人が自己の利益を最大限に追求できるように、人びとの行動を可能な限り制限せず自由に振る舞える環境をつくりさえすれば、最適者生存の法則によって自然によいものだけが生き残り、悪いものは市場から駆逐されていく。それがさらなる良品づくりを促進させ、社会も発展していく。この放任主義をイギリスの思想家アダム・スミス（1723-1790）は「神のみえざる手」と表現した（第14章❼）。

（2）大きな政府／小さな政府

　自由放任主義的な経済政策は現代でも多くの支持を得ている。政策を語る政治家やマスコミが「小さな政府」と表現することがある。対し「大きな政府」とは、政府が積極的に関与して経済を回していくことを意味する。現在のJR、

JT、NTT（これらを三公社と呼んだ）は1980年代までは、日本国有鉄道、日本専売公社、日本電信電話公社として国が経営していた。利益優先ではなく、赤字であっても市民の足として存続させるように、公共の福祉のために公営化されている側面が強く、そのために巨額の赤字を垂れ流していた。よくも悪くも、これが大きな政府の典型だった。

　ところが1980年代に小さな政府を政治的信念としていた中曽根康弘首相のもとで、三公社は民営化された。日本国有鉄道は地域ごとに6つに分割されてJR北海道・JR東日本といった別々の企業となり、赤字路線を廃線するなどして経営の合理化と多角化をすすめて利益を出すことに奔走している。企業としてはこちらが本来のあるべき姿なのだろうが、公共の福祉という観点からすれば、地方に住む自前の交通手段を持たない高齢者などの社会的弱者にはやさしくない社会になってきているともいえる。

④ 植民地主義と進化論

　ダーウィンとウォレスが唱えた進化論は、彼らが想定もしなかったつかわれ方をした。植民地主義に科学的な正当性を与えたのである。

（1）悠々なる人類史：直立二足歩行の開始

　人類の歴史は700万年あるといわれている。アフリカ東部に南北に幅35〜50km、総延長約6000kmの大地溝帯（グレート・リフト・バレー）がある。大地に刻まれた巨大な溝だ。最初期の人類の先祖にあたるサルのような生物は、このあたりで四本の手足を器用につかい木から木へと葉、果実、種子、昆虫などを追い求め、食しながら樹上生活を営んでいた。ときには二本足で立って歩いたりもしていたようだ。

‖ 図2-3 ‖ **大地溝帯**

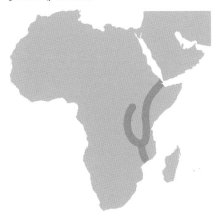

　どういうきっかけがあったのかはわからないが、ある日ある一団が、危険を
冒（おか）して肉食獣がうようよいる地面に降りてきた。目的は地上にある豊富な食料
を手に入れることだったようだ。そして樹上にいるときからときどきつかって
いた二足歩行を活用し、直立して歩行を始めた。これが人類の誕生の瞬間だっ
た。

　なぜ直立二足歩行を用いたのだろうか。理由の一つはエネルギー効率にある。
ライオンやトラのような四足歩行は速く走ることはできるが、そのぶん効率が
悪い。短距離走向きなのだ。一方、直立二足歩行はゆっくりと走ることしかで
きないが、そのぶん効率がよい。長距離走向きなのだ。初期のヒトが危険を冒
して地上に降りてきて、猛獣に追いかけられたらひとたまりもない歩行方法を
採用したのは、広い範囲を移動して多くの食料を獲得する生存戦略だったのだ
ろう。

　これにはもう一つのメリットがあった。四足歩行は、脳を大きくすることが
できないのだ。巨大化にともなう重量増を細い首だけで支えなければならない
からだ。けれども直立二足歩行ならば、脊椎や骨盤、両足をはじめとする身体
全体で受け止めることができる。こうしてヒトは徐々に脳を大きくして知能を
高めていく。ホモ・サピエンスの登場である。

(2) 人類の出アフリカと拡散

　直立二足歩行の利点を最大限に活かしたヒトはアフリカを脱し、ユーラシア大陸に進出する。そこで東西に分かれ、西に向かったグループはヨーロッパへ、東に向かった集団は中東を越えアジアに到達した。そこで二つに分かれ、南東に向かった人群は現在のオーストラリアへ、北東に向かった群集はベーリング陸橋を渡りアメリカ大陸に進出して南下し、約699万年かけて南米最南端まで歩ききった。

　オーストラリアに向かった一群には、植物や木材を利用して船をつくり海洋へ漕ぎ出していった者たちがいた。「水平線の向こうにはかならず陸地がある」といった確信はおそらくなかっただろう。だが彼らは、どのようなモチベーションに突き動かされていたのかはわからないが挑戦をやめなかった。そして次々と太平洋に浮かぶ島に上陸していった。日本から約6200km、オーストラリアから約7000km、アメリカ本土から約4000km離れた絶海の孤島ハワイには、いまから約1500年前に初上陸を果たしたといわれている。こうしてアフリカで直立二足歩行を採用してから699万8500年をかけた壮大な人類移動のプロジェクトは完遂した。

　これが700万年の間に起こったことだ。そのプロセスで、宇宙空間で生活できるほどの技術と知能を有する人間へと進化したのである。

‖ 図2-4 ‖ ホモ・サピエンスの拡散

⑤ 科学的人種差別

(1) 白人の使命

　進化論が花開いた1800年代に話を戻そう。ダーウィンとウォレスは自然選択を提唱しただけだったが、それとブルーメンバッハが考案した肌の色を基準とした人種概念が合体すると厄介な方向に話が進んでいった。人間を分類できるのであれば、進化論的に人間の順番が確定できるからだ。もちろん最上位に来る、一番進化しているのは白人だった。

　科学的に分類するきっかけをつくったのは白人のリンネだった。人種概念をつくったのは白人のブルーメンバッハだった。進化論を公表したのも二人の白人だった。このスキームが白人の知によって構想されているのだから、彼らが最上位に位置するのは当然の結果だった。一種の自作自演ともいえる。

　肌の色の薄い順番に進化の順番が確定され、最下位には白の反対色である黒が位置することになった。これによって「もっとも進化している白人がもっとも遅れている黒人を支配することは正しい」という植民地主義が科学的な根拠を持って正当化された。ただし多くの白人が「支配」とは考えていなかったことがこの問題の根深いところだ。「遅れているかわいそうな黒人を、最新かつ最高の知識を有する白人が啓蒙し教育することこそが彼らのためになる」と、憐れみと愛情をもって上から目線で接し、植民地経営に邁進していったのだ。典型はアフリカ大陸におけるキリスト教の布教だろう。宣教師がヨーロッパ人未踏の地に単身深く入り込んで、現地の人が知らないこの世で最上の宗教を教えて愛を説くのだから。

　ヨーロッパ列強のアフリカ大陸進出には5つの動機があった。キリスト教化（Christianization）、商業（Commerce）、好奇心（Curiosity）、文明化（Civilization）、植民地化（Colonization）であり、これらを合わせて5Cと表現する。

(2) 人種と身体的特徴

　白人たちの「自分たちが最優秀である」という科学的立証にはぬかりがなかった。1700年代に活躍したオランダの解剖学者ペトルス・カンパー（1722-1789）の顔面角理論を応用し、自らの優秀さを科学的に実証した。顔面角は

横顔を基準にして顎の突出具合を測るもので、多くのサンプルを集めて黒人は白人よりも角度が小さいことを証明した。わかりやすくいうと、顔を横からみると白人よりも黒人の方が、口から顎にかかる部分が前方に出ていると結論づけた。なぜ顔面角が進化の程度を表すのか。サルとヒトを比べてみればよい。700万年かけてサルのような存在からヒトへと進化したのであれば、進化の度合いはこの角度を測れば一目瞭然だと考えたのだ。

‖ 図2-5 ‖ **カンパーの顔面角理論（カンパーの著作より）**

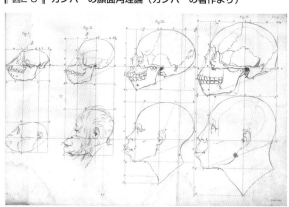

　頭蓋計測も有力な立証手段として用いられた。頭の大きさは脳の大きさを表している。それをすれば人種間の優劣や進化の現在地がわかると解釈したのだ。もちろんこの結果も白人が最優秀で黒人が最下位だった。顔面角も頭蓋計測も白人が考案した方法で、実際の計測も、データの処理と分析も自らがおこなった。自分たちが最上位にくるのは調査をおこなう前からすでに決まっていたのである。

　マッチポンプ式の似非科学によって白人が黒人を支配し、啓蒙する植民地主義は正当化された。そして自己完結的に立証された人種間の差異は確定・固定され現在に至っている。オリンピックを見て「黒人の身体能力はすごいな」と素朴に感嘆するとき、その人には差別心などないだろう。ところがそのような無垢な実感のなかに差別の芽が息吹いているのである。人種差別の根は相当に深い。

⑥ 植民地主義と民族

（1）民族の創出と定住化

　ヨーロッパがアフリカを支配するときにおこなったのが民族の創出と確定である。民族は言語や宗教、あるいは起源や伝統などを共有する文化的な人間区分であるが、ヨーロッパ以前のアフリカでは民族の境界線は現在のように強固に確定しておらず、生活の都合に合わせて行き来することができるゆるやかなものだった。ただそれでは現地の人びとを管理できない。誰がどこで何をしているのか、ここには誰が住んでいるのかを掌握するためには、人間を正確に識別しなければならない。そのために「この地域で農耕をしている集団を○○族」「あの地域で牧畜をしている集団を□□族」というように、一人ひとりに民族を割り当てて固定化していった。

|| 図2-6 || 1914年のアフリカ

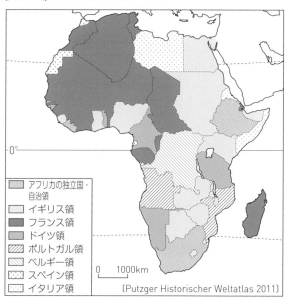

　凡例：
　　アフリカの独立国・自治領
　　イギリス領
　　フランス領
　　ドイツ領
　　ポルトガル領
　　ベルギー領
　　スペイン領
　　イタリア領

0　1000km
（Putzger Historischer Weltatlas 2011）

　アフリカでは狩猟・採集によって生活を営む人たちも多くいた。この生活形態の特徴は、特定の場所に定住せず、常に移動を繰り返すことにある。一か所

にとどまっていればやがて採集できる食物は尽きてしまう。食物と獲物を追って動き続けなくてはならないのだ。一方、支配する側からすれば、管理困難なこの生活様式は非常に都合が悪かった。そこで宗主国が編み出した方法の一つが、彼らを居付かせるための井戸掘りだった。安定した水の確保が生存にとってもっとも重要であることを利用して、井戸を掘りその周囲に定着するように仕向けたのだ。そのうえで配給などの食糧支援をおこなった。強制ではなく、彼らの自発性を利用して住み着く方向へ誘っていったのだ。

　さまざまな手段を講じたうえで、ダイヤモンドや金などの地下資源やカカオやコーヒー豆などの作物の収奪、白人入植者による土地の所有、小屋税や人頭税などの課税＊3、さらには奴隷貿易という具合に、覇権国はアフリカのあらゆる富を奪っていった。

（2）間接統治

　民族の固定化と人びとの定住化にはさらなるメリットがあった。宗主国は直接的に植民地を管理・経営するという愚策は用いなかった。統治されている側の憤怒がダイレクトにヨーロッパに向くからだ。その危険を避けるために従順な民族を囲い込み、国を支配する権限を与えた。そして優遇した彼らをとおして富を受け取った。特定の集団に甘い汁を吸わせることで、ヨーロッパの存在は陰に隠れてしまう。統治される圧倒的多数の怒りはこちらに向かわず、自分たちを直接支配する民族に向けられるようになる。国内で仲間割れがはじまるのだ。このようにワンクッションを挟んで実効支配する形態を間接統治という。

　民族自体を創出したのは宗主国なのだから、この植民地経営の手法は巧妙であると同時に、悪意に満ちているといってよい。それを進化論に代表される科学的な論拠と、愛情を含有する啓蒙主義でおこなった。アフリカ諸国が植民地支配から脱し、一気に独立していくのはいまからわずか60年ほど前、1960年

＊3　小屋税とは、建てられた家屋にかける税金のことである。人頭税とは、本人の納税能力に関係なく人びとに一律に課税することである。課税すると、支払いのために主に男性が鉱山や大規模農場などに出稼ぎに行かなければならなくなる。それは彼らが、ヨーロッパの経済システムを強化し、ヨーロッパにさらなる利益をもたらす歯車の一つに組み込まれることでもあった。

代になってからである。

❼ 差別解消のパラドックス

（1）科学的に否定された人種概念

現在の科学の最先端の一つはDNAに関する研究である。これが設計図となってヒトをつくりあげる。そしてこれまでの研究で白人、黒人、黄色人などの人種に、固有のDNA配列はないことが判明している。スポーツをみて「黒人は身体能力が高い」とか、歴代のノーベル賞受賞者を見て「白人は知能が高い」とか、アジアの人たちが工場で繊細な作業に従事しているのをみて「黄色人は手先が器用」といった人種にまつわる素朴な実感はすべて幻想である。それらは完全に間違っていることが最新のDNA解析で明白になっている。黒人に特有のDNA配列はない。白人だけにみられる配列もない。黄色人についても同様だ。

その実感が侮蔑ではなく、むしろ褒めたたえているとしても、そのようなものの見方が差別につながっていく。「白人は知能が高い」という実感は、「黒人や黄色人は知能が低い」ことを含意しているからである。

DNA分析からは、次のような興味深い知見が提出されている。白人のAさんと黒人のBさんがいるとしよう。二人のあいだにはDNA的に距離がある。この距離を①としておこう。白人のCさんと白人のDさんとのあいだ、あるいは黒人のEさんと黒人のFさんとのあいだというように、同一の人種集団内でも個体同士にはDNA的に距離がある。この距離を②としておこう。このとき②よりも①のほうが距離的に近い場合があるのである。同一人種内のDNA的な違いは、ときとして異人種間のDNA的な違いよりも大きい場合があるのだ。

DNAは人種の存在を完全に否定しているが、現在でも世界の多くの社会で人種差別が残存している。科学的には否定された概念ではあるが、社会的には強固に維持され続けているのだ。

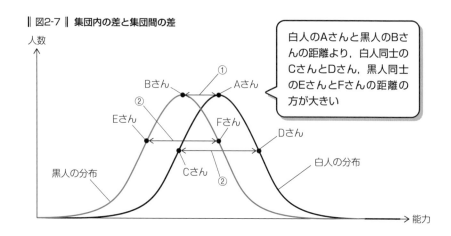

‖ 図2-7 ‖ 集団内の差と集団間の差

白人のAさんと黒人のBさんの距離より，白人同士のCさんとDさん，黒人同士のEさんとFさんの距離の方が大きい

（2）解体すべきものに依拠するパラドックス

　社会から人種差別をなくすためにはどうすればよいのだろうか。一つの方法は社会運動だろう。差別されている人たちが団結してデモ行進をしたり、裁判をおこしたりするアクションはそれにあたる。差別構造があるとき、差別される側は多くの場合少数派（マイノリティ）である。差別する側は多くの場合多数派（マジョリティ）だ。される側がする側に抵抗・対抗しようとするとき、力を合わせて一致団結する必要が生じる。そうしなければ強大な力に対抗することができない。

　ここで矛盾が生じる。される側の最終目標は人種という虚構を廃し、肌の色などで人を区別する差別的思考そのものを根絶することにあるはずだ。それが基本的人権の尊重であり、平等であり、公正・正義である。とはいえ目標を達成するためには、される側が人種的差異を旗印にして結束して、する側に対抗していかなければならない。人を区別しないことが目指すべき最終目標なのに、それを成就するためには、差異を基準にして両者間に強固な分割線を引いて被差別性をアピールしなければならない。解体するべきものに依拠しなければならないパラドックス（逆説）が起こっているのだ。

　パラドックスとは「張り紙禁止」と書かれた張り紙、「やかましい！　黙れ！」と大声で怒鳴る人のように、論理的な矛盾や逆説をいう。

（3）伝統文化の再創造

　これは民族にもあてはまる。民族は文化的な要素を基準にして集団を形成しているが、現代世界で生起しているのは伝統文化の再創造といわれるものだ。あるグループが古い時代におこなっていたとされる祭りを今の時代に復興したり、衣装、アート、音楽などを復刻したり、現代風にアレンジしたり、商品化したりすることがそれにあたる。祭儀などは、純粋な意味でいえば歴史的な連続性が認められない場合が多い。遠くない過去に創られたケースが多いのだ。伝統は創造の産物なのである（(第4章❷)）。

　民族を再興する動きは世界各地でみられる。とくに近年のツーリズム（(第3章)）の隆盛は、地域の伝統文化のリバイバルを加速させている。そのような実践をとおして、アイデンティティを再確認したり、自尊感情を高めたり、社会的地位の確立を目指したり、経済的な利得を目指したりする。また多民族・多文化が共生する社会で民族の区分線を強固に引くことは、他者に対して排他的になるので衝突が起こりやすくなる。

　民族差別がある場合は、される側はこの創られた伝統のもとに一致団結してする側に対抗していくことになる。個々の人間に対する特定の見方をなくした先に社会の平等が成立するのならば、人種差別と同様に、解体するべきものに依拠しなければならない矛盾を孕んでいるのだが、民族も人種も、依拠する旗印がそもそも仮構なのだから二重の逆説といってよい。

　パラドキシカルな状況は、いかに打破することができるのだろうか。差別される側は、いかに他者と団結・連携できるのだろうか。複雑化する現代世界で、人間の叡智がいま試されている。

- -

●ハインツ・ゲールケ、1994、『リンネ　医師・自然研究者・体系家』博品社。

👍 おすすめ

● 平野千果子、2022、『人種主義の歴史』岩波書店
人種概念を歴史的観点から捉え直す。科学の名のもとで人間を序列化し、差別し、支配する。それが固定化され、事実と化して現在に至っていることを緻密に証明している。

● 姜尚中（かんさんじゅん）、2008、『在日』集英社
著名な政治学者が自らの半生を描いた自伝。在日二世として生まれ、過酷な状況下で生きざるを得なかった自らの経験から、一世が歩んだ困難な生に寄り添う。多くの人に読んでもらいたい名著。

ツーリズム：旅行の誕生と発展

マス・ツーリズム　オルタナティブ・ツーリズム　世界遺産

① 双子としてのスポーツとツーリズム

（1）人類史は旅の歴史

　宇宙のはじまりは約137億年前におこった大爆発（ビッグバン）だといわれている。地球の歴史は約46億年。地球生成からおよそ10億年後、いまから36億年前には生物が存在していたといわれている。さらにそこから時間は流れ、人類は約700万年前にアフリカで生まれた。「猿人」「原人」「旧人」などさまざまな人類が生誕しては絶滅していった。私たちの直接の祖先ホモ・サピエンスの登場は20万〜30万年前だと考えられている。地球と生物のタイムスパンに比べると、ヒトの歴史は非常に浅い。日本人の平均寿命が90年もないことを考えると、人生なんて一瞬だ。

　人類史は旅の歴史でもあった。アフリカで誕生した人類が膨大なる時をかけて全世界に拡散していくプロセス（人類の出アフリカ）はまさに壮大な旅である（）。

（2）旅とツーリズム

　それらはあくまで旅であって**ツーリズム**ではなかった。両者を明確に分けるのは困難ではあるが、松尾芭蕉が1600年代に俳句を詠みながら日本国中を歩いたように、前者は移動のプロセスそのものに価値をおいている。対して後者は「3泊5日W杯観戦ツアー」などのように、移動先での行動に価値をおいている。

　とはいえクルーズ船や鉄道車両をつかったツアーは客船や列車に乗っていること自体を楽しむのを主たる目的にしているので、「旅は移動が、ツーリズムは移動先のアクティビティが主眼」とする分類は絶対的ではない。

国連世界観光機関（UNWTO）がツーリズムを「個人的、ビジネス／職業的な目的のために、通常の環境とは異なる国や場所へ人びとが移動する社会的・文化的・経済的な現象」（UNWTO2023）だと定義しているように、後者が経済との結びつきが強い行為であるのに対して、前者はそれほどでもないということもあろう。

　こういった違いを踏まえてツーリズムの歴史をひもといていけば、スポーツと同じく1700年代から1800年代のイギリスにいきつく。近代スポーツと近代ツーリズムは産業革命を機に誕生した双子なのである。余暇の誕生によってプライベートな時間を得た雇用労働者が一所懸命遊んだことは第1章で詳述したが、同時期に発明された蒸気機関車に乗って各地を旅行したのが近代ツーリズムの発祥だ。

❷ 近代ツーリズムの誕生

(1) グランドツアー

　1600年代から1700年代にかけて、イギリスでさかんにおこなわれていたのがグランドツアーである。貴族階級の子弟の教育の一つだ。まだ学校制度が整っておらず、教育を家庭教師に頼っていた時代に、最後の仕上げとして船で大陸に渡り、短くて数か月、長ければ5年ほどをかけて、馬車などをつかってヨーロッパ各地を周遊する旅であった。子どもと家庭教師の二人で行く場合が多かった。自社会とは異なる文化を経験することで知識と教養を身につけ、他者を理解する能力を高め、人生に役立てるという目的があった*1。

　船舶による冒険的な航海をも経験していた当時のイギリスには、移動すること自体を好む、あるいは見知らぬ場所に対する好奇心をかきたてるような文化・社会的風土があったのかもしれない。

(2) イギリス人は好奇心旺盛？

　「好奇心旺盛なイギリス人」という見立てがあながち的外れではないことは、

---

*1　グランドツアーを模したものが現在の修学旅行だといわれている。

同時代の冒険と探検の歴史をみればわかる。北極海を通ってヨーロッパとアジアを結ぶ北西航路を発見するために、129人が当時最新式の蒸気船二艘に分乗してカナダに向かったものの、全員が遭難死する悲劇をおこした指揮官ジョン・フランクリン（1786-1847）。当時ヨーロッパにとっては未知の世界だったアフリカを、人生のほとんどの時間を費やして探検し、膨大な情報や知識をヨーロッパにもたらしたデイヴィッド・リヴィングストン（1813-1873）。南極点の人類初到達を懸けてノルウェー人のロワール・アムンセン隊と競い、わずか1か月遅れで敗北し、帰路に壮絶な最期を遂げたロバート・スコット（1868-1912）隊。エベレストの人類初登頂に人生を懸けて「そこに山があるからだ」という名言を残して天空の頂に消えたジョージ・マロリー（1886-1924）。彼らの生き様は見知らぬものに対する強い好奇心と冒険心を示している。

‖ 図3-1 ‖ 南極のスコット隊

（3）蒸気機関車の発明

　移動手段である蒸気機関車の発明史をみてもそれは確認できる。

　1804年、実用的な車両を最初に考案・製造したのは、イギリスのリチャード・トレヴィシック（1771-1833）である。けれどもそれは工場から運河までの貨物専用鉄道のためであり、一般市民の移動手段ではなかった。

公共鉄道の実用化に初めて成功し、社会に広めたのはジョージ・スティーヴンソン（1781-1848）だ。1825年に製造したロコモーション号をストックトン・アンド・ダーリントン鉄道で走らせ、世間の度肝を抜いたのである（小池1979）。

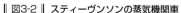

‖ 図3-2 ‖ スティーヴンソンの蒸気機関車

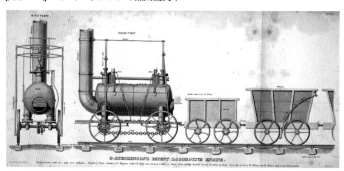

　1830年にリヴァプール・アンド・マンチェスター鉄道が開業することによって本格的な鉄道時代を迎え、ツーリズムという新たな文化へ助走をしはじめる。路線は、平日は1日7往復、日曜・休日は4往復した。1等4人乗り客車が6シリング、6人乗り客車は5シリング、2等窓ガラスと屋根付き客車が5シリング、2等屋根なし客車は3シリングだった。マンチェスターの紡績工場で働く女性の週給が14〜15シリングだったことを考えれば、運賃は高かった。とはいえ、この成功が端緒となって、1836年から37年にかけて1500マイル以上の新敷設が議会で認可されるなど鉄道ブームが到来する（小池1979）。

（4）クック：近代ツーリズムの創設者

　激動の社会の真っただ中にある人物が登場する。近代ツーリズムの原型である団体旅行（マス・ツーリズム）を発明する**トーマス・クック**（1808-1892）だ。

　クックはイギリスのダービーシャー州メルボルンで生まれた。父の職業は不詳で、母はバプティスト派の牧師の娘だった。父は彼が3歳の時に死んだのだが、母はすぐに再婚し、母と継父とのあいだに子どもが二人できた。複雑な家

庭の事情もあったのだろう、1818年に小学校を中退して働きに出る。園芸家のもとで4年、家具職人のもとで5年、印刷屋のもとで丁稚奉公を長く続けた。1826年にはバプティスト派の洗礼を受け、1828年には布教師に任命されるほど、宗教活動にも熱心に取り組んだ（本城1996）。

❶ 禁酒運動

　1830年ごろのイギリスは禁酒運動が盛り上がり、全国的な展開をみせていた。そしてクックは禁酒法の熱心な支持者でもあった。自身の生活史、アルコールに対する人びとの眼差し、鉄道の普及といった社会史を背景に、1841年にツーリズムの礎をなす画期的な方法を思いつく。ラフバラでおこなわれる禁酒運動大会の参加者のために、ミッドランド・カウンティーズ鉄道のレスターとラフバラ間に臨時列車を走らせたのだ。通常運賃の半額でしかない1シリングという格安ツアーに応募したのは、485人とも570人ともいわれている。

　当日の朝、レスター駅には前代未聞のイベントを見物しようと大勢の人が集まった。見送りや野次馬でごった返すなか、ツアー参加者は計10両の車両に乗り込み、18km先の開催地を目指した。現地ではブラスバンドの歓迎を受け、会場の公園まで行進し、供されたサンドイッチを食べたりして過ごした。午後のティータイムのあとは、ダンスやクリケットをして楽しんだ。夕方の18時になってようやく大会のスピーチが始まり、それは20時まで続いた。終了すると駅に戻り、チャーターした列車に乗り込み、レスターに引き返した。帰着したのは22時30分ごろだったらしいが、駅には出迎えるために大群衆が駆けつけていた。こうして近代ツーリズムは幕を開けた（本城1996）。

❷ 万国博覧会

　1851年にロンドンで開催された万国博覧会もクックの事業に多大な影響を与えた。当時高価だった鉄骨とガラス（どちらも産業革命を象徴する素材）をふんだんにつかった巨大な建造物はクリスタルパレスと呼ばれ、イギリスの富と発展と繁栄のシンボルとなった。そこに世界各国から出展された原材料、機械、工業製品、美術品などが陳列されたのだから、人びとが驚嘆し興奮したのは当然だった。5月1日から10月15日までの開催期間中の入場者数

が600万人を超えるなか、16万人以上がクックのツアーを利用した（石井 2009:3-10）。旅行代金を安くするために、夜行列車を走らせて宿泊代を浮かせる工夫が実り、観光事業は軌道に乗った。

‖ 図3-3 ‖ 第1回ロンドン万国博覧会（1851年）

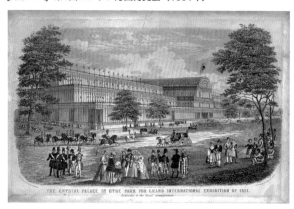

❸ 日本にも来ていた！

　クックは1872（明治5）年、開国してまだ間もない時期──第1章で紹介したホーレス・ウィルソン（**第1章❻**）が日本で野球を教えた年──に日本にやってきている。自身が企画した世界一周ツアーで、イギリスからアメリカまで航海したあと、陸路で大陸を横断した。そのあと太平洋をクルーズして日本にやってきた。東京、神戸、長崎などに立ち寄ったようだ。そして船に乗ってシンガポールなどを経由してインドへ向かった。到着後は列車で移動したあと、中東を経由してヨーロッパに入る。鉄道をつかって欧州を観光してイギリスに帰着した。

　スケールの大きい旅行が企画・催行できたのは、1869年に地中海と紅海を結ぶスエズ運河が完成したことと、ネブラスカ州オマハとカリフォルニア州サクラメント間を結ぶアメリカ大陸横断鉄道が開通したことが大きかった。物流と人の移動に画期的な影響を与え、その後の世界を一変させた事業がもたらす可能性を見逃さなかったのだ。

　資本主義の精神が産業革命に結実したわけだが、このマインドは、単に経

済システムの変化をもたらしただけではなかった。産業革命が「労働の時間」と「労働以外の時間」を分離させたことで余暇が誕生し、それによって近代スポーツや近代ツーリズムが誕生したのである。二つは産業革命を中心とした同心円上に位置している。こうして人びとの生活世界はその根本から劇的に変化していった。

③ 戦後日本におけるツーリズムの展開

　現代の日本では、大学生がアルバイトで稼いで夏休みに友人と海外旅行に行くなどしてレジャーを楽しんでいるが、このような遊び方ができるようになったのはつい最近のことであり、ひと昔前では考えられなかった。1964年までは一般市民の海外旅行には厳しい制限がつけられていて、事実上禁止されていたからだ。

（1）1945～1964：敗戦と復興

　これには第二次世界大戦が影響している。1945年8月6日に広島、8月9日に長崎に原子爆弾が投下された（第11章❷）。二発の原爆が奪った命の正確な数は、威力があまりにも凄絶、広範囲、長期間に及ぶのでわからない。広島では15万から30万人、長崎では7万から15万人が落命したといわれている。これがとどめとなって8月15日に、日本は連合国軍に対して無条件降伏をしてようやく戦争が終わった。

　終戦直後から日本はGHQのもと、猛烈な勢いで復興を目指すことになる。GHQとは連合国軍最高司令官総司令部（General Headquarters）のことで、戦後の日本を占領・管理する役割を担っていた。初代の最高司令官はダグラス・マッカーサー（1880-1964）で農地改革、女性の地位向上、労働改革などの民主化に力を入れる一方、国民主権、基本的人権の尊重、平和主義を明確に謳った新憲法の立案にも強い影響をもたらした。

‖ 図3-4 ‖ マッカーサーと昭和天皇（1945年）

　日本中が焼け野原で、働き盛りの若い男性の多くが兵隊として赴いた戦地で命を散らした困難だらけの状況で、生き残った人びとは懸命に働いた。その甲斐あって戦争終結からわずか11年後の1956年、経済白書で「もはや戦後ではない」と高らかに宣言するほど、人類史に類をみないスピードで社会は立て直されていった。

通貨流出防止策としての海外旅行禁止

　奇跡的な経済復興をもたらした政策の一つは、一般市民の海外旅行を厳しく制限していた、事実上の禁止令だった。海外旅行は国内で稼いだ金を外国でつかう行為にほかならない。その場合、儲かるのは他国である。そのようなことをしていては、再興は進まない。稼いだ金を国内で消費してこそ、自国経済が潤うのだ。

　新婚旅行の場合、1950年代に人気があった場所は伊豆・箱根、1960年代は宮崎だった（内田・今井・ミラー2020:26）。ハネムーンをするカップルはまだ少数派だったうえ、国外に行くといった選択肢はそもそもなかった。外国が選ばれるようになったのは1970年代になってからである。1977年におこなわれた東京30km圏の新婚者に対する調査によると、国内71%、海外29%と海外派はまだまだ少数だった（原田1978:26-28）。

（2）1964：東京オリンピック・パラリンピック

　海外旅行の解禁が1964年だった理由は、この年に東京で第18回のオリンピックと第2回のパラリンピックが開催されたからである。このメガイベントには驚異的な経済成長を世界に向けてアピールする目的があった。石油などの資源を持たない日本には、貿易に活路を見いだすしか経済発展の方法はなかった。海外の人たちに近代化がすすむ社会を見てもらいたかったのだ。それは日本製品の信頼性アップにもつながる。

　オリ・パラには世界各国から選手、スタッフ、大会関係者、マスコミ、観客など多くの人が訪れる。またメディアによって競技や社会の様子が海外に発信される。人・もの・資金・情報が国境を越えて流動化するグローバリゼーション（第15章）を象徴してもいたのだ。国際的なスポーツ大会をきっかけに、政府は国内経済だけに閉塞させていた人びとの動きをグローバルな動きへと解放したのである。新たな価値観の導入であり新たな時代の幕開けだった。

（3）1964〜：海外旅行の一般化

　とはいえすぐに個人が海外に羽ばたいていったわけではない。現在のように誰もが気軽に行けるようになったのは、パッケージ・ツアーという団体旅行によってである。言葉もわからない見知らぬ土地であったとしても安価に、安全に、安心して、効率よく異文化を経験できるからだ。

　戦後日本における最初のパッケージ・ツアーは1965年に催行された。日本交通公社が企画した、4月6日から17日間をかけてイタリア、スイス、西ドイツ、フランス、イギリス、デンマークを周遊するプランで、男性6名と女性10名が参加した。大卒の初任給が2万円程度だった当時、代金は71万5000円だった。給料のほぼ3年分に相当する金額からわかるように、経済的に豊かな人だけが経験できる特権的なレジャーであり、一般人にとっては「一生に一回でいいから行ってみたい」という遠い憧れであった。

　その後、高度経済成長による個人所得の飛躍的な伸びと、それにともなう円高、旅行代理店の経営努力、国際的な交通網の整備など多くの要因が重なり、海外旅行は一般化していく。1964年に海外に赴いた日本人の数はわずか12万7749人にすぎなかったが、1980年は390万9333人、2000年は1781万8590

人、2019年は2008万669人と猛烈な勢いで増加していくのである。

　2019年に中国でコロナウイルス感染者が初めて見つかり、日本でも2020年1月に感染者が初確認された。パンデミックが起き、国際的に人の移動が大幅に規制されることとなった。その結果、海外に出ていく日本人数は、2020年は317万4219人、2021年はわずか51万2244人と急激に萎んでいく。これによって倒産する旅行業社が相次いだ。

‖ 図3-5 ‖ 日本人出国者数の推移

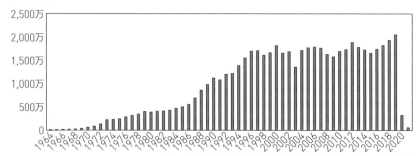

出典：出入国管理在留庁「出入国管理統計」よりJTB総合研究所作成
※1972年までの出入国者数は、日本人出国者全体から沖縄への渡航者数「（うち）沖縄へ」を除いた数値

④ ツーリズムの変遷

（1）持続可能なツーリズム

　1964年に解禁されて以来、海外旅行はパッケージ・ツアーによって普及していった。ところがこの合理的な形態は、1980年代から大きな批判に晒されることになる。大量の人が同じ場所に同時に押しかけてしまうからだ。観光地が一瞬にして朝の通勤ラッシュのような様相を帯びるのである。

　現地社会に過大な負荷をかけてしまうマス・ツーリズム（mass tourism）は、経済的に豊かな者や社会が、ツーリストを受け入れる地域を食い物にして消費する新たな植民地主義にほかならないといった否定論がでてきた。そしてそのような非対称の関係性ではなく、旅行する側とされる側が対等な観光形態が模索されるようになっていった。

　これをオルタナティブ・ツーリズム（alternative tourism）という。オル

タナティブは「それにかわる」「別の」という意味を持つ英単語で、マス・ツーリズムにかわる旅行形態のことを指す。エコ・ツーリズムはその一例だ。

　スキューバダイビングやシュノーケリング、あるいはホエールウオッチングやシーカヤックなど水辺でおこなう観光を、水の青さからブルー・ツーリズムと呼ぶ。

　ハイキングやトレッキング、あるいは棚田での農業体験など、主に山でおこなう観光を、山の緑からグリーン・ツーリズムと呼ぶ。これらのアクティビティは水に潜るだけ、山を歩くだけ、というように現地の環境に過重な負担をかけない。ホエールウオッチングなども一度に大量の人が乗船できるわけではないので、従来型の観光とは一線を画している。こうしてする側とされる側が対等で、自然にやさしい持続可能性の高い方法が考案されていった。これをサステイナブル・ツーリズム（sustainable tourism）という。サステイナブルは「持続可能な」という意味の英単語で、これは現代ツーリズムの最重要課題となっている。

(2) バックパッキングとスケルトン・ツアー

　1990年代に大流行したバックパッキングは典型的なサステイナブル・ツーリズムだ。アメリカで誕生したヒッピームーブメントに直接的な起源を持つ「貧乏旅行」を題材にした沢木耕太郎の旅行記、『深夜特急』が1986年に出版されるとベストセラーとなったことで広く認知されていった。本に影響され、最低限の予算で、一人で大きなリュックサックを背負い、長期間、スケジュールをあえて立てずにヒッチハイクやローカルな交通機関をつかって移動して、野宿をしたり安宿を泊まり歩いたりする若者が大量発生した。1990年代には、同書はテレビドラマ化されたり、バラエティ番組の企画として放送されたりして社会現象にまでなった。理由の一つは、現地社会に過大な負荷をかけないスタイルが時代の要請にマッチしていたからだろう。2010年ごろまでは多くの日本人バックパッカーが世界に拡散していたが、若者の旅行離れが急激に進んだこともあり、徐々に人気を落として現在に至る。

　近年人気があるのは従来型のようにすべてのスケジュールがあらかじめ旅行代理店によって決められているのではなく、往復の飛行機と宿泊場所だけが決まっていて、現地でのアクティビティはすべて自由にできるスケルトン・ツア

ー（フリープラン）である。ネットが普及したことで、誰もが簡単に観光地やレストランなどへ自力で行く方法を入手することができるようになった。以前ならば不安が大きくて単独で行くのはハードルが高かったが、社会環境が整ったことで、他の人と同じではない、自分だけのオリジナルな旅行ができるようになった。こうした自分らしさの追求も、それに価値をおく社会や時代の要請であるのだろう。

　この旅行形態は現地社会でツーリストが団体行動をしないという意味で、サステイナブルな方法論の一つと捉えることができる。

⑤ 戦後復興と世界遺産

　現代ツーリズムを支える柱の一つに世界遺産がある。2023年10月現在、日本にある20件の文化遺産と5件の自然遺産を含めて、世界には933件の文化遺産、227件の自然遺産、39件の複合遺産の合計1199件がユネスコによって登録されている。それらには連日多くのツーリストが世界各国から押し寄せ、遺産を抱える地域や国は莫大な経済的利益を上げている。格好の観光資源であり、国家の財政と地域の活性化にはなくてはならない存在だ。

　世界遺産はどのような経緯で誕生したのだろうか。

（1）ダムか遺跡か

　1950年代のエジプトでは近代化をすすめるにあたって、上昇する消費電力量をいかに安定的に確保するかが政治的課題となっていた。近代化は使用電力の増加とワンセットだ。解決策として採用されたのが、ナイル川に世界最大級のアスワン・ハイダムをつくるプランだった。灌漑用水の確保に役立つので、農地を増やす政策にも合致していた。

‖ 図3-6 ‖ アスワン・ハイダムとアブ・シンベル神殿

©Hajor/©Warren LeMay

ただ計画が進むと問題が浮上してきた。貴重な遺跡がダム湖に沈み破壊されることが明白になったのだ。遺跡の宝庫であるエジプトにとってみれば、一つくらいは仕方のないことであり、ダム建設が優先されるべきだった。この方針に世界が驚くことになる。人間が文字を持つ前の時代を先史時代というが、その時期に建造されたとされるアブ・シンベル神殿を含むヌビア遺跡群が水没の対象になっていたからだ。そして世界中が困ってしまった。つくるかつくらないかはエジプトが決めることだ。他国が口出しすれば内政干渉になってしまう。とはいえ当時は世界的に自然破壊が進み、環境保護が国際的な課題としてクローズアップされるようになっていた時期でもあった。

ここで動いたのが国際連合だった。国連は国家ではなく、国家ベースの連合体だからである。教育科学文化機関（UNESCO）が中心となってヌビア遺跡救済キャンペーンがはじめられた。この甲斐あって世界各国からの援助を受けて遺跡群の発掘調査がおこなわれ、ダム建設と同時に解体・移築されることになった。

（2）世界遺産条約の採択

この出来事をきっかけとして各地にある貴重な文化や自然は、国家という枠組みを超えて人類共通の財産として保護し、未来へ継承していかなければならないとする考え方が出てきた。それを具体化したのが、1972年に採択された世界遺産条約だったのである。世界遺産条約の前文にはこう書いてある。

文化遺産及び自然遺産の中には、特別の重要性を有しており、したがっ
て、人類全体のための世界の遺産の一部として保存する必要があるものが
あることを考慮し、このような文化遺産及び自然遺産を脅かす新たな危険
の大きさ及び重大さにかんがみ、当該国がとる措置の代わりにはならない
までも有効な補足的手段となる集団的な援助を供与することによって、顕
著な普遍的価値を有する文化遺産及び自然遺産の保護に参加することが、
国際社会全体の任務である……（略）

　条約を最初に批准したのは1973年のアメリカで、日本は1992年だった。
2023年10月現在、締結国は195か国となっている。

❻ 日本社会と世界遺産

　1972年に誕生した世界遺産の思想が日本に入ってくるのには20年もの時間
がかかった。いったいなぜだろうか。

（1）工業化の時代

　第二次世界大戦後、日本社会は昨日まで戦争をしていた敵国アメリカの主導
のもとで、天皇を中心としたイエ（第7章❸）的な国家から国民主権を謳う民主的
な国家へ変貌を遂げて復興への第一歩を踏み出した。そのとき採ったのは、日
本を工業国として発展させる戦略だった。地下資源を持たない日本には、輸入
した原材料を加工し製品化して海外で売り捌くしか経済的発展の方法がなかっ
たからである。この国家戦略のもと、全国の津々浦々に工場をつくっていった。
そして農林漁業で生計をたてていた多くの人たち、なかでも彼らの子弟たちは
そこで働く雇用労働者になっていった（第6章❷）。

（2）交通網の時代

　地方の工場で生産された製品は、それらを大量消費する東京や大阪などの大
都市まで輸送しなければならないため、鉄道網や高速道路など輸送手段の建設
が急務であった。こうして1948年から60年代にかけて、日本国有鉄道（現
JR）や私鉄各社が猛烈な勢いで路線を拡大していく。東京オリ・パラに合わ

せた開通が至上命令だった「夢の超特急」東海道新幹線も1964年10月1日に営業を開始した。

　1965年に全区間開通した名古屋と大阪を結ぶ名神高速道路が1969年に全線開通した東京と名古屋を結ぶ東名高速道路と接続したことで、東京-大阪間が高速道路だけで移動できるようになった。これらのスピード化は高度経済成長を支える柱となった。

(3) ニュータウンの時代

　1940年代から50年代を工業化の時代、50年代から60年代を交通網の時代とするならば、60年代から70年代はニュータウンの時代だった。東の代表格である多摩ニュータウンの計画が決定したのは1965年、第一次入居がはじまったのは1971年だった。

　西のランドマークである千里ニュータウンは1958年に開発計画が決定され、1962年から入居がはじまった。もう一つの大規模郊外都市である泉北ニュータウンは1967年にまちびらきがおこなわれた。鉄道や道路などの交通網を整備した先に建設された新興住宅地は、地方から都市に流入してくる人たちの生活の場だけではなく、工場から運ばれてくる製品の一大消費地としても機能した。

(4) レジャーの時代

　1970年代から80年代はレジャーの時代だった。1945年の終戦直後からはじまった戦後復興は猛烈に労働することで達成されてきた。当時の人たちはそれぞれの持ち場で働きに働いた。テレビ、冷蔵庫、洗濯機、自家用車なども普及し、物質的には欧米に伍する豊かさを手に入れることができた。そのような日本社会が次に目指すべきは精神的な豊かさだった。テーマパークの元祖ともいわれる愛知県犬山市の博物館明治村は1965年、京都の東映太秦映画村は1975年、一番人気である東京ディズニーランドは1983年に開園した。1970年に開催された大阪万国博覧会の跡地に巨大な遊園地エキスポランドができたのは1972年だった。1980年代後半には日本国中がレジャーに浮かれ、金に糸目をつけずに精神的な豊かさを求めて遊びまくったバブル景気時代が訪れた。この頃にはキャンプ、スキー、ゴルフが大ブームになった。

（5）自然保護の時代

　1980年代から90年代は自然保護の時代だった。これは達成された戦後復興の反省からきている。戦後日本の経済発展史は乱開発の歴史でもあったからだ。海を埋め立てたり山を削ったりして工場を建て、トンネルを掘って鉄道や高速道路を敷設し、丘を平らにしてニュータウンを建設し、木を切り倒してキャンプ場、スキー場、ゴルフ場をつくっていくことが近代化の内実だった。物質的な豊かさの追求は環境保全とトレードオフだったのだ。

　自然破壊をともなう強引な開発は、水俣病、イタイイタイ病、四日市ぜんそく、新潟水俣病などの公害（第11章❸）も引き起こしていた。こうした背景があったので、政府は従来の開発をともなう発展政策から、自然保護と心の豊かさを追求する政策へと180度方向転換したのだ。そういう意味では1991年のバブル崩壊はいいきっかけでもあった。従来の大量生産・大量消費モデルは経済的にも立ち行かなくなっていた。

（6）20年遅れの環境保護

　1990年代までの日本社会の動向を踏まえれば、世界遺産の理念が日本に入ってくるのがなぜ世界に対して20年遅れたのか、その理由がわかるだろう。

　世界遺産に内在する環境保護の理念が条約というかたちで実現したのは1970年代だったが、当時の日本社会は自然破壊時代の真っただ中だった。開発するためには環境悪化も厭わなかった当時、条約を受け入れることは、発展の足枷にもなりかねなかった。

　ところが1990年代になって、政策が一大転換を遂げたとき、ずっと目の前にあったものの無視し続けてきた世界遺産の理念は政府の方針とぴたりと一致した。だから1992年に条約を批准したのである。

　最初に登録されたのは「法隆寺地域の仏教建造物」や「姫路城」の文化遺産と、「屋久島」や「白神山地」の自然遺産で1993年のことだった。1990年代になってようやく受け入れたのには、このような理由があったのである。

⑦ 観光資源としての世界遺産の矛盾

（1）地方活性化とツーリズム

　現在、皮肉な現象が生じている。世界遺産への登録は観光資源としての価値を高めるからである。

　東京への一極集中が加速するにつれて、地方のムラやマチの過疎、高齢化、少子化に歯止めがかからない。田舎をいかに維持・存続させるのかが喫緊の課題となっている。そのような状況で期待されているのが世界遺産だ。地域に眠る貴重な文化や自然が登録されれば都会からの観光客はもとより、移住者も増加することが見込まれる。

　たとえ登録されなくとも観光資源となるコンテンツを設ければ、地域の活性化が見込める。こうした目論みで地方が躍起になっているのが、ツーリズムを活用した地域おこしである。スポーツや音楽イベントの開催、アニメの聖地巡礼、温泉掘削、B級グルメの開発、ゆるキャラなどあの手この手をつかっているのは承知のとおりだ。

（2）オーバーツーリズム：富士山と京都

　しかしここで困ったことが起こる。とくに世界遺産の場合は顕著なのだが、保護するために登録したはずなのに、多くのツーリストが押し寄せてくることで、保全すべき対象が破壊されていくパラドックスが生じるのだ。遺産登録は観光資源としての価値を高めるので、なおさらこの逆説にさらされることになる。国立公園や国定公園などへの指定、あるいは国宝など文化財指定も同じだ。

　典型例は2013年に世界文化遺産に登録された富士山であろう。登山に適したシーズンは7月と8月だが、その短い期間に世界各国から登山客が殺到してくることになった。蟻の行列となる登山道、超満員の山小屋、弾丸登山で高山病になったり軽装備でやってきて極寒に耐えきれずに救助要請したりする者が続出するなど問題は多いが、なかでも悲惨なのは山腹にあるトイレだ。高所なので下水道などは敷設できない。おがくずなどをつかったバイオトイレ、牡蠣の殻などをつかった浄化循環式、焼却式などの種類はあるが、多い年には20万人を超える来訪者数に機能が対応しきれない。

©Stanisław Raczyński

　富士山は自然遺産ではなく、文化遺産に登録されている。国は自然遺産登録を目指していたが、叶わなかった。調査・評価にきた関係者が山道一帯のあまりにも汚い様子に驚いたからだといわれている。登山者が人目のつかない岩場の陰に行ってさっと済ましてしまうことがあるのだ。

　文化財の宝庫である京都には年中大勢のツーリストが訪れて、交通渋滞が慢性化している。街の中心・河原町通は歩行者で溢れかえっていて、まっすぐ歩くのも容易ではない。

　観光地のキャパシティを超えるツーリストの来訪で当該地が機能マヒを起こしてしまうことを**オーバーツーリズム**という。交通渋滞やそれに伴う排ガスなどが引き起こす住環境の悪化、ゴミのポイ捨て、京町家であれば不法侵入や覗き見などのプライバシー侵害など、さまざまな問題をひきおこし地元住民の日常生活を脅かす。ツーリズムにかかわり利益を得ている者は我慢できるかもしれないが、無関係な住民にとっては迷惑でしかない。観光による地域経済の活性化はいま岐路に立たされている。

Q 参考文献

- UNWTO、2023、「GLOSSARY OF TOURISM TERMS」 https://www.unwto.org/glossary-tourism-terms
- 石井昭夫、2009、「『観光の世界史』のノートから（7）トマス・クックと旅行業の始まり」『国際観光情報』日本政府観光局。
- 内田彩・今井重男・ミラー・ケビン、2020、「新婚旅行の歴史的変遷に関する研究 ―1950年代〜70年代を中心に―」『日本国際観光学会論文集』（27）。
- 小池滋、1979、『英国鉄道物語』晶文社。
- 原田隆、1978、「新婚旅行の動向」『観光文化』（9）。
- 本城靖久、1996、『トーマス・クックの旅』講談社。

👍 おすすめ

- 沢木耕太郎、2020、『深夜特急1〜6』新潮社
  沢木は友人とインド・デリーからイギリス・ロンドンまで乗合バスだけで行けるかどうかの賭けをする。そして仕事を辞めて日本を飛び出し、自ら実験してみる。日本人バックパッカーのバイブルとさえ称された書。

- 小田実、1979、『何でも見てやろう』講談社
  日本人の海外旅行がまだ一般的でなかった1950年代に、留学生としてアメリカに行き、そこからたった一人で好奇心の赴くままに世界22か国を貧乏旅行した本人による旅日記。体当たりの異文化体験という意味でいえば日本屈指の冒険家・植村直己の『青春を山に賭けて』（2008、文藝春秋）も痛快な青春記でオススメ。

定義の難しさ

色を定義するのはとても難しい。

あなたは「黒」を明快に説明できるだろうか。「カラスの色」とか「光を完全に遮断した暗室で目を開けた時に見える色」といったとしよう。そこに白の絵の具を1滴垂らすとどうなるか。その程度では色は全然変わらないので、黒のままだろう。2滴、3滴……とさらに加えていくと、どこかの時点で「グレー」に見えるときがくる。このとき二色のボーダーを論理的に確定させることはできるだろうか。きっと無理だろう。

私たちは身近にある物体を「あれは椅子」「これは机」という具合に名付け、皆がそれを了解しあい、正しく使用し、つつがなく日常生活をおくっている。それらに疑問を感じることはまったくないが、「どこがどのようになっていれば椅子なのか」「自分はなぜ、それを椅子だと思うのか」と考えてみてほしい。明確に定義することはできるだろうか。

公園に置いてあるベンチ、食卓のダイニングチェアー、リビングのソファ、和室の座椅子、学校にある丸椅子やパイプ椅子は形状も素材も色もサイズもまるっきり異なっているのに、見た瞬間に椅子だと思う。そしてその直感的認識はまぎれもなく正しい。

物体を識別するとき「ここがこうなっていれば椅子だ」という具体的なポイントがあったとしたら、存在するすべての椅子を椅子だと思うことは不可能だろう。要点や属性を含有しないものがかならずあるからだ。したがって私たちが持っているものの概念は、抽象的でファジーな（曖昧、ぼんやりした）要素で構成されていなければならない。

物体や色にかぎらない。「善」「悪」「うつくしい」といった個人的な感性に至るまで、私たちの生は具体性を欠くぼんやりした認識や感

覚で支えられている。

　しかし……。水平線から昇る朝日や地平線に沈む夕日を見てうつくしいと思うのは多くの人に共通している感性である。また前を歩いている人が財布を落としたとき、それを拾って自分のポケットに入れると「悪」で、その人に「財布を落としましたよ」と渡してあげるのは「善」であることも多くの人が肯定するだろう。個人の認識や感覚が抽象的で曖昧であれば、なぜ多くの人が共有できる／共有しているのか。

プラトンのイデア論

　この謎に対して、今から2400年前に生きたギリシャの哲学者プラトン（紀元前427頃~前347頃）はイデアというタームを用いて解答を試みた。

　彼は椅子なら椅子の、机なら机の「原器」「理想型」をイデアと呼ぶ。人間はそれを感覚や経験からではなく知的な思考によって、原初的に知っているのだという。そして目の前にある椅子はイデアの類似、あるいは模倣である。だから私たちはそれを椅子だと認識できるのだ。イデアは抽象的でもファジーでもない。椅子の本質であり、純粋な形相であり、原因根拠である。色、形状、素材、サイズ、置かれている場所、用途など多種多様ではあるが、目の前のものがすでに知っている椅子のイデアの似像だから、椅子であると了解するのだ。

　「善」「悪」「うつくしい」も同様だ。なにをどう感じるかは個々人によって異なるだろう。ただし多様な感じ方には、それを成立させる核心部分があるはずだ。その純粋形がイデアで、それを知っているからこそ、対象や事象を「善」「悪」「うつくしい」と思うのだ。

ウェーバーの理念型

プラトンのイデア論に類似した社会学の用語に「理念型（りねんけい）」がある。ドイツの社会学者マックス・ウェーバー（1864-1920）が用いたタームで、要点は次のようになる。

料理の和食、イタリアン、中華を考えてみよう。三つの料理をジャンルとして厳格に分けることはできるだろうか。醤油味が和食、トマト味がイタリアン、豆板醤をつかえば中華という区分けは理にかなっているだろうか。おそらく間違っている。和食でも豆板醤をつかうし、イタリアンでも醤油をつかうし、中華でもトマトをつかうことがあるからだ。

これは一例にすぎないが、現代社会では事物を厳密に定義することは不可能である。当てはまらない例外がかならずあるからだ。けれども無理だと諦めていては、社会で生起している種々様々な問題を社会学的に考察することはできない。そこで用いられるのが理念型だ。

寿司、天ぷら、すき焼きなど和食に共通している本質的な特徴を抽出して純粋化し、それらを結合して一つの心象をつくりだす。この抽象化されたイメージを、ウェーバーは理念型と呼んだ。これは純度100％なので現実には存在しないが、雑味を排除した純粋な型を設置することで社会学的な考察が可能になるのである。

さらに広げて考えてみると理念型は類型であり、私たちが認識に活用するさまざまな概念は、すべてそれぞれの対象についての類型的認識ということになる。人間はこれを前提にしてそれぞれの対象を認識し、その新たな認識と類型的認識を比較検討しながら対象についての認識を深めていくことができるのだ。

第4章　文化：創造される ホンモノ性

《 キーワード 》

伝統の創造　複製技術　リアル／バーチャル

 文化の氾濫と保存

　現代世界には多種多様な文化が氾濫している。世界遺産を見ても一目瞭然だ。2023年10月現在、1199件が登録されていて毎年増加している（**第3章❺**）。人類の共有財産だとする合意のもと、維持・管理して後世に引き継いでいかなければならない価値を有する文化や自然が毎年「発見」されているといってよい。

　「貴重なものは保護する」メンタリティは世界遺産に限ったことではない。博物館や美術館はまさしく保全機関であるし、公文書などは決められた期間保管することが義務づけられている。しかもこれらは得てして国家が主導している。

　国や政府だけではない。企業はもとより個人までもが強く広く深く志向している。街にあふれる「防犯」と名付けられた監視カメラや、自動車のドライブレコーダーは情報の収集と保持に価値があることを示している。YouTubeをはじめとする動画共有サイトやSNSもデータの保護管理が重要な機能になっている。

　また私たちは日常的にスマホで写真や動画を撮り、クラウドに入れておく。それほど重要でなくても「とりあえず」ポチッとタップしておく。その時、バックに映り込んだあかの他人の肖像権やプライバシーに配慮はしない。つまり見ず知らずの人のデータを取得して、永久に保有しておくのだ。逆にいえば、あなたの姿も不特定多数のクラウドにキープされている。私たちは他者をモニターしつつ他者にモニターされ、データを保存する／保存される時代を生きている。

　このメンタリティはどこからきて、どのような社会的意味があるのだろうか。こうした問いを出発点にして考察を進めくいこう。

② 創造される伝統と文化

　文化の真正性を議論するとき、かならず参照される文献がある。1983年に、イギリスの歴史家エリック・ホブズボウム（1917-2012）とテレンス・レンジャー（1929-2015）を編者として出版された*The Invention of Tradition*である。同書は1992年に翻訳されて『創られた伝統』というタイトルで出版された。とてもおもしろく、重要なことを指摘しているので要点を紹介していこう。

　図4-1　スカートを着用した男性たち（スコットランド）

©Pierre André Leclercq

（1）作業着としてのスカート

　スコットランド文化の一つに、男性が着用するタータンチェック柄のスカートがある。現代社会では女性ファッションのアイコンともいうべきスカートを男性が着るので、違和感を伴って見覚えがある人も多いのではないか。いまでは世界中の人たちがスコットランドの伝統として了解しているこの衣装は、じつはきわめて新しい時代に創造された発明品であることがわかっている（トレヴァー=ローパー1992:29-72）。

　1500年代の記録によれば、当時、スコットランドの高地に住む人たちは丈の長いシャツを着て、外套か肩掛けをまとっていた。足には一枚底の靴を履き、頭にはたいらな帽子をかぶっていた。一般人はズボンを穿いておらず、身分の高い者だけが卓越化の印として半ズボンを着用していた。卓越化とは、自己と他者を区別して自己を際立たせ、優位にみせることをいう。

　1600年代にはいると変化が起こる。丈の長いシャツが廃れて、上半身から膝までを覆うコートを身につけるようになった。軍では、将校はズボンを着用していたが、一般兵は肩からかけた布で全身を包み、ウエスト部にベルトをして留めていた。布の丈がそれほど長くないうえに裾がスカート状になっていたので、何かの拍子に内側がすぐに丸見えになった。一般的には「ベルトつきの肩かけ」と呼ばれていた。

　社会的には圧倒的に認知度が低いスタイルが1700年代に、突如社会にデビューする。この衣服に興味を抱いたイングランド人の実業家トマス・ローリンソンが、自身が経営する鉄工場の作業着として採用したのだ。ただし「ベルトつきの肩かけ」というデザインのままでは、溶鉱炉での作業に支障をきたした。そこで彼は肩掛けの部分とスカートの部分を分離して、スカートにはプリーツ（ひだ）を新たに付け足した。

　こうして作業服としての「小キルト（タータンチェック柄スカート）」が誕生した。地域社会の「普段着」を作業着化することは、現地社会の人びと工場へと誘引する効果があった。

(2) 禁止と発掘

　なぜ一企業の作業着がスコットランド社会の伝統に昇華したのだろうか。これについても考察を進めている（トレヴァー゠ローパー1992:29-72）。

　1745年、フランスに亡命していたチャールズ・エドワード・スチュアート（1720-1788）が王位奪還を目指してイギリス政府軍と戦った、いわゆる「ジャコバイト蜂起」は、結局政府軍の勝利で終わった。そして政府はスチュアート側に加担したスコットランドを罰するため、当該地方の文化である「タータンチェック柄」や「肩掛け」などの衣服の着用を禁止した。この法令は35年間も効力を持ち続けた。

　こうして完全消滅した伝統衣装が復活したのには、スコットランドの古物研究家ジョン・ピンカートン（1758-1826）の功績が大きい。彼によって「タータンチェック柄のスカート」が発掘されたのがきっかけとなって、1804年には軍事省が軍服として採用するか否かの検討をするようにまでなった。

　1778年に高地地方協会がロンドンで設立されたのも影響した。貴族などの上流階級が率先して「先祖の衣服」を身にまとうようになったのである。

　これは歴史小説にも登場する。1814年に出版されたイギリス人作家ウォルター・スコットの『ウェイヴァリー　あるいは60年前の物語』がヨーロッパでベストセラーになったことで、同書の中で描写されたスカートがスコットランドの伝統衣装として認知されていった*1。

　小キルトへの集団的執着はなぜ起こったのだろうか。理由の一つは長い間禁じられていたことにある。「長期間禁止しなければならないほど、重要な意味と価値がある」と解釈することができるからだ。禁制されることでかえって対象が真正化され正統性を帯びるのである。

　こうして一企業の作業着はスコットランド社会の文化的象徴になった。

---

*1　本書には「キルトという短いスカート状のものを穿いているので、彼の筋肉質で、しかも形の良い脚が見えている。」（スコット2011:240）という描写がある。

③ 伝統と文化の違い

(1) 伝統は通時的、文化は共時的

　『創られた伝統』は伝統の話であり文化の話ではない。二者は微妙に違う。人類学者の青木保は同書に収められた小論「『伝統』と『文化』」（青木1992:471-482）で二つの違いについて考察している。重要なので簡単に説明しておこう。

　人類学では「伝統」はほとんど用いない。「文化」をつかうからだ。そして以下のように述べる（青木1992:473）*2。

> 　「伝統」には不可避的に時間の意識が込められる。「文化」にも同じような意味が込められてはいるのだが、「伝統」と較べればはるかに現在的であり共時的な点が強調される。「文化」も変わりにくいものとのとらえ方があり、それは秩序−システムと考えられるが、「生活様式」や「複合的全体」という「定義」があるように、歴史的に生成されたものであるにはちがいなくても、それは「現在」的な関心においてとらえられる傾向が強い。

　伝統と聞くと「昔からずっと」といった歴史性を想定する人は多いだろう。伝統と文化は重なっている部分が多いが、前者に時間軸が内蔵されているのに対して、後者には希薄で「いま・ここ」にある生活様式を指す意味合いが強い*3。

(2) 祭りにみる伝統と文化の変容

　毎年京都でおこなわれる祇園祭を思い浮かべてみよう。真夏の古都を1か月

----

*2　通時性が現象や対象を時間の流れや歴史性に沿って考察するのに対して、共時性は時間の流れや歴史性ではなくそのときにおける対象の構造や現象を考察する。

*3　イギリスの人類学者エドワード・タイラー（1832-1917）は文化を「人間が社会の成員として獲得した知識、信条、芸術、道徳、法律、慣習や、他のさまざまな能力や習慣を含む複合的総体」と定義した。

にわたって彩るこの祭りには1200年近い伝統があるといわれている。869年に京都で疫病が流行したとき、それを封じ込めるために66本の鉾を立てて、素戔嗚尊の化身とされる牛頭天王を祀ったのがはじまりとされる。その後、応仁・文明の乱（1467-77）がおこり巡行は途絶するが1500年に再興された。

‖ 図4-2 ‖ 祇園祭

©Mikel Santamaria

　重要なのは現在のように鉾が豪華絢爛に飾り付けられるようになったのが安土桃山時代から江戸時代にかけて、ということだろう。それまでは華やかな飾り付けは物理的にできなかった。貿易が活発化して輸入品が流通するようになって加飾されるようになったのだ。

　祇園祭という伝統と文化は原初の様式を堅固に保存しているが、過去から現在に至るまで途切れることなく続いてきたわけではない。長期間にわたる中断を含みつつ、そのプロセスで何度も姿かたちを変化させながら現在に至っているのである。

　これは祇園祭に限ったことではない。他でも類似の過程は確認できる。

　高知のよさこい祭りも近年の発明品だ。誕生したのは江戸時代でも明治時代でもない。なんと第二次世界大戦後の1954年のことである。当時、隣の徳島

県で人気沸騰していた阿波踊りにあやかって、高知でも同様の祭りをしようという気運が高まった。それによって県民と地域経済を活気づける狙いもあった。祭りは先祖崇拝、五穀豊穣、疫病や災害の予防・救済を願うものとして始まったケースが多いが、よさこいにはそのようなバックグラウンドは一切ない。阿波踊りに熱狂する隣県を模して、思惑を持って創られたのだ。

‖ 図4-3 ‖ よさこい祭り

©工房　やまもも

　祭りは1992年に北海道に「輸出」され、現地で「YOSAKOIソーラン祭り」に再創造されたのをきっかけにして、全国展開されるようになっていった。

④ ツーリズムと文化

（1）バリ島・ケチャダンスの発明

第3章でとりあげたツーリズムも文化の創造と関係が深い。

‖ 図4-4 ‖ ケチャダンス

©Jakub Hałun

　インドネシア・バリ島の観光アトラクションの一つにケチャダンスがある。上半身裸の男性が50名ほどで円をつくり「チャッ、チャッ、チャッ」と合唱しながら呪術的な踊りを舞う。古代インドの叙事詩『ラーマーヤナ』をベースにした舞踏劇である。現地を訪れるツーリストのほとんどはバリ島の伝統芸能だと思っているが、じつはそうではない。近代的な発明品である。しかも創作したのはインドネシア人ではなくドイツ人の芸術家ヴァルター・シュピース（1895-1942）だ。第一次世界大戦後の1923年ごろにインドネシアに渡った彼は、その後バリ島に住み着いた。当地の文化や宗教がもたらすヨーロッパ人にとってのエキゾチシズム（異国情緒）、美しい自然、そして人びとの人間性に魅了されたのだ。

　当時のバリ島は、現在のように観光を基盤とする経済的な安定を築いていなかった。現地の貧困と窮状を目の当たりにした彼は地元の力になれる方法を考えるようになっていった。そんなある日、ひらめいたのが伝統文化としてのケ

チャダンスの発明だった。「これを観光資源化することで地域社会に経済的な安定をもたらすことができるのではないか」と。

　音楽、ストーリー、ダンスといった要素は日を追って改良されていき、1930年代半ばには鑑賞するべきアトラクションとして広く認知されるようになった。

　ケチャダンスは土着化していったが、この「発明された文化」⇨「伝統芸能化」という流れは単なる一方通行ではない。文化化することで現地社会のアイデンティティや人びとの考え方を刷新していくからだ。そして意識変革が舞踊の改良やさらなる伝統文化の発明につながっていくのである＊4。

（2）創られた文化はホンモノか？

　これらの例からみても理解できるように、文化は過去から現在に至るまで連綿と続いてきた伝統的遺物ではなく、近代に入って「創られた」ものとして捉えることができる。

＊4　こうした「Aの影響によってBが変化し、そのBの変化に影響されてAが変化する」という変化の循環現象を社会学では再帰性（reflexivity　リフレクシヴィティ）と呼ぶ。「再帰性」概念を中心に据えて社会学を展開しているのがイギリスのアンソニー・ギデンズで、彼の再帰性論には三つの意味がある（宮本2000:35-45）。
　第一に「主体の意味反省能力、意味反省能力の理論としてのリフレクシヴィティ論」である。これは行為する主体——ここでは理解しやすいように「私」としておこう——は私自身が生きる世界を常にモニターしているという意味だ。自らの存在や行為の意味を常に問い直しているといってよい。
　第二に「行為の帰結の理論としてのリフレクシヴィティ論」である。ある行為がもたらした帰結が、次には条件として行為に作用する。私の何かの行為は、結局のところブーメランのように自身に戻ってきて、次の行為に影響を及ぼす。
　第三に「社会学的認識、知識の存在様式の理論としてのリフレクシヴィティ論」である。これは社会学的に再帰性をどのように理論化できるかという学問的な問いである。学問としての社会学もつねに再帰しているのだとしたら、どのような理論を打ち立てようが、それを確立した瞬間に過去の遺物になってしまう。そういう意味で、再帰性は批判的特性を常に内包している。

❶ 金閣寺と首里城

　金閣寺（鹿苑寺）を考えてみよう。京都市北区にあるこの寺は、1397年に室町幕府三代将軍足利義満によって建立された。以来、大切に管理されてきたのだが、1950年に寺の僧侶の放火によって全焼してしまう。現在、私たちが目にしている寺は5年後の1955年に再建された「新築物件」だ。焼失前は国宝に指定されていたものの、火災によって解除された。1994年に「古都京都の文化財」として世界文化遺産に登録されたが、寺単体に世界的な価値があると認定されたわけではない。貴重なのは庭で、園地を構成するパーツとして寺は存在している。こうした複雑な状況が生じたのは、それが焼尽後に再建されたもので、義満が建てたホンモノではないからである。

‖ 図4-5 ‖ 金閣寺

©くろふね

　沖縄の首里城も類似例だ。2000年に「琉球王国のグスク及び関連遺産群」として世界文化遺産に登録されたのは、首里城ではなく城が建っている地面である。基壇と呼ばれる建物を支える土台部分が遺構として残っているのだ。2019年10月に城で火災が発生したとき「世界遺産が全焼した」と報じたメディアがあったが＊5、これは間違いである。焼滅したのは、1992年に沖縄本土復帰20周年を記念して再建されたものだ。1925年に国宝に指定されていた首里城は、第二次世界大戦の沖縄戦で消失している。メディアがこの経

緯を知らないわけがないので、先の報道は意図的だったのだろう。

② ホンモノかつニセモノ

　こうした経緯があるとき、当該文化はホンモノだろうか、それともニセモノだろうか。「たとえ焼失したとしても歴史的連続性があるのだからホンモノだ」と捉えることも、「現物ではないのだからニセモノだ」と考えることもできる。スコットランドのスカートやバリ島のケチャダンスなど創られた伝統に対する真正性（ホンモノ性）の議論も同じだ。ツーリズムが世界的な流行をみせている近年、文化の創造にはいっそう拍車がかかっている。

　文化や伝統は過去の遺物が冷凍保存されたまま、変質することなく現在まで存在し続けているわけではない。創造と変化を繰り返しながら、日々更新され続けているのである。

⑤ 複製技術と真正性

（1）ニセモノだけの美術館

　徳島県鳴門市に大塚国際美術館という施設がある。ここにはダ・ヴィンチの「モナ・リザ」「最後の晩餐」、ゴッホの「ヒマワリ」、フェルメールの「真珠の耳飾りの少女」、ボッティチェッリの「ヴィーナスの誕生」、システィーナ礼拝堂のミケランジェロの天井画、ピカソの「ゲルニカ」、ラファエロの「アテナイの学堂」など世界最高峰の芸術品の数々が収められている。ただし、それらの逸品はすべてニセモノだ。とはいえ贋作であればこそ、世界の名画を一か所に集めることができる。写真撮影も許可されていて、多くの人が美術品の前でポーズを決めている。真作展示であればこうはいかない。カメラを禁止している美術館が圧倒的に多いのは、誤ってフラッシュを焚いてしまうと劣化を招いてしまうからだ。

　不思議なのは、ここを訪れるほとんどの人が絵画を揶揄したり、茶化したり、小馬鹿にしたりする態度をみせないことだろう。真摯な鑑賞態度はホンモノを

＊5　テレビ東京のニュース番組「テレ東BIZ」は、当日のニュースで「世界遺産 首里城ど6棟全焼」というテロップを揚げていた。

みている姿と寸分違わない。これらの作品を贋物だとは露ほども思っていないとさえ感じる。そんな周囲に違和感を覚えつつ、実際に自分が厳かな空間におかれているアートの前に佇むと、畏敬の念さえ湧き出てくるから不思議な気持ちが増幅していく。完全なるフェイクなのになぜなのだろうか。おそらく、これらの傑作が偽造品であるにもかかわらず、一般人の目からすれば完璧なる模倣を達成しているからだろう。

（2）グーテンベルクの活版印刷

　ホンモノに瓜二つのニセモノは複製技術によって制作される。この技術に革命を起こした一人にドイツの印刷業者ヨハネス・グーテンベルク（1400？-1468）がいる。型をつかう印刷技術は古く、600年代の中国で、すでに木版印刷がおこなわれていたといわれている。しかしグーテンベルクの発明はそのような方法を遥かに凌駕し、現在につながる印刷革命をもたらした。影響は出版界だけにとどまらず、社会を変革するきっかけともなった。

　彼は活版印刷を考案した。「あ」「い」「う」「え」「お」などの文字や記号の金属製ハンコ（これを活字という）を大量につくり、活字を組み合わせて文章をつくり、レイアウトどおりに並べてひとまとまりになった版をプリントする方法をいう。ただし単に金属の活字を製造しただけでは大量に刷り出すことはできない。金属に乗りやすいインクと、紙に転写するときに圧をかける機械の発明がセットでなければならなかった。インクは試行錯誤しながらさまざまな油を混ぜ合わせることで、転圧機はワイン製造に用いる葡萄搾り機を応用することで解決した。こうして活版印刷は可能になった*6。

----

*6　紙の発明は紀元前2世紀ごろの中国だといわれている。その後、西暦100年ごろに中国、漢王朝の宦官（去勢を施された官吏）蔡倫が、植物などを細かく砕いて水の中で液状化し、それを漉いて乾燥させる製造方法を編み出した。この方法は現在の製紙法の原型となっている。

©Willi Heidelbach

　この技術を活かして、1455年ごろに聖書を印刷しはじめる。「グーテンベルク聖書」と呼ばれる欧州初となる印刷聖書の登場以来、わずか40年余のあいだにヨーロッパで2000万冊以上の本が世に送り出されることとなり、出版業界を激変させた。1500年からの100年間では、製造された書籍は1億5000万冊から2億冊に達した（アンダーソン1987:55-56）。

（3）言語と思考

　出版物の大量流通は、人びとの意識や社会を大きく変化させていく。言語が統一されていき同じ言葉を人びとが共有することで、思考が一定の範囲に収斂していくからだ。この知見「言語が思考に影響を与える」は、アメリカの言語学者エドワード・サピア（1884-1939）とベンジャミン・ウォーフ（1897-1941）が提出したもので「サピア＝ウォーフの仮説」と呼ばれる＊7。

　江戸時代の日本のように農業が重要な地位を占めている社会では、それに関連する語彙が豊富になるだろう。その社会が牧畜をほとんどおこなっていなけ

＊7　ただし「サピア＝ウォーフの仮説」を過度に進展させた「言語が認識を規定する」という主張は、現在では否定されている。英語と日本語を流暢に喋ることができるバイリンガルの人を想像してみればよい。使用言語をかえるたびに、当人の認識が変化するわけではないからだ。

れば、それに関係する単語を多くは持っていないだろう。生活に必要ないからだ。

　極北の氷原で暮らす人たちは、氷や雪に関するボキャブラリーが豊富だ。細かく分類しておかなければ日々の活動に支障をきたすからだ。

　赤道直下の熱帯地方で暮らし、雪を見たこともない人たちは、それに関するボキャブラリーは貧弱だろう。日常生活でつかう場面がないからだ。

　その社会で必要性が高い分野の語彙は細かく分割され豊富になっていく。反対に必要性が低い分野は重要度も低いから、細かく区別する必要がないので目覚しく進展することはない。社会がおかれた状況や環境、あるいは人びとが営む生活形態に基づき、生活の必要に応じて言語はつくられていくのである。

（4）「国語」「国民」の発明

　見方をかえれば、人びとの思考を一定方向に誘導しまとめていくためには言語を統一する必要がある。世界のすべての国の教育機関で「国語」が実施されていることの意味はここにある。国家という共同体を創造するためには言語的一致が必要なのだ。

　日本が1895年に台湾を、1910年に朝鮮半島を日本が植民地化したとき、まずなされたのは学校建設、すなわち日本語教育だった。現地の人たちの思考を日本化していくことが最重要だったのである。

　出版物によって言語が画一化されていき、それによってひとまとまりの「国民」がイメージされるようになる。このイマジネーションを基盤として創りあげられる共同体を、アメリカの政治学者ベネディクト・アンダーソン（1936-2015）は「想像の共同体」と呼んだ。「国民」を核とする政治共同体は想像の産物であり、共同体が創出されるためには、メディアによる言語の統一が重要な役割を果たすと指摘したのである（アンダーソン1987）。

　考えてみれば不思議なことだ。集合体としての「国民」を解体していけば、たった一人の個人にいきつく。この人は自国の大部分の人の顔も知らなければ、名前も知らず、会ったこともなければこれから会うこともないだろう。ところが実感としては、確固たるリアリティのある「国民」という集合意識をもっている。それはオリンピックの「ニッポン、チャチャチャ」のように連帯意識を生じさせたり、神風特攻隊のようにときには死ぬことさえも厭わなくさせる。

想像の共同体はホンモノかそれともニセモノか。イマジネーションであるの
だからニセモノだということはできる。しかし想像の産物であるはずの国家が
実際に存在しているのだから、それはホンモノでもある。

　真贋の判定は不可能だ。

⑥　オリジナルとコピー

　グーテンベルクが発明した印刷技術が一つの契機になって「同じもの」が大
量に生産できる／生産される時代が到来した。紙幣を考えてみよう。ここに二
枚の千円札がある。当然、番号を除けばあらゆる点がまったく同じだ。それが
重要なのだ。貨幣の真正性の核心は同一性にあるからだ。けれどもこれらはオ
リジナルではなくコピー製品である。オリジナルは、印刷局の印刷機に設置さ
れている金型だからである。それを利用してプリントされたものが真正な千円
札として流通しているのだ。大量の複製品が出回っているといってよい。この
コピー紙幣はホンモノだろうか。もちろん「ホンモノだからこそ社会で使用で
きる」と考えることは可能だ。さらにこれまでの考察を踏まえて、「コピーな
のだからニセモノだ」と判断することも可能だ。

　ややこしいのは偽札だ。偽札は社会に出回っているコピーを模してつくられ
る。いわば「コピーのコピー」なのだが、一度目の複製は真正なのに、二度目
になると擬似になるのはなぜなのだろうか。

　さらに現代社会には、科学技術の発達によってコピー機、カメラ、ビデオ、
テレビ、ラジオ、インターネットなど、同じものを再現するメディア機器があ
ふれている。

　大塚国際美術館で「モナ・リザ」を見たら感動するだろうか。おそらくしな
いだろう。きっと「ずっと前に、教科書で見たのと同じだ」と思うに違いない。
ではパリのルーブル美術館を訪れて実物と対面したらどうだろう。結果は同じ
で、たとえそれがホンモノであっても興奮はしないだろう。「大塚国際美術館
で見たことある！」と既知感に浸るだけだ。

　これは絵画に限らない。海外旅行をするとき、多くの人はガイドブックを事
前に読む。そのうえでワイキキビーチやモン・サン・ミシェルに赴くが、たと
えそこが初めて訪れた場所であったとしても熱狂しないだろう。「ガイドブッ

クに載っていた写真と同じだ」と思い、「同じである」ことに満足し、本に掲載されているものと同じアングルで写真を撮るだろう。

　音楽、有名店のデカ盛り料理など、オリジナルとコピーの関係は多くの事柄に当てはまる。

　既視感からくる感動の消失を、ドイツの思想家ヴァルター・ベンヤミン（1892-1940）は「アウラの消滅」と呼んだ。「アウラ」とは「オーラ」のことである。芸能人や有名アスリートに対して「あの人にはオーラがあるね」といったりする、対象から発散される霊的エネルギーのことである。

　複製技術が発達してホンモノと瓜二つのコピーが出回ることによって、実物だけに備わっていた「いま・ここ」という一回性の孤高の価値が失われてしまうのだ。

⑦　現実空間と仮想空間

　「ホンモノとニセモノ」と同質の関係性は「現実空間（リアル）と仮想空間（バーチャル）」にもみられる。現代社会ではインターネットの発達によって二者の境界が曖昧になってきている。メタバースの開発と普及、仮想通貨の流通などはその好例である。その結果、ネットゲームにのめり込んでいる人のなかには「ゲームをしているときが本当の自分である」と感じている者がいる。現実空間は仮の姿で、仮想空間の自分こそがホンモノだと思っているのだ。

（1）生きがいとしてのネット掲示板

　2008年6月におこった秋葉原無差別殺傷事件の犯人はまさにこれだった。派遣社員としてメーカーの工場で働いていた25歳の男性には、現実世界での友人はいなかったようだ。加えて「自分は人生の負け組」だと思ってもいたようだ。そんな彼は唯一の居場所のネット掲示板にのめり込んでいく。現実は建前、ネットは本音の場所だった。

　ところがある時から、何者かによって投稿への「荒らし」が始まる。苛立った彼は、いやがらせをやめさせるために秋葉原に行って無差別殺傷事件を起こすことを決意する。レンタカーで歩行者の列に突っ込み、車を降りると手当たり次第にナイフで人を刺していった。結果7人が死亡、10人が重軽傷という大

事件となった。最高裁で死刑が確定したのは2015年、執行されたのは2022年だった。犯行動機がきわめて特異だったために社会に衝撃を与えたこの事件は、リアルとバーチャルの境目が不明瞭になっている現代社会のありようを象徴している。

(2) 夢の国：東京ディズニーリゾート

　テーマパークのチャンピオン、東京ディズニーリゾート（TDR）は、現実と仮想のボーダーライン上に存在しているといってよい。このことはもう一つの雄、大阪のユニバーサル・スタジオ・ジャパン（USJ）と比較することで明瞭になる。

　最寄り駅をみてみよう。TDRは舞浜駅である。1983年に開園した東京ディズニーランドは、当駅が1988年に開業したとき、「ディズニーランド前」といった駅名をJRに対して認めなかった。もしそのような名称だったとしたら、そこはもはや「夢の国」ではない。毎朝夕通勤・通学の人が溢れかえるような場所は「日常」だ。徹底的に非日常にこだわったのだ。

　このポリシーは園内でも顕著だ。レストランや土産店に納入される品々やパーク内で回収されたゴミは、入園者の目に触れないように、専用に設けられた地下通路などを通ることになっている。ゴミ回収車がパーク内を周回しているようでは夢の国とはいえない。

　園内では巧妙に設計され配置されたアトラクションの建築群や、絶妙な塩梅（あんばい）で植えられている樹木が遮蔽物となって外界が見えづらくなるように工夫されている。高層マンションや工場の煙突が丸見えだったら、まさしく日常の光景だからである。掃除も徹底していて、ゴミが落ちていることがないように――路上の汚れはリアルである――細心の注意が払われている。

‖ 図4-7 ‖ 東京ディズニーランド

©Øyvind Holmstad

❶ ユニバーサル・スタジオ・ジャパンとの対比

　2001年に開園したUSJは、仮想空間に対する理念が希薄だ。最寄り駅は
ユニバーサルシティ駅なのでそこがもっとも近い駅であることが一目瞭然だ。
はじめての来園者が、たとえ関西に土地勘がなかったとしても迷わずに済む
という意味で、この駅名は優れて合理的である。またすぐ横を通っている阪
神高速道路からは園内を見ることができるし、パーク内からも高速道路が丸
見えだ。USJは徹底的にバーチャルにすることは目指してはいない。

　日本国内で人気を二分するテーマパークのコンセプトや目指す方向性はま
ったく異なっている。

❷ ディズニー化する社会

　現代社会がディズニー化してきているとする議論がある。イギリスの大学
で長く教鞭をとった社会学者アラン・ブライマン（1947-2017）の指摘で、
まるでテーマパークか異世界に来たかのような錯覚を起こす企業体や施設が
日々増加しているというのだ。ホテルやレストラン、あるいはメイドカフェ
に代表されるコンセプトカフェはその典型例だ。異次元化は、テーマ設定、
コンセプトに沿った商品開発、従業員のパフォーマンスなどを徹底的に管

理・監視することで達成される。

　異次元空間の演出はディズニーによって洗練されて社会に普及していった。この現象をブライマンは「ディズニー化する社会」と呼ぶ（ブライマン2008）。

(3) 三つの選択

　現代社会の複雑な状況を前にして、私たちが支持するポジションは以下の三つにわかれる。

・世の中には現実空間と仮想空間の二つが別個に存在している。
・仮想空間も人間の手で創り出したものなのだから一つの現実だ。だとすれば世界のすべてはリアルだ。
・現実空間といえども、人が常に「自分」を演じているようにニセモノばかりの空間なのだから、一種の仮想である。だとすれば世界のすべてはバーチャルだ。

　私たちが生きているこの世界、空間、そして時間とはいったい何なのか。どこで、どのように、なにを生きているのか。それらの答えの探求は、深淵で広大な空想と思考の旅へと我々を導いていくのである。

第4章

🔍 参考文献

● 青木保、1992、「「伝統」と「文化」」エリック・ホブズボウム、テレン
ス・レンジャー編『創られた伝統』紀伊國屋書店。

● ベネディクト・アンダーソン、1987、『想像の共同体　ナショナリズムの
起源と流行』リブロポート。

● ウォルター・スコット、2011、『ウェイヴァリー　あるいは60年前の物
語（上）』万葉舎。

● ヒュー・トレヴァー゠ローパー、1992、「伝統の捏造　―スコットランド
高地の伝統」エリック・ホブズボウム、テレンス・レンジャー編『創られ
た伝統』紀伊國屋書店。

● アラン・ブライマン、2008、『ディズニー化する社会　文化・消費・労働
とグローバリゼーション』明石書店。

● 宮本孝二、2000、「社会学とリフレクシヴィティ」『ソシオロジ』（45-1）。

👍 おすすめ

● 映画、1999、『マトリックス』
リアルとバーチャルが複雑に入り乱れる状況下で、人類を救うために主人
公ネオが二つの空間を行きつ戻りつ悪戦苦闘する物語。私たちが生きてい
る世界は現実なのか、それとも仮想なのか、深く考えさせられる。

● 芥川龍之介、1980、『藪の中』岩波書店
ある藪の中で侍が殺された。事件の関係者を取り調べるとそれぞれの言い
分は肝心な部分で食い違っている。探れば探るほど真相が遠ざかっていく。
真実はあるのか、それともそんなものはないのか。文豪芥川の傑作の一つ。

ジェンダー：社会的構築物としての性

《キーワード》

性の五要素　構築主義／本質主義　二元論

 LGBTからLGBTQIA+へ

（1）性というプライバシー

　現代社会では、個人情報は最優先かつ最大限に守られるべきものとなっている。2003年には「個人情報の保護に関する法律」が成立し、事業者や行政機関などは住所・電話番号・収入などのプライベートなデータを安易に開示してはならないルールが確立した。プライバシー保護はいまや社会通念となっている。

　なかでも最上級に秘匿（ひとく）されているのは性に関する情報である。性にまつわることは、たとえ家族であったとしても共有されることはきわめて稀だ。だからこそ秘密の暴露や恋愛話は盛り上がり、有名人のカミングアウトは衆人の耳目を集める。性はプライバシー中のプライバシーなのだ。

（2）性の多様性：LGBT

　このような状況にある近年、性の多様性が広く認知されるようになってきている。「LGBT」というワードもいまや日常的に見聞きするようになった。Lはレズビアン（Lesbian 女性同性愛者）、Gはゲイ（Gay 男性同性愛者）、Bはバイセクシュアル（Bisexual 両性愛者）、Tはトランスジェンダー*1（Transgender 出生時に判定された性別と自認する性が一致しない者）。性的少数者（gender minority　ジェンダー・マイノリティ）の頭文字を合わせた言葉だ。

＊1　トランスジェンダーと性同一性障害は違う。前者は身体の性と性自認が一致していない人のことをいう。後者は身体の性と性自認が一致しておらず、それを、主には外科的手術によって一致させたいと願うことに対する病名である。

LGBTは人びとの心に根強く残る差別心や、医療・教育・就労・社会保障などにおける法的な不平等を解消するための合言葉にもなっている。

❶ 差別のなかの差別

　性的少数者はLGBTに限らない。それら以外にも多様な性のありようがある。ここで問題として浮上するのは、ジェンダー・マイノリティを表現する方法として「LGBT」をつかうことにある。彼らは性的多数者から差別的な眼差しと対応を受けているが、LGBTが社会的に認知され差別の解消に向かうことによって、皮肉なことに他の性的少数者が認知されにくくなる。彼らの存在がかき消されてしまうことで、差別が温存されてしまうのである。取り残された人たちは二重の抑圧に晒されることになる。

❷ LGBTQIA＋

　差別のなかに新たな差別構造が構築されている現状を打破しようと、現在ではLGBTとは表現せずに「LGBTQIA＋」を用いるようになってきている。

　新たに加わったQには二つの意味がある。一つはクエスチョニング（Questioning）で、自認する性と性的指向を決められないことの「？」を意味する。もう一つはクイア（Queer）で、これは「風変わりな」という意味の英単語だ。性的多数者から変態（queer）と蔑まれるような性的指向をもつ者が、その侮蔑語を逆手にとって「クイアの何が悪いのか。私たちはクイアだ」と、誇りを持って自称するようになった。

　Iはインターセックス（Intersex）で、性分化疾患*2を意味する。

　Aはアセクシュアル（Asexual）で、誰に対しても性的関心を抱かない無性愛者のことをいう。

　＋（Plus プラス）は「LGBTQIA以外の多様な性」を意味している。

　＋がつくことによってすべての性のあり方が網羅されるようになったので、

---

*2　性分化は、X染色体とY染色体の働きによって、男女に特徴的な内性器や外性器が形成されていくことで定まっていく。性分化疾患とは、原因は不明ながら性染色体、内性器、外性器などが典型的なかたちをとっていないことをいう。また現在ではインターセックスではなく「DSD（Disorders／Differences of Sex Development：性分化疾患）」と表現することが多い。

差別のなかに新たな差別が生み出される二重の抑圧は解消された。一件落着とはいえ、プラスが万能薬であるのならば、いまやすっかり社会に定着したLGBTに＋をつけてLGBT＋とするとか、単に＋だけにしたほうがよいのではないか。LGBTQIA＋は長すぎて、個々の頭文字の意味を覚えられない／覚えない人が多くなりそうだからである。それは性差別解消を目指す動きを妨げないだろうか。シンプルでわかりやすいワードを採用することも社会運動では重要ではないか。

② 性を構成する五つの要素

性といっても一体なんなのか判然としない。その理由は性が、私たちが想像する以上に複雑だからである。

現在、性を構成する要素は生物学的性（sex）、文化・社会的性（gender）、性自認（gender identity）、性的指向性（sexual orientation）、性表現（gender expression）の五つがあるとされている。

（1）生物学的性

生物学的性とは、生物学的にみて男か女かということだ。人間は37兆個とも60兆個ともいわれる細胞でできている。これらの細胞を一つ取り出して内部を覗いてみよう。なかには染色体と呼ばれる糸状の構造体が46本入っており、父と母から23本ずつ受け継いでいる。これらは細胞内でバラバラに浮遊しているのではなく、父から受け継いだ一本と母から受け継いだ一本が対になっている。この二本はアデニン（A）、チミン（T）、グアニン（G）、シトシン（C）の4種類の塩基で接合されていて、梯子のようなフォルムを形成している。そしてこの階梯状になった二本一組の染色体は螺旋階段のように捻れた形状を成している。この46本、23組の染色体のなかの二本一組が性染色体と呼ばれていて、これによって性別は確定されていく。

女性はX染色体を二本もっていて（XX）、男性はX染色体とY染色体を一本ずつもっている（XY）。そして受精したとき、両者がランダムに一本ずつ出し合う。その組み合わせがXXであれば女子が、XYであれば男子が誕生する。このとき女性がもっているのはX染色体だけなので、どちらを出してもXである。

男性はXかYのどちらかを出すことになり、Xを出せば組み合わせはXX、Yを出せばXYとなる。男性がどちらを出すかで誕生する赤ん坊の性別が決まるわけで、その確率は常に二分の一だ。非常にシンプルな算数の組み合わせ構造であり、だからこそ世の中の男女比はほぼ1：1になるわけだ。

‖ 図5-1 ‖ **男性の染色体**

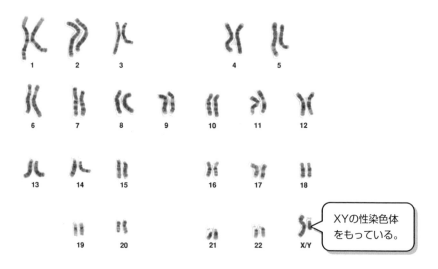

ただし実際の生物界では算数のように機械的な正確性で性が再現されているわけではない。調べてみると、XX、XY以外にも、X、XXY、XXXなどの染色体を持っている人がいることがわかっている。なぜ染色体が一本、あるいは三本になるのか、その原因は不明だ。

（2）文化・社会的性

文化・社会的性とは、その社会における性の規範や振る舞い方をいう。
　生まれた赤ん坊が女子だったら花子と名づけて、ピンクのパジャマを着せる。立ち上がって歩けるようになると髪を伸ばしてポニーテールに結び、赤いスカートを穿かせて、自分のことを「わたし」と呼ばせ、ままごと遊びをさせる。
　生まれた赤ん坊が男子だったら太郎と名づけて、青いパジャマを着せる。立

ち上がって歩けるようになると丸坊主にして、黒い半ズボンを穿かせて、自分のことを「ぼく」と呼ばせ、サッカーをして遊ばせる。その社会における性の規範や振る舞い方を毎日繰り返すことで、花子は女に、太郎は男になっていく。

　フランスの哲学者シモーヌ・ド・ボーヴォワール（1908-1986）の名言「**人は女に生まれるのではない、女になるのだ**」（ボーヴォワール2001:12）は、性の構築性（後述）を的確に表現している＊3。

（3）性自認

　性自認とは、自分の性をどのように認識しているか、少し難しくいうと、どのような性的アイデンティティを持っているかである。これには「私は男性だ」「私は女性だ」「私はどちらの要素も持っている」「私はどちらでもない」などさまざまなありようがあるだろう。またそうした認識やアイデンティティは、首尾一貫して強固に保持され続けるわけでもない。状況や時間の経過によって変化することもある。

　2018年3月2日に日本経済新聞は次のように報じている。

　　性同一性障害と診断され、家裁で戸籍の性別変更が認められた人が「変更は誤りだった」として取り消しを求めた裁判手続きで、西日本の家裁が元の性別に戻す訴えを認める判断を出していたことが2日、代理人弁護士への取材でわかった。決定は昨年11月30日付。戸籍の性別変更を可能とした2004年施行の性同一性障害特例法は、性別の再変更は想定していない。代理人の南和行弁護士は「裁判所は法律が想定する枠組みから外れた人の訴えに柔軟に対応していく必要がある」と話している。申立人は自らを性同一性障害だと思い込み、11年にタイで性別適合手術を受けた。同年、国内の精神科で性同一性障害と診断され、特例法に基づく家裁の審判で性別変更が認められた。しかし変更後の生活に心身ともに支障が生じ、思い込みだと気づいた。昨年6月に取り消しを求めて家裁に申し立てをし

＊3　現在、社会学では文化・社会的性によって生物学的性が構築されていると捉える視点が主流になっている。前者が後者を規定していると考える立場で、文化・社会的性というものの見方が生物学的性を発見したとする主張でもある。

た。家裁は当初診断した医師の「客観的指標がない中、本人が誤って信じた内容で診断せざるを得ない」との意見書を基に誤診を認め、申立人が元の性別で日常生活を送っている点なども踏まえて変更を取り消した。

　性同一性障害の人が性別適合手術をうけて身体的に、そして戸籍的に元の性別とは違う性へかわったが、新しい性別にも違和を感じたので元の性別に戻したいと訴え、それが認められたのだ。

　これはレアケースではない。一度変更した戸籍の性別を元の性別に戻したいと望んでいるといったニュースはしばしば報道されている。性自認は非常に繊細で複雑なのである。

　性別変更とは直接的には関係がないが、性自認が男女どちらでもない人を「Xジェンダー」と呼ぶことがある。

（4）性的指向性

　性的指向性とは、恋愛や性愛がどういう対象に向かっているのかである。これにも「男性が好き」「女性が好き」「男女どちらも好き」「誰にも関心がない」などいろいろなありようがある。これも性自認と同様、可変的だ。現代ではロボットに性的な魅力を感じる人もいて、そのような指向性を「ロボセクシュアル」と表現する。ドイツには犬や馬などを性的対象とする人の団体がある。指向は人間だけに向いているわけではない。

（5）性表現

　性表現とは、服装、髪型、仕草、言葉遣い、化粧など、外見に現れる性のことである。これも状況的かつ、可変的である。生物学的性と性自認が女性であっても、スカートや化粧が嫌いでメンズファッションを愛用している人がいる。反対に生物学的性と性自認が男性であってもレディースファッションを好んで着ている人もいる。

　男性が化粧をしてワンピースを着てハイヒールを履くように、身体的な性とは異なった性の装いをすることをクロスドレッサー（cross-dresser）と呼ぶ。

（6）性はグラデーション

　性はこれら五要素が渾然一体となって形成されている。しかも一つひとつの要素を詳細に検討していけば、その内実が多様であることがわかる。状況的で可変的な事柄も多い。性はグラデーションなのだ。

　社会にはジェンダー・マイノリティに対して「自然の摂理に反している」「生産性がない（子孫を残すことができない）」などと嫌悪する意見も根強いが、生物学的性の項でも説明したように、そもそも自然はマシーンではないので100％の正確さで性は再現されていない。自然には柔軟性があるといってもよい。

　この柔軟性があるからこそ、生物進化は可能になるのだ（第2章❷）。親の遺伝子を完璧な同一性で複写し継承したのでは、同型の再生産が延々と続くだけで、いつまで経っても変化は生じない。種が進化し繁栄するためには、変異というしなやかさによって多様化することが必須なのだ。

　多様性を維持していることがヒトという種の生産性の高さを証明している。これが他の種には到底真似できない、どのような環境下でも生存できる人間の高い適応力と創造力をもたらし、繁栄を支えている。上のような文言で性的少数者を批判する人こそ自然の摂理がわかっていないといえるだろう。

❸　構築主義と本質主義

（1）本質主義：異性愛は自然か

　世界には同性愛を認めていない国が多い。図5-2は国際レズビアン・ゲイ協会（ILGA）が2020年に公表した、同性間の性的関係の認否を色分けした世界地図である。濃淡はあるが、黒色系は「認める」、赤色系は「認めない」を表している。注目すべきは同性間の性行為が発覚した場合、死刑を科す法律が制定されている国があることだ。イラン、サウジアラビア、イエメン、スーダン、ソマリア、ブルネイなどが該当する。厳罰化している国もあれば憲法で保護している国もあり、世界は二分されている。日本は「犯罪化・承認なし」を意味するグレーにカテゴライズされている。

図5-2　性的指向に関する世界地図

犯罪化・迫害

- ■ 死刑・・・・・・・・・12 ヶ国
- ■ 禁固刑10年〜終身・・27 ヶ国
- 禁固刑10年未満・・・31 ヶ国　または刑罰不確定
- 法による制限・・・・18 ヶ国
- ■ 犯罪化・承認なし

パートナー関係の承認

- ■ 婚姻・・・・・・・・・34 ヶ国
- ■ 婚姻とほぼ同等の・・・30 ヶ国　代替制度

1つの国の中で半分以上の地域が平等な婚姻を認めている場合は、その国は濃い黒色（婚姻）で表示される。

出典：認定NPO法人虹色ダイバーシティ

　同性愛を認めない理由は、おそらく「自然の摂理論」を強固に信じているからだと考えられる。社会学的にいえば<u>本質主義</u>である。辞書的には「ある事柄——人種や性別など——のなかには、<u>絶対的で不変的な本質があるとする立場</u>」という意味だ。「同性愛は自然の摂理に反している」を少し詳細に表現すると「男は女を、女は男を愛するのが自然なのだ。だからこそ人間は存在し続けることができたのである。これは理屈ではない。そもそも人間はそういうようにできている」となる。これこそが本質主義的な考え方の典型である。

（2）構築主義：社会学の基本的立場

　真逆の立場に<u>構築主義</u>がある。辞書的には「ある事柄——人種や性別など——は、<u>社会的あるいは文化的に構築されているとする立場</u>」という意味だ。先に述べたボーヴォワールの発言「人は女に生まれるのではない、女になるのだ」は、性が社会的構築物であることを端的に表現している。

　社会学ではいかなるときも本質主義の立場はとらない。<u>常に構築主義の立場</u>

をとることが肝要だ。

　社会学の醍醐味は本質的だと思われている事象の成立プロセスを探り出して、社会的な構築物であると暴露するところにある。この既存の概念を解体していく作業を「脱構築」（フランスの哲学者ジャック・デリダ（1930-2004）の用語）ともいう。

（3）社会的構築物としての欲求

　構築主義は簡単な思考実験をしてみれば理解できる。人間には本能的ともいえる食欲・性欲・睡眠欲の三大欲求があるといわれている。性欲が社会的に構築されていることは説明してきたので、食欲を考えてみよう。空腹なあなたの目の前にネコの焼き肉が出てきたとしよう。色や形はいつも食べているウシとかわらなかったとしても、ネコだと事前に知らされていれば、あなたは食すことができないだろう。食べないばかりか、空腹感も食欲もいっぺんに吹き飛んでしまうだろう。私たちの食欲は、社会や文化で食してよいものだけに向けられている社会的構築物なのだ。

　睡眠欲も同様だ。多くの人は毎日6時間から8時間程度の睡眠を規則正しくとっている。就寝時間と起床時間はだいたい決まっていることだろう。それが自然の摂理だと思っている。眠気は自分でコントロールできず、おのずと眠たくなってしまうと誰もが思っている。

　しかしタクシー運転手はそうではない。働き方が多様化してきている現代にあって、すべての運転手が一律に同じ労働パターンをとっているわけではないが、タクシー業界で長年採用されてきたのは、午前6時から休憩を挟みつつ翌日の早朝まで働く変則的な労働慣習であった。二日分を一気に働き、仕事明けから翌朝まで休みになる。一日働いて一日休む感覚に近い。この場合、毎日規則正しい睡眠はとれない。30年以上にわたってタクシードライバーをしている筆者の実兄に話を聞くと「仕事中に眠くなることはないわけじゃないけれど、これも慣れだね。身体がこのリズムを覚えると不都合はない」と語っていた。

　看護師の労働慣行も変則的だ。大きくは二交代制と三交代制があるが、三交代制の場合、日勤、準夜勤、夜勤がローテーションでやってくる。たとえば日勤は8時から17時、準夜勤は16時から24時30分、夜勤は24時から8時30分ま

でというように、勤務時間がずれていく。睡眠に入る時間が毎日変わるのだ。労働に合わせて眠たくなる時間が変化するともいえる。睡眠欲も自然の摂理ではなく社会的構築物なのである。

④ 性を構成する第六の要素の登場

（1）疑惑の眼差し

南アフリカにキャスター・セメンヤという女子アスリートがいる。専門は陸上の800mで、2012年のロンドンと2016年のリオデジャネイロ・オリンピックで金メダルを獲得した。

‖ 図5-3 ‖ セメンヤ

脚光を浴びたのは2009年にドイツ・ベルリンでおこなわれた世界陸上競技大会でだった。女子800mに出場し、決勝で自己ベストタイムの1分55秒45を叩き出して優勝した。ところがこの直後から、性別をめぐって疑惑の目が向けられることになる。2007年の世界陸上競技大阪大会の金メダリストであり、2008年の北京オリンピックで銀メダルに輝いたジェネス・ジェプコスゲイに2秒以上の大差をつけて圧勝したことや、筋骨隆々とした体つきなどから「男性ではないのか」という声があがったのである。

（2）性別確認検査

　これに世界陸上競技連盟（IAAF）（現世界陸連（WA））が反応し調査をはじめた。とはいえ性別確認検査は最上級の個人情報なので強制的におこなうことは認められていない。

　オリンピックでは競技の平等性と公平性を担保するために、1968年のグルノーブル冬季オリンピックから性別確認検査が導入された。けれども倫理的な問題や科学的な妥当性に対する疑義が出て、1999年に国際オリンピック委員会（IOC）は廃止することを決定した。

　当然だろう。そもそも世界には80億の人間がいるが、自分の染色体の型を知っている人は何人いるのだろうか。圧倒的多数は科学的な根拠もなく、体つきや生育歴などから自分の性を自明のこととしてきたのではないか。そう考えるとスポーツ界における染色体検査はきわめて特殊なルールだった。

　テストはこのような複雑な背景を踏まえてIAAFが主体となってなされ、そのプロセスや結果については非公開のはずだった。にもかかわらず結果とされる情報が漏れ伝わって全世界にばら撒かれることになる。オーストラリアの新聞社デイリー・テレグラフはもっとも早く結果を報道したメディアの一つだ。記事によれば、セメンヤは男性ホルモンの一種である**テストステロン**が「普通（normal）の女性の3倍分泌されていた」。このニュースはネットを介して一瞬で世界中に拡散していった。個人のプライバシーがあたかもスキャンダルのように扱われたのである。

　その一方でメディアが騒げば騒ぐほどIAAFとIOCは口を閉ざすようになり、結局この件はそれ以上の展開がないまま収束していった。彼女は、約11か月間におよぶ大会参加の「自粛」を経て競技に復活する。そしてオリンピック連覇という偉業を達成するのである。

（3）第六の要素：テストステロン

　ところが話はハッピーエンドで終わらなかった。2018年にIAAFが、テストステロン値が高い女子アスリートに出場制限を設ける新ルールを打ち出したからだ。東京2020で3連覇に挑むセメンヤを狙い撃ちした露骨なルール改正だった。彼女はすぐに国際スポーツ仲裁裁判所に提訴するが退けられ、IAAFの主

張が認められた。

　あらたな規定は、陸上女子の400mから1600mに出場する場合は、治療によってテストステロン値を5ナノモル以下にして6か月以上維持することを求めた。ほとんどの女子選手は血中濃度が1ℓあたり2ナノモルなのに対して、彼女をはじめとする数値の高い選手は7.7〜29.4ナノモルを示す。ちなみにモルとは濃度を表す計量単位で、1モル＝1,000,000,000ナノモルである。

　テストステロンは筋肉をつくる働きがあり、分泌量が多いと筋肉量も多くなると考えられている。これをアンドロゲン過剰症という。特異体質を生得的にもつ彼女が従来どおり800mに出場しようと思えば、パフォーマンスを下げるように逆ドーピングをしなくてはならなくなった。彼女にはルール改正は理不尽で人権侵害に映っただろう。

　この事態は、生物学的に女性であってもテストステロン値によっては女子競技に出場できないことを意味する。スポーツ界では、性を構成する要素が一つ増えたわけだ。

　彼女はテストステロンの規定がない5000mへの出場を目指すことにした。しかし専門である800mと5000mでは走法やレース戦略などがまったく違う。結局、標準記録を突破することができず東京2020への出場は叶わなかった。

　東京2020は、トランスジェンダーのアスリートが初めて出場したエポックメイキングなオリンピックだった。ニュージーランドの重量挙げの選手は性同一性障害で男性から女性に性別変更をしたアスリートだ。彼女の出場に対しても「身体の優位はかわらない」「不公平」などの意見が多くでた。

⑤ IOCの新指針

　さまざまな議論を受けて、IOCは2021年に新しい指針を発表した。「いかなる選手も、性の多様性による優位性によって競技から排除されるべきではない」として、参加資格の判断は以下に示す10原則の遵守を前提に各競技団体に委ねるとしたのである（国際オリンピック委員会2021）。

　1. 包摂（inclusion）
　2. 被害の防止（prevention of harm）

3. 差別のないこと（non-discrimination）
4. 公平性（fairness）
5. 優位性に関する推定をおこなわないこと（no presumption of advantage）
6. 証拠に基づいたアプローチ（evidence-based approach）
7. 健康および身体の自律性の優先（primacy of health and bodily autonomy）
8. ステークホルダーを中心に据えたアプローチ（stakeholder-centered approach）
9. プライバシーの権利（right to privacy）
10. 定期的な見直し（periodic reviews）

　ジェンダー・トラブルは新しい局面を迎えることになった。差別的で抑圧的なルールが改正されたからである。新基準によって、自認する性でのオリンピック出場が叶うアスリートは増加するだろう。大会の社会的影響力を考えると、性の多様性を認める社会の実現へむけて、記念碑的な一歩を記したといってもよい。

⑥ 二元論の功罪

（1）二元論とグレーゾーン

　ジェンダー・トラブルはなぜスポーツに顕著なのだろうか。その理由はスポーツが典型的な性別二元論をとっているからである。二元論とは「善と悪」や「白と黒」のように、事柄を相反する二つの原理や要素で説明することをいう。
　スポーツにおける性別二元論とは「男」と「女」の二つの性だけで構成されているとする考え方だ。だから男子競技と女子競技しかないのだが、性はグラデーションなので、全人類をどちらかのカテゴリーに当てはめようとすることがそもそも無茶なのだ。不自然極まりない偏狭性が問題を起こす根本原因だ。

（2）規範からの解放と再強化

　二元論は物事を極端に単純化するので、思考しやすいという利点はある。「有罪か無罪か」「勝つか負けるか」などとどちらともいえない／どちらでもない部分を捨象してしまえば、論点が絞れ、複雑な思考を巡らすことなく結論まで

到達できる。ただしそこが弱点でもある。あらゆる事柄には、二分できないグレーゾーンがかならずあるからだ。

二元論的思考によるトラブルは他にも存在する。

「身体の性」と「心の性」がその一例だ。「性はグラデーションなのだから性別二元論はおかしい」と声をあげながら、性同一性障害を語るときには「身体の性」と「心の性」という二元論を正当性の根拠に挙げることは矛盾していないだろうか。

女性同性愛者が女性を、男性同性愛者が男性を好きになるとき、「女性」や「男性」とはいったい誰のことなのだろうか。性のグラデーションを強調する一方で、彼らが「女性」や「男性」を示すとき、その主張は単純な性別二元論に陥っていないか。

「同性愛」といったときの「同性」が、もはや論理的に成立しないことは明らかだ。それはLとGというカテゴリー自体が社会的構築物であることを意味する。同性愛に限らない。Bの「両性愛」も、マジョリティの「異性愛」も同様である。

人種概念と同じく性もフィクションなのに、社会的には強固に維持されていることには自覚的であるべきだろう。

性同一性障害の者が性別適合手術を受けて性別を変更した場合を考えてみよう。ここにも背反が浮かびあがる。男性から女性に性を変更した者は、今後は髪を伸ばして、化粧をして、スカートを穿いて、自分のことを「わたし」と表現するのだろう。女性から男性に性を変更した者は、今後は髪を短くして、髭を伸ばし、半ズボンを穿いて、自分のことを「おれ」と表現するのだろう。

しかし彼らが長年苦しんできたのは、社会の隅々にまで浸透している「男はこうあるべき」「女はこうあるべき」といった暗黙の了解ではなかったのか。「身体は男なんだけど化粧をしてスカートを着てワタシっていいたい」「身体は女なんだけどスーツを着てネクタイを締めてオレっていいたい」といった性規範に抵触する行為を周囲から白眼視されることの恐れが彼らを抑圧してきたのではなかったのか。そしてそこから自由になることを希求していたのではなかったのか。

そうであるのに、いったん熱望していた性別への変更を果たしたら、自ら進んで社会のコードに服従していく。性規範からの解放を願っていたにもかかわ

らず念願が叶った瞬間に一転して、それまで苦しめられてきた規範を肯定して再強化する役割を自ら担うのだ。

（3）パッシング

これに関してはパッシング（passing）という重要な点がある。パスすることで、トランプゲームをするときの「パス」と同じである。「自分の順番を通過する／やり過ごす」という意味だ。

主にトランスジェンダーが用いるパッシングは、男性が女性の身なりをして街を歩く、あるいは女性が男性の身なりをして街を歩くときの他者の反応を意味している。「パスする」とは周囲が彼（女）らに違和感を覚えないで、スルーする状態をいう。不自然さから凝視されたり、二度見されるのを非常に恐れている。それには男になる、あるいは女になることに「成功していない」という含意があるからだ。

身体とは異なる性になろうとするとき、その指標として他者を利用する。第三者の目をとおしてなりたい性になれるのか／なりたい性になれているのかを確認し判断する。そういう意味でも、性とは社会的な構築物なのである。

❼ 第三の性の法制化

性にまつわる多くの矛盾と困難が次々と明らかになっている現在、新しい解決策がでてきている。男／女のほかに第三の性を法制化する妙案がそれだ。オーストラリア、ニュージーランド、オランダ、ドイツ、オーストリア、ネパール、インド、アルゼンチン、アメリカ合衆国のいくつかの州、カナダなどが採用しており、この動きは今後広がっていくと思われる。

法制化によって救われる人が増えるのは確実だろうが、これにも問題がある。人種や民族と同じく、カテゴリーを設けて個々の人間をカテゴライズしていく思想がもつ暴力性が温存されているからである（第2章❼）。性的な範疇が男／女の二つから、男／女／第三の性の三つに増えただけで、なんらかの基本に沿って人間を振り分けるメンタリティ自体は不変なのだ。この厄介な心性をいかに超克していくか、発想の大転換がいま求められている。

🔍 参考文献

●国際オリンピック委員会、2021、「公平で、包摂的、そして性自認や性の多様性に基づく差別のないIOCの枠組み」https://www.joc.or.jp/olympism/document/pdf/framework2203_jp.pdf
●ボーヴォワール、2001、『決定版　第二の性　Ⅱ体験［上］』新潮社。

👍 おすすめ

●映画、2018、『ボヘミアン・ラプソディ』
世界的なロックバンド、クイーンがデビューからスターダムを駆け上がっていくプロセスを、今は亡きボーカル、フレディ・マーキュリーの半生から描いた映画。フレディのセクシュアリティを通奏低音にしつつ、伝説となった1985年のライブエイドでの圧巻のパフォーマンスへと昇華していく。

●藤野千夜、2000、『夏の約束』講談社
総務部総務課に勤めるマルオ（29歳）とフリー編集者ヒカル（27歳）のゲイのカップルを中心として、トランスセクシュアルの美容師たま代（26歳）、売れない小説家菊ちゃん（25歳）、OLのぞみ（24歳）らとの何気ない日常を軽妙な会話をとおして描いた作品。彼らと友人たちとの交流が温かい筆致で綴られている。

恋愛と結婚：私は誰と結婚できるのか

《 キーワード 》

ロマンティック・ラブ・イデオロギー　コンフルエント・ラブ　インセスト・タブー

① 結婚形態の多様性

　恋愛と婚姻には多様性がある。同性愛と異性愛、同性婚と異性婚というカップルの性別の違いもあるし、見合い・恋愛・マッチングアプリという出会い方の違いもある。あるいは家柄、学歴、社会的・経済的地位などが自分よりも高い者と結婚することを上昇婚、その反対に自分よりも低い者とすることを下降婚と言い表すこともある。女性が自分より高い男性と結婚することを「玉の輿」、男性が自分より高い女性と結婚することを「逆玉の輿」というが、これは上昇婚、下降婚の異なった表現である。

　恋愛と結婚は単純ではないことを踏まえたうえで、異性愛を基礎とする異性婚について基本的な形態を確認しておこう。

　一人の男性が結婚できるのが一人の女性に限られている場合、それを一夫一婦制という。配偶者がそれぞれに一人しかいないこの形態を単婚と呼ぶ。

　一人の男性と複数人の女性の場合は一夫多妻制、逆に一人の女性と複数の男性の場合は一妻多夫制、そして複数の男性と複数の女性が結婚することを多夫多妻制という。配偶者が複数いるこれらの形態を複婚と呼ぶ。

　カップリングの多様な形式は動物界でもみられる。鳥類のほとんどは一夫一婦制、ゴリラやセイウチなどは一夫多妻制、ミツバチなどは一妻多夫制、チンパンジーなどは多夫多妻制といった具合だ。ただし一つの種ですべての類型を採用している／採用していたのはおそらくヒトだけだろう。そういう意味では特殊である。

　本章では恋愛と結婚について考えていくが、話のベースは異性婚の一夫一婦制だ。日本社会が法律的に、それしか認めていないからである。

❷ 戦後日本の人口動態

（1）少子高齢化

　日本の**少子高齢化**とそれにともなう人口減少が止まらない。総人口に対する65歳以上の割合を示す高齢化率は1950年の4.9%から2022年の29.1%へと急上昇している（総務省統計局2023）。約70年前はほぼ100人中5人だった高齢者の割合が、いまではおよそ100人中30人になっている。

　少子化も猛烈な勢いで進行している。第二次ベビーブームといわれた1970年から1975年にかけては毎年200万の新たな命が誕生していた。その後は減少していき、2022年は77万759人になった。2021年は81万1622人だったので、前年比マイナス4万863人となる（厚生労働省2023）。

　出生に関する指標には、人口1000人に対する出生数の割合を示す出生率、女性が生涯何人の子を産むかを示す特殊出生率、15歳から49歳までの女性の年齢別出生率を合計した合計特殊出生率がある。言葉の定義や算出方法の記述は煩雑になるので、ここではシンプルに話をすすめていこう。

　この合計特殊出生率が、1973年の2.14から2022年の1.26へと急降下している（厚生労働省2023）。子どもをつくるのは男女二人の共同作業だから、単純化すれば、一人の女性が一生のあいだに二人産めば人口は現状維持、三人以上産めば増加、二人未満であれば減少する。1.26は2を下回っているので、人口は減少していくことになる。

　実際日本の総人口は2008年の1億2808万人をピークにして下降に転じ、2023年6月には1億2451万1000人になった。2022年6月から2023年6月にかけての1年間では59万2000人減となった（総務省統計局2023）。この数字は凄まじい。たとえば2023年9月の栃木県宇都宮市の人口は約51万3435人だった（宇都宮市2023）。つまり同市規模の都市がまるまる一つ消滅したほどのインパクトを持っているのだ。

（2）地方から都市への人口移動

　人口動態の要因の一つは、第二次世界大戦後におこった人間の大移動にある。戦後、日本が世界に例をみないスピードで経済的な復興と発展を遂げるプロセスで、地方都市から東京や大阪などの大都市へ大規模な人口移動がおこった。

東京都の人口は終戦した1945年は349万人にすぎなかったが、1950年には628万、1975年には1167万人、2010年には1316万人へと増加の一途をたどった。大阪府の人口も、1950年には386万人、1975年には828万人、2010年には886万人と右肩あがりになっていて、東京都と同じ軌跡を描いている（人口推計）。

① プル要因

なぜ大都市に人びとが殺到したのだろうか。

戦後日本社会は鉱物資源を持たなかったがゆえに、原材料を輸入してそれを製品化し海外で売り捌く方法で復興と発展を遂げていった。工業化されていったのは太平洋ベルトと呼ばれた茨城県から大分県におよぶ太平洋沿岸地域だ。なかでも東京を中心とする京浜、名古屋を中心とする中京、大阪を中心とする阪神、福岡を中心とする北九州の四大工業地帯はその中核だった。工業化に資本や資源を集中することで驚異的な経済的利益をあげていった。

くわえて都会に魅力があったことも忘れてはならない。大都市は華やかで多くの人で賑わい、溢れんばかりのもので埋め尽くされた多様な文化の集積地である。そのような場所は理屈を超えて、若者たちを惹きつける魅力と誘惑に満ち溢れていた。

これらの地域の労働力を担ったのが、「金の卵」と呼ばれた中学校を卒業したばかりの少年少女だった。工場だけにとどまらず、小売業や飲食業などの都市を支える職場を目指して、津々浦々から夜行列車に乗って集団で上京していった。1950年代から60年代にかけて、全国各地の田舎から大都市へ金の卵が殺到したのである。このように人びとをその土地に引きつけるファクターをプル要因という。

② プッシュ要因

都市に向かった理由には、地方の基幹産業であった農林業が立ち行かなくなってきたこともあった。農林水産省によれば、一人あたりのコメの年間消費量は1962年の118kgから2020年の50.8kgへと半減している（農林水産省2022）。

コメからパンへといった食生活の変化の影響をモロに受けたコメ農家は、状況に対応するべく、機械化や農薬の利用などさまざまな工夫をこらして効率

化をはかっていった。そのプロセスでそれまで農作業の担い手だった次男・三男、あるいは長女・次女の仕事がなくなってしまった。長男はイエを守るために家業を継がなければならなかったが、農業で食っていけなくなった次男以下はイエを出て自力で生きていかなければならなくなった。そんな彼らを受け入れたのが都市だったのである。このように人びとをその土地から押し出していくファクターをプッシュ要因という。

　人びとの移動は個人の思惑だけでおこっているのではない。それでは集合的な移転を説明できない。そうではなくプッシュ要因とプル要因がある局面で調和することによって、人的流動化は起動し促進されていく。きわめて社会的な現象なのだ。

❸ 第一次産業の低迷

　この経過と同時並行的に、政府は供給過剰に陥って行き場を失ったコメをなんとかしなければならなかった。対策として打ち出されたのが減反政策で、作付面積を減らせば補助金を出す政策が1971年に導入された。

　農業と同じく、日本経済を支えてきた林業も苦境に陥っていた。戦後復興を果たす過程で国内の木材需要は拡大していた。大都市は何度も空襲を受けたので焼け野原になっていた。林野庁によれば、1955年の木材需要量は6521万m^3、1970年には1億660万m^{3}と飛躍的な伸びを示した（林野庁2023）。

　木材需要に対して安定的で安価な供給を果たすべく導入されたのが木材の輸入自由化で、1964年に始まった。輸入木材はそれまでも細々とは入ってきていた。そして自由化以降、輸入量が急増する。結果、木材自給率は1955年の96.1%から1970年の46.7%へと急落してしまう（林野庁2023）。

　林業で一家全員の生活を賄うことが困難になり、長男はイエを守るために地元に留まり、次男以下は都市に出て行かざるを得なくなった。

　こうした状況を背景に、第一次産業（農・林・漁業）の従事者数は、1951年は1668万人、1970年は886万人、2022年は205万人へと急降下している。

　その一方で第二次産業（製造・建設・工業など）の従事者数は、1951年は817万人、1970年は1791万人、2022年は1525万人と、増加した後減少

している。

第三次産業（商業・金融・医療・教育など）の従事者数はさらに伸びて、1951年は1137万人、1970年は2417万人、2022年は4993万人となっている。

戦後日本社会で人口・産業構造が激変している様子がこれらの数字からわかるはずだ。

‖ 図6-1 ‖ 産業別就業者数の推移

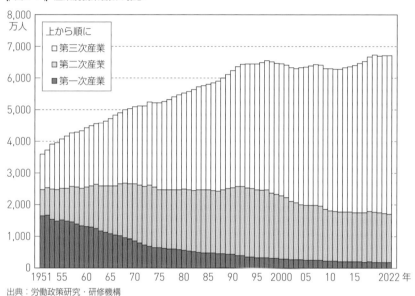

出典：労働政策研究・研修機構

③ 見合い結婚から恋愛結婚へ

（1）戦後結婚観の変化：地方と見合い婚

地方で食べていけなくなった者たちは、新しい日本をつくりあげるための「金の卵」と称されて、終戦直後から急速に復興・発展・拡大していった鉄道網を利用して地方から都市に向かった（第3章❻）。独立して、雇用労働者として新しい人生をたった一人で歩み始めた。

イエ（第7章❸）からの分離は彼らの結婚観も劇的に変えた。

地方に残っていれば多くの者は見合い結婚をしていたはずだ。年頃になると懇意の親戚筋や知り合いが話をもってくる。それによって相手が決まり、子をつくり、イエを存続させてきた。その人を愛して結婚したというよりも、結婚してから伴侶のことを愛するようになったケースも多かった。それがイエや村落共同体を守るために長年受け継がれてきた生活の知恵でもあった。

見合い結婚と恋愛結婚の割合の推移をみても確認できる。1940年ごろには69.1%あった見合い結婚が戦後急落して2020年ごろにはわずか9.8%になってしまう。恋愛結婚は1940年ごろの14.6%が2020年ごろには74.8%に伸びている。両者が逆転するのが1965年ごろで、金の卵が結婚適齢期にかかる時期とほぼ一致している。

‖ 図6-2 ‖ 結婚年次別にみた、恋愛結婚・見合い結婚構成の推移

出典：「第16回出生動向基本調査」

（2）都会と恋愛結婚

金の卵の周囲には、地方と違って、誰かを紹介してくれる世話好きはいなかった。都会には縁故がないので自力で結婚しなくてはならなかった。どうやって相手をみつけるのか。採用された方法は意中の人をみつけて、付き合って、

プロポーズする恋愛結婚だった。それが唯一の手段だったのだ。したがって見合いから恋愛へと結婚手段が変化していったのは、彼らが望んだのではなく社会変化がそうさせたといったほうが適切であろう。

(3) 自然化する恋愛結婚

現代の感覚では考えられないが、戦前・戦中・戦後すぐまでの見合い結婚では、事前に写真だけは見ていたが、実際に会うのは結婚式当日が初めてのこともあった*1。

しかし恋愛結婚では「結婚式当日が初対面」はあり得ない。自分の周囲にいる人——多いパターンは自分と同じように地方から都会にやってきた職場の同僚——に好意を寄せ付き合い、結婚に至るケースが典型的だった。こういう過程を踏まない結婚ももちろんあったが、これがメインストリームを形成していった。そして類似した経緯をたどる恋愛結婚が自然で自明のこととして、人びとに受容され、定着していった。

④ ロマンティック・ラブ・イデオロギーの登場

(1) ロマンティック・ラブとはなにか

このようなかたちをロマンティック・ラブという。「愛と性と生殖とが結婚を媒介とすることで一体化されたもの」（千田2011:16）といえば難しいかもしれないが、エッセンスは「恋愛の先に親密な身体関係と結婚がある。そのような愛こそが真実の愛である」と考えることだ。そのような観念形態をロマンティック・ラブ・イデオロギーという。

社会学者の山田陽子は4つの特徴を指摘している（山田2009）。

・自らの意志や感情にもとづき、交際相手や配偶者を選ぶ（愛の個人主義）

---

*1　海外に移住した日本人が結婚する手段の一つに「写真花嫁」があった。1908年ごろから1923年ごろにかけて、アメリカ（メインはハワイ）に渡った日系移民がおこなっていた方法で、結婚前に対面することなく双方が送り合う写真や履歴書だけで結婚を決めていた。

・愛のゴールに結婚がある（恋愛結婚）
・いったん結婚すれば、配偶者以外の異性と性交渉や親密な交際をしない（性・愛・結婚の三位一体）
・一人の人と添い遂げる（関係の永続性）

これらの特徴にはどれも馴染みがあるだろう。

「自らの意志や感情にもとづき、交際相手や配偶者を選ぶ」は、いまを生きる私たちには違和感がない。見合いのように自分の意思とは別の論理で相手が決定する結婚システムとは異なり、恋愛結婚は完全な自己選択・自己責任のもとで成立するのだ。

「愛のゴールに結婚がある」というシナリオは、現代日本社会では理想、あるいは望ましいとされている。結婚する気がなくロマンスを繰り返している者に対する「女好き」「男好き」「遊び人」「軽い」といった表現の底にある冷ややかな眼差しはそれをよく表している。

「いったん結婚すれば、配偶者以外の異性と性交渉や親密な交際をしない」のも、共感を伴って多くの人に共有されている倫理だ。不倫や浮気に猛烈なバッシングが浴びせられるのはこの道徳観を多くの人が内面化しているからだ。また「できちゃった婚（おめでた婚）」が万人から祝福されないのは、恋愛と結婚ではなく、妊娠と結婚が結びついているからである。さらに不倫相手の妊娠が嫌悪されたり、未婚の母が白眼視されるのも、二つが結びついていないからだ。

「一人の人と添い遂げる」のも、社会的に広く流通している理想態だろう。老夫婦が互いを気遣いながら暮らしている姿をみてほのぼのとする理由の一つは、そのような規範を知らず知らずのうちに受容しているからだろう。いまでも離婚に対して「結婚に失敗した」というレッテルが貼られるのはその証左だ。離婚を意味する言葉である「バツイチ」「バツニ」はまさに不首尾を意味している。

（2）ロマンティック・ラブという発明

人の多くはロマンティック・ラブに共鳴することだろう。それが自然な恋愛感情だと思うのではないか。

　ところがすでに述べたようにこのイデオロギーはきわめて近代的な発明品なのである。日本史や世界史の授業で、政略結婚が多用されていたことを多くの人は学んだはずだ。妻とのあいだに男児に恵まれなかった跡取りが、イエを存続させるために妻以外の女性とのあいだに子をもうけることも日本社会ではみられた。それは不倫、浮気、あるいは現在の「未婚の母」や「婚外子」とは異なった思想や倫理のもとで続けられていた。それが善か悪かはともかく、このような文化をすくなくとも戦前までの日本社会はもっていたのである。それが終戦をターニングポイントにして変化していったのだ。

　比較文化論研究者の柳父章によれば、そもそも「恋愛」は明治時代になってつくられた単語で、"LOVE"の訳語であった。その頃にも「色」「恋」「愛」「情」という言葉はあったが「恋愛」とは異なっていた。当時の知識人の一人である教育家巌本善治（いわもとよしはる）は「恋愛」をそれらの語よりも上等で、価値が高く、清く正しく、深く魂より愛する感情や心理として捉えた。対象を上下にみる態度の善悪は置いておいて、高尚な恋愛観が形成されることによって、タームとしての「恋愛」が社会に流通して定着していった。まず言葉がはやり、特に知識人やクリスチャンのあいだで行為としての恋愛が流行した（柳父1982）。

⑤ ロマンティック・ラブからコンフルエント・ラブへ

(1) 専業主婦の誕生：性別役割分業

　1960年代後半から70年代にかけて、都会で恋愛結婚をした若者たちは郊外の丘陵地帯を造成して整備されつつあった大規模ニュータウン（第3章❻）に生活拠点を構えた。鉄筋コンクリート5階建て、風呂がついた2DKは当時の最先端だった。居間でご飯を食べることを前提とした間取りが主流だった時代にあって、食事をする場所（DK）と居室が分離している空間はモダンでおしゃれだった。また風呂がない家が多く、週に何度か家族揃って自宅近くの銭湯に歩いて行くのが日常だった当時、自宅にバスタブがあるのは贅沢の極みだった。

‖ 図6-3 ‖ 多摩ニュータウン

©Konaine

　郊外のマンションから都心の職場に通うサラリーマンが誕生し、夫は外で賃労働を、妻は家事・育児をして家庭を守る分担制が定着していった。専業主婦の誕生である。このように性別によって個々の役割を明確化することを性別役割分業という。

（2）女性の社会進出と共働き

　このライフスタイルはゆるやかに変化していく。生活が豊かになるにつれて教育費や家電、自家用車などの負担が大きくなり、専業主婦が外で働かなくては家計が回らなくなってきたからだ。電化製品は妻の仕事を大幅に時短化したので、自由時間が増えたことも大きかった。

　また1960年代にアメリカで起こったウーマン・リブ運動（女性解放運動）は日本にも多大な影響を与え、男女平等意識の広がりと女性の社会進出を促した。性別役割分業が固定化することで、妻が家庭に閉じ込められ経済的な部分を夫に依存しなければならなくなっていたが、このような主従関係からの解放が女性にとっては喫緊の課題となったのである。

‖ 図6-4 ‖ **女性解放を訴える抗議デモ　ワシントンD.C.（1970）**

　共働き家庭が増加することで、夫を上位とする二人の関係性にも変化が起こってくる。夫は妻に任せきりだった家事・育児を分担するようになる一方で、妻は経済的にも精神的にも夫から自立していった。

（3）問い直され続ける愛

　人びとの意識や社会の変容は恋愛にも波及し、ロマンティック・ラブからコンフルエント・ラブへ移行していった。イギリスの社会学者アンソニー・ギデンズの言葉で、confluentは「合流する」という意味である。彼によれば、この新しいかたちには三つの特徴がある（ギデンズ1995:94-99）。

- ・能動的で偶発的な愛情であり、ロマンティック・ラブのように「永遠」でも「唯一無二」でもない。
- ・対等な条件のもとでの感情のやりとりを想定しており、互いに相手に関心や要求をさらけ出し、無防備になることで進展していく。
- ・コンフルエント・ラブはロマンティック・ラブとは異なり、夫婦関係の核心に性愛術を導入し、相互の性的快楽の達成を、関係性の維持か解消かを判断する主要な要素にする。

　ギデンズ理論のエッセンスは「現代社会では、人は常に意味を問い直す」点にある。私たちは恋愛に限らず「自分の選択は間違っていなかっただろうか」「これでいいのだろうか」というように、自分自身を常に反省的に振り返る。そし

てそれを基点にして新たな指針を決めていく。自らを客観視して、自問自答を繰り返して状況を評価し修正しながら行為していくことを、「再帰性」（第4章❹）と呼ぶ。再帰性は個人的行為に限らず社会全般にもあてはまる。

　コンフルエント・ラブは、現在の関係性を解体しては再構築していくプロセスだ。「永遠の愛」を特徴とするロマンティック・ラブとは異なり、流動性を特徴とする。繰り返しなされる自省の結果、現在の恋愛関係には意味がないと判断すれば別れることを厭わない。経済的、社会的、そして心理的にも女性が自主独立することによって「性・愛・結婚の三位一体」を特徴とするロマンティック・ラブは解体していった。「生涯未婚率」と一般的にはいわれている50歳時未婚割合*2の増加と離婚率*3の上昇は、ロマンティック・ラブとは違う恋愛のかたちが生まれてきていることの証しである。

　社会学者宮本孝二は「コンフルエントという表現によって、出会っては反省的に検証され解体しさらにまた出会い、という繰り返しの意味が強調されている。コンフルエント・ラブは自律的な二人が対等に、したがって敢えて言うならば融け合わずに、親密関係を維持しようとする愛なのである」と指摘する（宮本2001：122）。コンフルエントの意味である「合流する」は、分離する可能性を含んでいる。二つはセットなのだ。

❻ インセスト・タブーの理由をさぐる

　話はがらりとかわる。人間には結婚する自由があるが、好き勝手に誰とでもできるわけではない。年齢や性別などに関するルールが社会ごとに決められている。日本社会であれば、従来は男性18歳以上、女性16歳以上が婚姻可能年齢であったが、2022年4月の法改正で男女共に18歳以上となった。

　同性婚を認める社会もあれば禁止する社会もある。結婚できる年齢にも違いがある。世界に存する婚姻ルールは千差万別だけれども、不思議なことに近親相姦を認めている共同体はない。地球上には多種多様な文化があり人の営みも

---

*2　50歳時の未婚率は、1950年は男性1.45%、女性1.35%、1980年は男性2.60%、女性4.45%、2000年は男性12.57%、女性5.82%、2020年は男性28.25%、女性17.81%と急上昇している（国立社会保障・人口問題研究所2023）。

さまざまなのに、すべての社会が一律的に近親相姦を禁止（**インセスト・タブー**）しているのだ。

（1）生物学的／文化的／精神医学的説明

　近親相姦がいけないのはなぜか。この問いは古くから考察されて、いろいろな説が提出されてきた。

　生物学的観点からは「潜性遺伝子*4が重なりやすくなる」「近交弱勢*5がおきやすくなる」という説が提出された。障がいをもった子どもが生まれやすくなるという意味だ。

　文化的観点からは「親子関係や夫婦関係が混乱をきたし、家族や共同体が成立しなくなる」という説が提出された。父と娘が結婚し、親子かつ夫婦である二人のあいだに子どもがうまれたとしよう。赤ん坊は父にとっては子どもだろうが、娘にとっては我が子でもあり、父の子どもなので自分のきょうだいでもある。近親相姦を認めると家族関係が混乱するとはこういう意味だ。

　精神医学的観点からは「精神的にも身体的にも、長期間近しい関係性で育った者同士のあいだでは性的関心が湧かない」という説が提出された。しかしこれらの説はいずれも強力な反論を受けたため決定打とはならなかった。

- -

＊3　離婚件数の年次推移は次のようになっている（厚生労働省2022）。

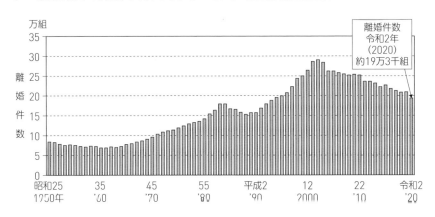

（2）レヴィ゠ストロース：交換としての結婚

　整合的で論理的な説明が見出せない状況が長く続いた中、フランスの文化人類学者**クロード・レヴィ゠ストロース**（1908-2009）が従来とはまったく違う観点からインセスト・タブーを捉え直し、画期的ともいえる説を提出する。

　彼は「人間社会は交換によって成立している」と考えた。コミュニケーションは情報の交換であり、経済は貨幣とものの交換である。そう考えれば、結婚は二つの家族のあいだでおこなわれる女性／男性の交換であるといえる。もしも近親相姦しかしない小集団――このグループは他の家族と人間の交換をしない超閉鎖的な志向性を持つ――があったとしたらどうなるだろうか。この集団が永続的に繁栄することはないだろう。それどころか近い将来、子どもが生まれなかったり、男ばかりが生まれたり、女ばかりが生まれたりして絶滅してしまうだろう。

　家族を永続させるためには、外から人を招き入れ続ける必要がある。そのためには対価として自身も外に人を送り出さなければならない。人の交換を止めないことが安全弁となって人的な枯渇を防ぐことができ、存続することができるのだ。

　レヴィ゠ストロースの**交換理論**を上回る論理的整合性をもった理論はまだ登場していない。現在のところこれがもっとも説得的だと考えられている。

（3）社会によってかわる近親相姦の範囲

　ただしインセストの領域、換言すれば婚姻可能な範囲は社会によって違う。日本は民法第734条によって「直系血族又は三親等内の傍系血族の間」での結婚を禁止している。直系血族とは、血族関係を「私」を中心にしてタテにみていくことをいう。上ならば父母、祖父母、曽祖父母……、下ならば子、孫、ひ孫……だ。つまり父母、祖父母、曽祖父母……とどこまで遡っても、また子、

＊4　子の遺伝子は父母から同等に受け継いでいるが、二人のどちらか一方の遺伝子だけに含まれた情報の形質が発現することがある。それを顕性遺伝といい、一方の遺伝子だけの情報では発現しない場合を潜性遺伝という。

＊5　近い遺伝子が交配することで繁殖力や抵抗性が低下するなど、種の存続にとってマイナスに作用すること。

孫、ひ孫……とどこまでくだっても、そのような関係の者とは結婚することができない。

　傍系血族とは、血族関係を「私」を中心にしてヨコにみていくことをいう。兄弟、姉妹、おじ・おば、甥・姪という具合だ。三親等 *6 内の傍系血族とは兄弟、姉妹、おじ・おばの範囲をいう。「私」はこれらの人と結婚することはできない。つまりそれよりも遠い血族であれば成婚可能だ。

　日本ではいとことの関係はインセストではなく、性交渉も結婚も認められている。ところが韓国や中国ではいとことの婚姻は法的に認められておらず、性交渉は近親相姦になる。かたやヨーロッパには三親等の傍系血族との結婚を認めている国や、兄弟姉妹であっても父母のどちらかが異なる場合は婚姻が可能な国がある。

　インセスト・タブーは人類の普遍的なルールではあるものの、その範囲は社会によって異なる。人が文化的な生き物であることがこの事例からもよくわかる。本能は自然ではなく、文化的に生成された行動様式なのである。

⑦ 同性パートナーシップ制度の登場と普及

　日本にはもう一つ重要な規則がある。憲法第24条で「婚姻は、両性の合意のみに基いて成立し、夫婦が同等の権利を有することを基本として、相互の協力により、維持されなければならない」と記されている。この文言からもわかるように、日本は結婚を男性と女性のあいだでのみ認め、同性婚は認めていない。

　ただ、第5章で考察したように、性の多様性が社会に浸透してきていることから、地方自治体では現況に応じた措置が取られるようになってきている。代表例は、2015年に東京都渋谷区と世田谷区で制定された同性パートナーシップ制度だろう。渋谷区では、法律上の婚姻とは異なるが、男女の婚姻関係とかわらない程度の実質を備えた同性関係を「パートナーシップ」と定義して、つぎの条件を満たした場合にパートナーシップ証明書を交付している。

---

*6　親等は親族関係の距離を表す言葉である。私と父母は一親等、私と子も一親等。私と兄弟姉妹は二親等になる。

・渋谷区に居住し、かつ、住民登録があること
・18歳以上であること
・配偶者がいないこと及び相手方当事者以外のパートナーがいないこと
・近親者でないこと

　同制度はまたたくまに全国に広がっていった。2023年5月時点で、導入した自治体は328を超え、人口カバー率は70%を超えている（NIJI BRIDGE2023）。
　世界に目を向けてみると、2023年2月現在、同性婚を法的に認めている国や地域は34にまで増えてきている。この流れは今後さらに加速していくと思われるが、法的に厳しく禁止している国もあるので認否は二極化していくのだろう 。
　許否には地域差がありそうだ。ヨーロッパ、北米、南米には認める国が多く、アジア、中東、アフリカではほとんど認められていない。認めた国や地域であっても、拒否感や嫌悪感を抱く人は少なからずいる。異性婚を忌み嫌う社会や人間はこの世に存在しないことを考えると、同性婚が異性婚と同じように社会的に普遍化して異和感なく眼差されるようになるには長くて険しい道のりがあると思われる。

🔍 参考文献

- NIJI BRIDGE、2023、「渋谷区・認定NPO法人虹色ダイバーシティ 全国パートナーシップ制度共同調査」 https://nijibridge.jp/data/
- 宇都宮市、2023、「宇都宮市の人口・面積など」 https://www.city.utsunomiya.tochigi.jp/shisei/gaiyo/1007461.html
- アンソニー・ギデンズ、1995、『親密性の変容　近代社会におけるセクシュアリティ、愛情、エロティシズム』而立書房。
- 厚生労働省、2022、「令和4年度「離婚に関する統計」の概況　人口動態統計特殊報告」
- 厚生労働省、2023、「令和4年（2022）人口動態統計（確定数）」
- 国立社会保障・人口問題研究所、2023、「人口統計資料集（2023）」
- 千田有紀、2011、『日本型近代家族　どこから来てどこへ行くのか』勁草

　　書房。
- 総務省統計局、2023、「人口推計（令和5年（2023年）6月確定値、令和5年（2023年）11月概算値）（2023年11月20日公表）」
- 農林水産省、2022、「米の1人当たりの消費量はどのくらいですか。」https://www.maff.go.jp/j/heya/sodan/1808/01.html
- 宮本孝二、2001、「書評　アンソニー・ギデンズ著　松尾精文・松川昭子訳『親密性の変容　―近代社会におけるセクシュアリティ、愛情、エロティシズム』」『女性学評論』。
- 柳父章、1982、『翻訳語成立事情』岩波書店。
- 山田陽子、2009、「恋愛の社会学序説　――"コンフルエント・ラブ"が導く関係の不確定性――」『現代社会学』（10）。
- 林野庁、2023、「令和4年度 森林・林業白書（令和5年5月30日公表）」

👍 おすすめ

- シェイクスピア、2012、『新訳　ロミオとジュリエット』KADOKAWA
  14世紀のイタリア。ロミオとジュリエットは偶然出会いたちまち恋に落ちるが、両家は敵同士だった。さて二人の恋愛は成就するのか。シェイクスピアの代表作であり文学史上もっとも有名な恋愛小説でもある。

- 映画、1953、『ローマの休日』
  ヨーロッパを親善旅行中、イタリアに滞在していた某国の王女アンは過密な公務に辟易してしまい、屋敷をこっそり抜け出してローマに出かけていく。そこで偶然、アメリカ人の新聞記者ジョーと出会う。身分を隠したままのアンと、彼女の素性に気づいたジョーが美しいローマで繰りひろげる淡い恋の物語。

社会調査の歴史

　ある地域を支配し統治するときには、かならずその地域を調査しなければならない。誰がどこに住んでいるのか、どのような生業を営んでいてどれほどの収穫があるのかの調査を基にして人びとを管理し、支配者に反抗しないように行動を制限したり課税したりするためだ。天下を統一した豊臣秀吉が1582年から1598年までおこなった太閤検地は日本史の有名な調査の一つだろう。農地を正確に測量して収穫高を算出し、農民の氏名を記録して年貢の義務を負わせた。

　このとき度量衡を整理統合しておくことが重要となる。長さ、重さ、体積などを測る時に用いる単位のことだ。日本で古くから用いられてきた枡は地方によってその大きさが異なっていた。したがって「枡一杯のコメ」といっても、場所によってその量はまちまちだった。それでは正確な量が算出できないので、太閤検地では大きさを一本化した。採用されたのは京都でつかわれていた縦横四寸九分（約14.8cm）、深さ二寸七分（約8.1cm）の「京枡」だった。

　こうしたことをとおして人びとの長さ、重さ、体積といった日常生活に直結している感覚が統制されていった。

ブースの量的調査

　社会調査は古くからおこなわれてきたが、社会学的に特に重要なのは以下の二人がおこなった。イギリスのチャールズ・ブース（1840-1916）とポーランド生まれのブロニスワフ・マリノフスキー（1884-1942）だ。

　ブースは産業革命真っただ中のイギリス・リヴァプールで、裕福な商家に生まれた。若くして両親を亡くしたが、失意を乗り越えて、父が残した遺産を元手にヨーロッパと南北アメリカを結ぶ海運事業への

参入を決意する。兄アルフレッドとの共同経営で「ブース汽船会社」を創立した。そして猛烈に働き、大実業家への階段を駆け足で上っていった。

　彼は単なる企業家ではなかった。社会問題に強い関心を寄せていた彼が、もっとも心を痛めていたことが急激な社会変化を経験しているイギリスでの貧困問題だった。

　興味をもつようになった契機は、社会民主連盟が1885年におこなった調査結果をもとに「労働者階級の4分の1以上の人々が、人間として健康を維持するに不適切な生活を送っている」と公表したことにあった（阿部1990:38）。25%以上の人たちが貧困に苦しんでいるという報に驚愕し、自分の目でたしかめてみようと決意する。1886年から1902年にかけての17年間、私財を投入してロンドンの社会調査を実施した。

　全体を明らかにするためには「一つの大きな統計的な枠組み」（阿部1990:43）が重要であると考え、膨大な量のデータを収集・分析する手法をとった。その結果、当該地の労働者は、次の8つのクラスにわけることができると結論づけた（阿部1990:44-45）。

　Ａ．臨時日雇い労働者など
　Ｂ．臨時稼得者
　Ｃ．不規則的稼得者
　Ｄ．規則的少額稼得者
　Ｅ．規則的標準稼得者
　Ｆ．高額稼得者
　Ｇ．中産階級の下
　Ｈ．中産階級の上

所得に応じて階層化をしたうえで秀逸だったのは、操作的（≒数値によって）に貧困ライン（the line of poverty）を設定したことにある。貧困は人によって異なる。一日三回食事ができるか、家にエアコンがあるか、生活保護費以上の収入があるかなど指標は多様で普遍的なポイントは設定不可能だ。けれども彼には私費で賄っているので自由に決めることができる利点があった。そして量的データから1週間に22シリング以上の収入があるかどうかを基準にして、それ未満を貧困と定義した。上でいえばDとEの間にラインを引き、AからDの人たちを貧困層だとしたのである。

　操作的概念によって人びとははじめて貧困がなにかを具体的に実感することができた。抽象的な概念を目で見ることができるようになったのだ。その結果は驚くべきものだった。25％どころではなく、ロンドンで暮らす人の30％が貧困ラインを下回っていることが判明したのである。

マリノフスキーの質的調査

　マリノフスキーはオーストラリアを中心にして現地調査（フィールドワーク）をしていた人類学者であったが、第一次世界大戦が勃発したことによりヨーロッパへの帰還が叶わなくなってしまった。この不可抗力をプラスに活用し、パプアニューギニアのトロブリアンド諸島に住み込み長期間の参与観察に取り組む。調査対象の社会や集団に加わり、生活をともにしながらデータを集める調査法をいう。

　1915年から18年にかけて現地コミュニティの一員として暮らした彼は世紀の大発見をする。それがクラ交易だ。

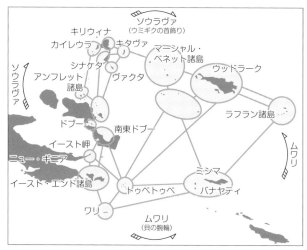

クラ

出典：マリノフスキー『西太平洋の遠洋航海者』

　トロブリアンド社会には珍しい文化があった。ともに貝殻でつくった首飾り（ソウラヴァ）と腕輪（ムワリ）があり、ソウラヴァは時計回りに、ムワリは反時計回りに、島から島へぐるぐると回していくのである。島人はそれらが回ってくると一定期間所有することができる。とても名誉なことで、人生の絶頂期といってもよい。とはいえ私物化することは許されない。期間が過ぎると、帆船で波高き太平洋に乗り出して、隣の島へ届けなければならないのだ。命がけの大航海だ。

　マリノフスキーはそこから機能主義をうちたてる。「その社会にあるあらゆる要素は、個々で独自の働きをしながら相互に連関しつつ、当該社会を統合するように機能している」と考える立場をいう。クラ交易と呼ばれる私的所有が許されていない「儀礼的シンボル」を島から島へ回し続ける不可思議で決死の文化は、トロブリアンド諸島社会を統合するように機能していると解釈するわけだ。機能主義は一世を風靡し、彼はイギリス人類学の礎を築き、時代の寵児となっていく。

さらにパプアニューギニアの経験からフィールドワークについて重要な要素を抽出する。①長期間の滞在、②現地語の習得、③現地社会の人たちと信頼関係（ラポール）を築き社会の成員として認められる、の三つだ。これらによって、信頼性が高く、重要で深いデータを得ることができるのである。

量的調査と質的調査

　社会学のデータには二種類がある。量的データと質的データだ。量的調査はブースがおこなったような、数を集めて俯瞰的に全体の傾向性を明らかにする方法だ。一方、質的調査は数は少ないが、対象を深掘りしていくマリノフスキーがとった方法だ。量的調査はイクステンシブ（extensive　広範囲）調査、質的調査はインテンシブ（intensive　集中的）調査といわれることもある。

　イクステンシブ調査だけでは表面的な傾向はわかってもそのデータの深層はわからない。インテンシブ調査だけでは全体の傾向性がみえてこない。両方をバランスよくおこなうことで、はじめて対象の全体が把握・理解できるのである。

　なお日本では、一般社団法人社会調査協会が社会調査士資格の認定や機関誌『社会と調査』の発行をおこない、社会調査の発展につとめている。

 **参考文献**

● 阿部實、1990、『チャールズ・ブース研究　貧困の科学的解明と公的扶助制度』中央法規出版。

家族：「血のつながり」を越えて

《 キーワード 》

イエ　性別役割分業　アトム化

❶　家族とは何か

　ものを定義するのはとても難しい（ **コラム1** ）。「家族」も同様だ。家族とは
「familyの翻訳語として明治時代につくりだされた言葉であり、最初は家族の
『集団』をさす言葉ではなく、家族の個々の『成員』をさす言葉にすぎなかっ
た」（千田2011:ⅱ）からである*1。明治時代になるまで日本にはなかったのだ。
西洋の思想を色濃く内蔵しているという意味でもある。さらに当初の「家族」
と、いまの私たちがつかい思い浮べる「家族」とは意味が異なっていた。

　法律的には「特定秘密の保護に関する法律」で「配偶者（婚姻の届出をして
いないが、事実上婚姻関係と同様の事情にある者を含む。以下この号において
同じ。）、父母、子及び兄弟姉妹並びにこれらの者以外の配偶者の父母及び子を
いう。」とされている。

　辞書的には『有斐閣 法律用語辞典［第4版]』で「血縁と婚姻を基礎として
共同生活を営む集団で、社会を構成する基本的な単位。その形態により、夫婦、
親子のほかそれらの近親者等を構成員とする大家族と、夫婦と未婚の子供を構
成員とする小家族とに分けられるが、一般に、大家族から小家族へ移行してき
ているとされる。」（法令用語研究会編2012:125）としている。

　家族研究の第一人者、社会学者の森岡清美（1923-2022）は「夫婦・親子・
きょうだいなど少数の近親者を主要な構成員とし、成員相互の深い感情的かか
わりあいで結ばれた、幸福（well-being）追求の集団」（森岡・望月1997:4）
としている。

---

*1　社会学者の広井多鶴子によれば「家族」は漢語としては古い言葉であり、林子平が
　　1786年に書いた『父兄訓』のなかに「五倫ようやく壊乱して、見苦しき家族、世の中
　　に多く見ゆるなり」との記述がある（広井2011:57）。

これらの定義から浮かんでくる具体的なイメージは、多くの人が納得できるのではないだろうか。だがそれによって「一般的な家族」から排除され、こぼれ落ちてしまう家族もある。何気なく有する心象によって、誰かを知らず知らずのうちに傷つけている可能性があるのだ。

❷ 里親と里子：血のつながらない家族

一例をあげよう。現代日本社会では経済的、あるいは虐待やネグレクト（養育や保護の放棄）といった理由で、保護者と一緒に生活できず乳児院や児童養護施設 *2 などで暮らす子どもが大勢いる。厚生労働省によれば2021年末時点で、乳児院では2351人、児童養護施設では2万3008人が生活している。施設での集団生活にはプラス面もあるが、一般家庭で、家族の一員としての親密な関係性のなかで日常生活を送るほうが、情緒面や学習面、人格形成の点でよりよいとされている。それを踏まえて、自分の家庭に子どもを迎え入れて育てる里親制度がつくられている。家庭を里親、子を里子といい、困難な環境にいる子どもを社会全体で養育していこうとする福祉システムだ。

特徴的なのは子どもが里親の苗字を名乗らないことだろう。戸籍上は、両者は赤の他人のままなのだ。そのうえで18歳になるまで、家族として一緒に生活を営んでいく。この制度がひろく一般に認知されるようになってきており、登録里親数も委託児童数も増加傾向にある。

---

*2　乳児院は保護者との生活が困難な乳児を保護し養育する施設で、2021年末時点で、全国に145あり、0歳から2歳くらいまでの子を対象にしている。児童福祉施設は18歳未満の子が対象で、2021年末時点で全国に610ある。ただし2024年には対象年齢の18歳制限が撤廃されることが決定している。

過去10年で、里親等委託児童数は約1.6倍、児童養護施設の入所児童数は約2割減、乳児院が約2割減となっている。

○里親・ファミリーホームへの委託児童数

平成23年度末
4,966人

令和3年度末
7,798人
(1.6倍)

○児童養護施設の入所児童数

平成23年度末
28,803人

令和3年度末
23,008人
(0.8倍)

○乳児院の入所児童数

平成23年度末
2,890人

令和3年度末
2,351人
(0.8倍)

○児童養護施設の設置数

平成23年度末
584か所

令和3年度末
610か所
(1.0倍)

○乳児院の設置数

平成23年度末
128か所

令和3年度末
145か所
(1.1倍)

(注) 各年度3月末日現在
（福祉行政報告例）

出典：こども家庭庁「社会的養育の推進に向けて」令和5年4月5日

　里親と里子の関係性はどうなっているのだろうか。呼称でいうと、里親のことを「おとうさん、おかあさん」あるいは「おじさん、おばさん」と呼ぶ子どもが多いようだ（里親がそのように呼ばせていることもある）。親密性については、じつの親子でもぎくしゃくしてしまうケースがあるように、うまくいく場合もあればいかない場合もある。かなり難しい問題を孕んでいることはたしかだが、この制度が社会に定着してきていることは間違いない。

　両者は自分が里親であること、自分が里子であることを知っている。そのうえで「おとうさん、おかあさん」と呼び「我が子」だと思っている。そのような彼らは家族ではないのだろうか。たとえ「おじさん、おばさん」と呼んだとしても、家族といえるのではないだろうか。

　そのとき「あなたたちは法律的に家族ではありませんよ」と告げたところで、彼らにはなんの意味ももたないだろう。それどころか法律の原理原則論で家族性を否定することは、ある種の暴力になるかもしれない。

　里親制度と近いシステムに**特別養子縁組**と**普通養子縁組**がある。前者は子ど

もの年齢が原則15歳未満、後者には年齢制限がない（ただし養親よりも年上であってはならない）。また前者では関係の解消ができないが、後者では可能である。さらに前者の場合は婚姻関係にある二人でなければ養親になれないが、後者の場合は単独、独身でも養親になれる。これら以外にも二つの養子縁組には条件・要件の違いがある。

‖ 図7-2 ‖ 養子縁組と里親制度の違い

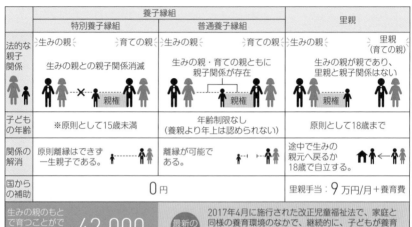

	養子縁組		里親
	特別養子縁組	普通養子縁組	
法的な親子関係	生みの親との親子関係消滅	生みの親・育ての親ともに親子関係が存在	生みの親が親であり、里親と子ども関係はない
子どもの年齢	※原則として15歳未満	年齢制限なし（養親より年上は認められない）	原則として18歳まで
関係の解消	原則離縁はできず一生親子である。	離縁が可能である。	途中で生みの親元へ戻るか18歳で自立する。
国からの補助	0円		里親手当：9万円/月＋養育費

生みの親のもとで育つことができない子どもたちの数　**42,000**人

 最新の動き　2017年4月に施行された改正児童福祉法で、家庭と同様の養育環境のなかで、継続的に、子どもが養育されるよう養子縁組や里親、ファミリーホームへの委託が原則となった。

出典：日本財団

③ イエと家族

（1）イエと家父長制

　家族の定義をさらに難しくしているのは日本にあるイエ制度だ。二つはオーバーラップしている部分もあれば、異なっている部分もある。それが日本社会の家族を非常に複雑にしている。

　イエとはなにか。理解するには墓地に行けばよい。多くの墓石には個人名ではなく「○○家の墓」と書かれていることだろう。それが象徴している。墓は個人ではなく、イエを祀っているのだ。

　イエは1898（明治31）年に施行された明治民法で明確に定められている。

少し長いが家族社会学の佐々木美智子の説明をみてみよう（佐々木2016:46-47）。

第7章

「家」は戸主と家族（戸主以外の近親者）を構成員とし、戸主は「家」の成員を統制する権利として戸主権をもち、家族の居所指定や婚姻・養子縁組・分家などの許諾や拒否を行う一方、家族の最終的な扶養義務を負った。先祖祭祀の権利も保有し、戸主権は家督相続によって長男に継承された。

妻は「夫権」に従うものとされ、重要な取引行為をなすのにかならず夫の許可を得なければならない意味の「無能力者」とされ（旧法第14~18条）、夫が妻の財産管理権をもち、（旧法第799条、第801~803条）、妻に重い貞操義務が課せられるなど、夫婦不平等の立場で規定されていた。

「家」の目標は「家」の系譜の永続的繁栄で、家長をはじめ「家」の構成員はそれぞれの地位・役割において「家」の永続的繁栄のために禁欲的に奉仕した。

現代の感覚では強烈な男尊女卑で、文章を読んでいくうちにふつふつと怒りが込み上げてくる人もいるのではないだろうか。この思想には家父長制が影響している。一家内で父親や夫が圧倒的な権力を握っている制度で、家長がすべてを支配し、構成員は彼に完全服従しなければならない。単純化すると「家族内では父親が絶対的存在。一番偉い」となるだろうか。

第二次世界大戦終結まで維持された法律によって、家父長制を基礎とするイエ制度や、それについての感覚や考え方が日本社会に生きる人たちに内面化されていた。いまでも「長男は跡取り」「イエを誰が継ぐか」などの会話が交わされるのは、イエ制度が社会的・心理的に強固に維持されているからだろう。

イエの核心はなんだろうか。その一つは佐々木が示しているように「『家』の系譜の永続的繁栄」にある。「子宝に恵まれない」とか「男子が夭折してしまった」などの非常事態に直面すると、養子縁組によってソトの人間をウチに招き入れることも稀ではなかった。血統よりもイエの存続を優先させるのは当然のことだった。そのような彼らの価値観を象徴しているのが、墓石に刻まれた「〇〇家の墓」という文字なのである。

（2）家父長制の解体

　家父長制は第二次世界大戦後、急速に解体されていく。それを圧倒的な権力で押し進めたのが敗戦国の日本を統治したGHQのマッカーサーだった。終戦の1945年から1952年まで日本を占領下に置いたGHQは、当然のことながら、1946年に公布された日本国憲法にも多大な影響を与えた（第3章❸）。
　憲法第14条にはこう書かれている。

　　　すべての国民は、法の下に平等であって、人種、信条、性別、社会的身分又は門地により、政治的、経済的又は社会的関係において、差別されない。

第24条にはこう書かれている。

　　　婚姻は、両性の合意のみに基いて成立し、夫婦が同等の権利を有することを基本として、相互の協力により、維持されなければならない。

　憲法で保障されることによって、男女平等がひろく一般に普及していった。同時に、日本の産業構造が農林漁業を主とする第一次産業から、製造業や建設業を主とする第二次産業と、情報通信業やサービス業を主とする第三次産業へと移行していくにしたがって、地方で食べていくことができない次男や長女らが、職を求めて都市に流入するようになっていった（第6章❷）。
　数字でみてみよう。1950年時点では、東京、大阪、名古屋の三大都市圏には総人口の34.7%が暮らしているにすぎなかった。それが1960年には39.6%、1980年には47.8%、2005年には50.2%に増加した。総人口の半数以上が三大都市圏に集中しているのだ＊3（縄田2008:21-22）。このような変化によって、個々人のイエや家父長制についての感覚や考え方はしだいに変わっていった。

＊3　　東京圏は東京都、神奈川県、埼玉県、千葉県を、名古屋圏は愛知県、岐阜県、三重県を、大阪圏は大阪府、兵庫県、京都府、奈良県を指す。

④ 性別役割分業とポリティカル・コレクトネス

(1) 性別役割分業：ウチとソト

　都市で単身の雇用労働者となった多くは、職場にいた同じく地方からやってきた同僚と恋愛結婚をし、やがて新しい命を授かっていった。彼らがつくった新しい家族は大きな特徴をもっていた。それは夫（男性）はソトで賃労働をして経済面を受け持ち、妻（女性）は仕事を辞めて専業主婦となって*4、ウチで家事・育児に専念する性別役割分業の導入だった《第6章⑤》。

　夫が担当したソトとは公的な領域であり、妻が担当したウチとは私的な領域である。彼は賃労働をし、彼女は無賃労働をすることも違う。経済的な部分を握っているので彼の役割は重要ではあるが、夫が安心してソトで賃労働に専念できるのは、それを陰で支える妻が専業主婦となって私的領域のすべてを担っているからこそである。

　専業主婦の家事・育児に典型的な、誰かがやらなければ日常生活を送ることができない無報酬労働のことを、オーストリアの社会学者イヴァン・イリイチ（1926-2002）は「シャドーワーク」と呼んだ。

(2) 雇用機会均等法とポリティカル・コレクトネス

　性別役割分業は、1960年代にアメリカではじまったウーマン・リブ運動の大波が日本にも押し寄せてくることが一つの契機になって瓦解していった。とくに1985年に制定された男女雇用機会均等法は女性の社会進出や労働市場への参加を強く後押しした。本法ができるまでは、性別によって給与体系が異なっていること――もちろん男性の給与は常に女性よりも高い――は多くの企業では当然だった。職場によっては、女性は男性よりも早く出勤して部署を清掃し、出勤してくる上司の男性社員にお茶を淹れるといったことも常識化されていた。昇進も女性にはほとんどチャンスがなかった。こういった性差による差別的な労働の是正の第一歩が同法だったのである。能力によって役割を決めて

＊4　2000年代に入ると「結婚を機に仕事を辞めて専業主婦になる」妻は減少し「子どもを出産したら育児に専念するために仕事を辞める」のではなく「仕事を継続しながら子育てをする」という選択をする人が増えた。

いく／役割が決まっていく能力主義や成果主義の台頭である。

　性別役割分業からの脱却と能力主義の普及によって、職業の名称も問題視されるようになっていった。当時は「看護師」のことを「看護婦」といっていた。「保育士」は「保母・保父」だった。だが「婦」「母」「父」などの漢字は性別を限定し「看護は女性がおこなうべき」という了解を暗黙裡に醸成してしまう。「性の平等性の観点から不適切だ」との批判が起こり、中立的な表現をするべく名称変更がおこなわれた。民族、人種、宗教、年齢、職業など、特定の人たちに対する差別的あるいは偏見を抱くような表現や、不快感を与える用語も一掃された。「スチュワーデス」を「キャビンアテンダント」、「ビジネスマン」を「ビジネスパーソン」、「痴呆」を「認知症」、「肌色」を「うすだいだい色」と言い換えるのはその具体例だ。こうした動きをポリティカル・コレクトネス（政治的妥当性）と呼ぶ。

⑤　加速する少子化

(1)　核家族化／少子化／アトム化

　農村から出てきた人びとが都会で新しい家族をつくりつつあった頃に話を戻そう。

　彼らには大きな特徴がある。親世帯から分離して「一組の夫婦と未婚の子ども」という構成をとることだ。この「一人の夫」「一人の妻」「未婚の子ども」の三者からなる結合体をアメリカの人類学者ジョージ・マードック（1897-1985）は「核家族」と呼ぶ。たとえ一夫多妻制、一妻多夫制、多夫多妻制であったとしても、それらは核家族の集合体であり、これはすべての社会に普遍的にみられる形態だと主張する。

　日本での核家族化現象は、地方の共同体からの分離と、親世帯からの物理的、経済的、精神的な独立と自立を意味してもいた。それは家族のアトム化（原子化）といってもよい。周囲との関係性が希薄になり孤立化することをいう。この事象は、その後、ますます加速していくことになる。

　図7-3をみてもわかるとおり、日本の少子化に歯止めがかからない。1947年には4を超えていた合計特殊出生率は2022年には1.26まで下落している《第6章❷》。

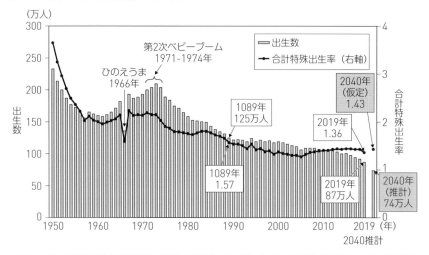

‖ 図7-3 ‖ 出生数、合計特殊出生率の推移

資料：2019年までは厚生労働省政策統括官付参事官付人口動態・保健社会統計室「人口動態統計」（2019年は概数）、2040年の出生数は国立社会保障・人口問題研究所「日本の将来推計人口（平成29年推計）」における出生中位・死亡中位仮定による推計値。

出典：『令和2年版　厚生労働白書』

1.26は、多くの女性が子どもを二人は産まないことを意味するので「一組の夫婦に子どもが一人」の家庭が多いことになる。きょうだいの不在は、子どもがアトム化してきていることを含意してもいる。きょうだいがいれば一緒に遊んだり、喧嘩（けんか）をしたりと、日常的な関係性のなかで社会性を身につけることができるが、一人っ子ではそのような相手が身近にいない。その子は対人関係が希薄な環境のなかで成長していくことになる。

（2）子育てには金がかかる！

少子化にはいろいろな原因があるが、上位にくるのは経済的な理由だ。なにしろ現代日本社会では、子育てには大金がかかるのだ。2022年のデータでは、高校（通信制を含む）進学率は98.9%、大学・短大進学率は60.3%となっている（国立社会保障・人口問題研究所2023A）。

高等教育を受けるためにはいくらかかるのか。

常陽銀行によると2018年時点で、公立の幼・小・中・高等学校へ通い地元

の国公立大学へ進学した場合、総額が1040万4082円。公立の幼・小・中・高等学校へ通い地元から離れた私立文系大学に進学した場合は2993万8324円に跳ね上がる（常陽銀行2022）。教育費だけの話だから生活費を加算するとどうなるか。

　国税庁によると2022年の給与所得者の平均給与額は年458万円なので（国税庁2023）、一家庭で複数の子どもに高等教育を受けさせるのはきわめてシビアだ。親は習い事もさせたいだろうし、旅行にも連れて行きたいし、おしゃれもさせたいし、おいしい食事も用意したい。そう考えると二人目を持つことへのハードルはますますあがる。2021年の調査では、夫婦に理想の数の子どもを持たない理由を尋ねたところ、52.6％が「子育てや教育にお金がかかりすぎるから」と回答している（国立社会保障・人口問題研究所2023B）[5]。1.26が指し示す少数精鋭主義の採用は必然であり合理的選択なのである。

（3）晩婚化

　平均初婚年齢は1950年の男性25.9歳、女性23.0歳、1970年の男性26.9歳、女性24.2歳、2000年の男性28.8歳、女性27.0歳、2021年の男性31.0歳、女性29.5歳と変化している。晩婚化が急激に進行しているのだ。連動して第一子出生時の母の平均年齢も1950年は24.4歳、1970年は25.6歳、2000年は28.0歳、2021年は30.9歳と上がり、高齢出産化が進行している（人口動態統計）。こうなると第二子をもうけることの精神的・身体的な問題も浮上してくる。前述の出生動向基本調査では、妻が35歳以上の夫婦の場合「これ以上、育児の心理的・肉体的負担に耐えられないから」との理由が増加していると指摘している。

　晩婚化や経済的な問題などさまざまな要因がからみあった結果として、少子化問題が起きているのである。

---

[5]　同調査では、夫婦の平均理想子ども数は1977年は2.61人、1997年は2.53人、2021年は2.25人となっていて2人以上を維持している。ただし将来結婚する意向がある未婚者に希望の子ども数を尋ねたところ男性1.82人、女性1.79人と2人を下回っていた。

⑥ アトム化する家族

現代日本社会の家族の特徴は大きく三つある。①アトム化、②多様化、③成員のアトム化である。ここでは混乱しないように「家族のアトム化」を社会のなかで家族が孤立していくこととし、家族のなかで成員がアトム化していくことを個人化としておこう。現代社会では家族の社会内での孤立と、成員の個人化が同時に進行している。まず①と③について検討し、②は第7節で考察しよう。

(1) テレビとアトム化

アトム化は家電製品の開発と普及によってますます加速していった。

テレビの試験的な放送はNHKによって1939年から開始され、戦争期の中断を経て1953年から本格的な放送がはじまった。1960年からは、従来の白黒に加えてカラー放送がスタートした。もちろん開始直後のテレビは高価で誰にでも買える代物ではなかった。普及率が低かった当時は、街頭テレビに大勢が群がって視聴していた。

‖ 図7-4 ‖ 街頭テレビに集まる人々（1964年）

©Project Kei

日本経済の戦後復興とともに家電製品の価格は下がり、国民所得が右肩上がりに上昇したことでテレビは目にも止まらない速さで各家庭に浸透していった。一家に一台になり、夜は全員がお茶の間に集まり、みんなで同じ番組を見て、一緒に楽しんだ。一家団欒を促進するツールだったが、見方をかえると、それは家族と家族以外を分離するようにも機能した。テレビの普及はアトム化を象徴していた。

‖ 図7-5 ‖ 家電と自動車の普及率の年次変化

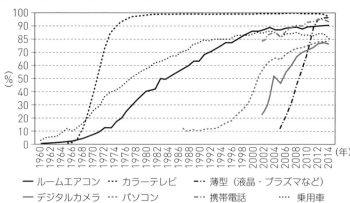

— ルームエアコン　… カラーテレビ　-‥ 薄型（液晶・プラズマなど）
— デジタルカメラ　… パソコン　　　-‥ 携帯電話　　　… 乗用車

※2013年まではカラーテレビは、ブラウン管を含む。
出典：経済産業省ホームページ

　経済的に豊かになり社会の変容に連動して人びとの意識も変化していくと、家屋の間取りも変わっていった。子どもが自分の部屋を持つようになったのだ。子ども部屋にテレビが置かれるようになると状況が一変する。それぞれが別々の場所で、観たい番組を一人で観るライフスタイルへ移行していったのである。同じ時間と空間とコンテンツを共有することはなくなり、家族内での個人化がはじまった。

　テレビに限らない。テレビ以外の家電製品、家の間取りはもとより、自動車や自転車にいたるまで、身の回りにあるものすべてがおなじプロセスを辿っていった。

（2）電話とアトム化／個人化

　アトム化と個人化に電話が果たした役割も大きい。携帯電話が登場するまでは、当然ながら固定式しか存在しなかった。その電話も昭和の終盤になってようやく一家に一台普及していった。当初は、電話をひくには、まず高額な権利を購入し、別途にこれまた高額な架設料が必要だった。通信料も高かった。一般家庭で電話を持つなどはあり得ない話で、普及スピードは遅かった。

　移動式の電話がでてくるのは、1980年代になってからである。ショルダーバッグほどの大きく重い移動式電話（ショルダーフォン）が登場したのは1985年、いわゆるガラケーが登場するのは1991年、アップルのiPhoneが日本で発売されたのは2008年のことだった。

　総務省によると2022年におけるスマホの世帯保有率は90.1％で、2010年の9.7％から大幅に上昇している。一方、固定電話は2005年の90.7％から2022年の63.9％へと下落している。一家に一台から一人一台へと変化したのだ（総務省2023）。

　一家に一台の時代は、通話内容は家族の構成員全員に筒抜けだった。家族間でプライバシーはほとんどなく、みんながすべての情報を共有していた。しかし携帯電話の登場と普及は情報のプライベート化をもたらした。家電製品という物理的な意味にとどまらず精神的にも個人化していったのである。

　生涯未婚率と離婚率の上昇、単独世帯の増加、単身赴任、ネグレクト、ひきこもりなど家族の変質や社会問題の顕在化が著しいが、これらはすべてアトム化と個人化の要素を含んでいる。

（3）食事の個人化

　現在注目されているのは食事の個人化、つまり孤食化である。遠距離通勤に耐える雇用労働者の夫、パートをしながら家事・育児に忙殺される妻、学校と習い事に忙しい子どもと、生活リズムがまったく違う家族では、食事のタイミングが三者三様であり、食卓を共にすることが非常に少なくなるのは当然だ。

　農林水産省の2017年の調査によれば、一日のすべての食事を一人で食べる頻度は「ほとんど毎日」が11.0％、「週に4〜5日ある」が4.3％で、合算すると15.3％にのぼり、2011年の10.2％から大幅に増加していた。

また、家族と同居している人に一緒に朝食と夕食を摂る頻度を尋ねたところ「ほとんど毎日一緒に食べる」と回答した人は60％程度にとどまった（農林水産省2018）。

⑦ 多様化する家族

（1）生殖補助医療

❶ 人工授精／体外受精／代理出産

　このように核家族化／少子化／アトム化してきた家族だが、そのありようは多様化してきているともいえる。

　その原因のひとつは、医学の発達にある。具体的には生殖補助医療であり、従来であれば子どもをもつことができなかった夫婦でもそれが可能になったことを指す。不妊には夫か妻あるいは両者に原因があるが、誰に素因があろうともそれを乗り越える医療技術が確立されている。人工授精、体外受精、代理出産の三つだ。

　人工授精とは、女性の排卵の時期に合わせて管などをつかい精子を直接注入する方法をいう。この場合、卵子は妻本人のものだが精子は夫本人のものとは限らない。夫の場合もあれば、夫になんらかの問題があるときには第三者の精子を利用することもある。また精子は直接注入するが、かならず妊娠するわけではない。手段は人工的とはいえ自然妊娠に近い要素もある。

　体外受精とは、卵子を体外へ取り出し、あらかじめ採取していた精子を、顕微鏡などをつかって直接卵子に入れて授精させたうえで子宮内に戻す方法をいう。この場合は、卵子も精子も妻と夫のものではないことがある。卵子と精子に問題があるかないかによって、「妻の卵子−夫の精子」「第三者の卵子−夫の精子」「妻の卵子−第三者の精子」「第三者の卵子−第三者の精子」の四通りの組み合わせが想定できる。

　代理出産とは、妻に子宮をつかった妊娠や出産ができない場合、第三者の女性（代理母）に妊娠と出産を託す方法をいう。体外受精のケースと同様、精子と卵子には四つのパターンがあるうえに、妊娠と出産は代理母がおこなうので、複雑性がさらに増す。

❷ 日本における生殖補助医療の問題

　日本では代理出産は法律で禁止されているわけではないが、日本産科婦人科学会が関与や斡旋を認めていないことからおこなわれていない（過去にはおこなわれた事例がある＊6）。したがって希望する場合は、法的に代理母を認めている国へ行かなければならない。ただし日本の法律はこの方法をそもそも想定していないので、二人の実子とは認められない。赤ん坊を産んだ代理母が法的な母となる。したがって我が子にしようと思えば、特別養子縁組などの手続きが必要となる。

　それとは違うルートも存在する。医療機関を通さずに「ボランティア」と称する人たちから直接無償で精子の提供を受ける方法がその一つだ。インターネットの普及によって個人が情報へアクセスすることが容易になっており、無償提供システムを利用して我が子をもうける人が増加している。

　ここで問題になるのは、受け取った精子に感染症や遺伝性疾患などの問題があったとしても十分な対応ができないことだ。親子関係をめぐる法的な問題もある。こうしたリスクを承知のうえで「自分の子どもだけは欲しい」と強く思っている未婚の女性や、同性パートナー、あるいは性別適合手術をうけて出生時の性とは異なった性になった人のカップルなどが利用する。医療機関では人工授精がうけられないので、リスキーな方法を選ばざるを得ないのだ。

❸ 出生前診断

出生前診断もさまざまな問題を含んでいる。胎児の健康状態や染色体異常の有無などを調べることをいう。日本では1960年代に羊水検査が確立され、それ以降、母体血清マーカーなどが開発され、普及したが、いまは採血をおこない胎児の染色体をチェックする新型出生前検査（NIPT）が主流となっている。日本ではテストで染色体異常があった場合の堕胎率が70%を超えている＊7。

　ひと昔前ならば、性別も含めてどのような子どもが生まれてくるのかは産んでみなければわからなかった。しかし現在では産む前から性別をはじめとした多くの情報を得られるようになっている。染色体異常の早期発見につながって

＊6　2001年に長野県の医師が代理出産を手掛けたのが日本初だといわれている。

いるプラス面はたしかにあるが、従来にはなかった難題を夫妻に突きつけることにもなった。

　障がいがあるとわかった場合に、その子どもを産むか中絶するかを選択できる／選択しなければならなくなったのである。我が子に障がいを望む親はいない。誰もが健康で元気な子を望んでいる。「ある」場合に向き合うことになる二者択一の強制は実子を熱望していた二人にとっては残酷だ。「産むか諦めるか」「子どもをちゃんと育てられるか」「家族は幸福になれるだろうか」「親が死んだ後、残された子はどうなるのか」……。

　この分野の医学の発達は、批判が多い優生思想（第9章）を再びメインストリームへと復活させるかもしれない。優生思想とは、病弱よりは健康の方がよい、知能は低いより高い方がよいといった素朴な考えをベースとして、劣った遺伝子を排除して優秀な遺伝子だけを残すことを繰り返し、人間を改良していこうとする思想である。これが危険極まりないことは、第二次世界大戦中にナチス・ドイツがおこなったホロコーストを想起するだけで理解できるだろう。

（2）同性パートナーシップと母子・父子家庭

　同性パートナーが子どもを持つことも増えている。

　離婚率の増加（第6章❺）によって母子家庭と父子家庭の数も増えている。離婚率の増加はすさまじく、1950年から70年ごろまでは年間6万9000組から8万4000組くらいで推移していたが、2002年は29万組にまでなった。その後はゆるやかに減少しており、2022年は17万9099組となっている（厚生労働省2023）。

　再婚も多くなり、離婚した母子と父子が結婚するケースも増えてきている。

　社会の変化によって生の基盤である家族が変容し、個人の生き方は多大な影響を受けている。家族が多様化・複雑化してきており、それを定義することはもはや不可能だ。拡散化をともなって変異する家族をどう捉えるかは難しいが、

＊7　2013年から2021年の間に10万人を超える妊婦が検査を受け、ダウン症等の陽性（染色体異常）が確定した1686人のうち1261人が中絶を選択したと報告されている（出生前検査認証制度等運営委員会2023）。

そこが家族社会学の醍醐味でもある。

‖ 図7-6 ‖ アウシュヴィッツ強制収容所（ポーランド）

©Michel Zacharz AKA Grippenn

Q 参考文献

- 厚生労働省、2023、「令和4年（2022）人口動態統計（確定数）」
- 国税庁、2023、「令和4年分　民間給与実態統計調査」
- 国立社会保障・人口問題研究所、2023A、「人口統計資料集（2023）改訂版」
- 国立社会保障・人口問題研究所、2023B、「第16回出生動向基本調査」
- 佐々木美智子、2016、「第4章 夫婦関係」園井ゆり・浅利宙編『第3版 家族社会学　基礎と応用』九州大学出版会。
- 出生前検査認証制度等運営委員会、2023、「NIPT（非侵襲性出生前遺伝学的検査）」https://jams-prenatal.jp/testing/nipt/follow-up-survey/
- 常陽銀行、2022、「子どもに必要な教育費の平均はいくら？　教育費を確実に貯める方法も紹介」https://www.joyobank.co.jp/woman/column/201508_03.html
- 丁田有紀、2011、『日本型近代家族　どこから来てどこへ行くのか』勁草書房。

- ●総務省、2023、『令和5年版　情報通信白書』
- ●縄田康光、2008、「戦後日本の人口移動と経済成長」参議院事務局企画調整室編『経済のプリズム』(54)。
- ●農林水産省、2018、「平成29年度 食育白書（平成30年5月29日公表）」
- ●広井多鶴子、2011、「家族概念の形成　―家族とfamily―」『実践女子大学人間社会学部紀要』。
- ●法令用語研究会編、2012、『有斐閣　法律用語辞典［第4版］』。
- ●森岡清美・望月嵩、1997、『新しい家族社会学（四訂版）』培風館。

👍 おすすめ

●映画、2018、『万引き家族』
是枝裕和監督の作品。都会の中にぽつんと佇む古びた一軒家で暮らす六人の極貧家族の物語。彼らは万引きで生計をたてている仲良し家族だ。けれども、じつは彼らは法律的にも血縁的にも赤の他人であるばかりか、ひとりひとりには誰にも言えない秘密があった。

●映画、2013、『そして父になる』
これも是枝作品。病院で起こった新生児の取り違え事件を題材にしている。子どもが6歳になったときにその事実を知った二つの家族の苦悩と決断を描く。交換して実子を育てるべきか、それともこのままよその夫婦のあいだに生まれた「我が子」を育てるべきか。同じテーマを扱った書籍に奥野修司のノンフィクション『ねじれた絆　赤ちゃん取り違え事件の十七年』（文藝春秋）がある。

第8章 食：私たちは何をどのように食べているのか

《 キーワード 》

食糧危機　食のリスク化　飽食社会

① 三大欲求としての食

　人間には食欲・性欲・睡眠欲の三大欲求があるといわれている《第5章❸》。たしかにこれらは欲求かもしれないが、なにかを食さなければ、そして睡眠をしなければ人間は死んでしまう。二つは必然だ。唯一、たとえ満たさなくても死なないのは性欲で、この欲がなければ子孫を残すことができないだけの話だ。

　人間はなにかを食べなければ生存できないが、栄養さえあればなんでも食すわけではない。食欲は個人が属する集団の規範によって強くコントロールされている。

　中国や韓国の一部には犬食文化がある。しかし犬がもはや家族の一員になるまでステイタスを上昇させている現代日本社会に生きる多くの人、とくにペットとして飼っている人にとっては食べるなんてありえないだろう。もしもそうとは知らずに食してしまい、あとから「あれは犬の肉ですよ」と聞かされれば、五臓六腑が拒否反応を起こして嘔吐してしまうかもしれない。

　ここまで極端でなくとも、豚足が大好物な人もいれば、形状が気持ち悪くて食べられない人もいる。長野県の郷土料理の一つにイナゴの佃煮があるが、これも同様で無理な人がいる。小さい頃から親しんでいれば違和感なく美味しく食することができるだろうが、そのような食習慣がない集団の一員として生きてきたならば、最初の一口には渾身の勇気がいるはずだ。

　宗教によって、摂食可と不可が規定されていることもある。イスラム教ではブタとアルコールは御法度だし、ユダヤ教ではブタ、イカ、タコなどはタブーだ。どちらかの宗教を信仰する人が、それとは知らずに禁忌の食物を食べてしまい、その直後に「さっきのは○○ですよ」と耳元で囁かれたら、顔面蒼白になってしまうに違いない。たとえ驚くほどの美味だったとしても。

人間は空腹だから食すわけでもおいしいから食べるわけでもない。摂食行為は単なる欲求ではなく、きわめて社会的な実践なのだ。

② 人類史と食

（1）三つの食料獲得方法：狩猟・採集、農耕、牧畜

　700万年にわたる人類史のあいだに、人間は食料獲得の方法をわずか三つしか編み出すことができなかった。狩猟・採集、農耕、牧畜だ。狩猟・採集は最初期から現在に至るまで続けられている方法だ。ヒトが誕生した当時のことは誰にもわからないが、人類学の研究から、初期段階から男性は狩猟、女性は採集という性別役割分業が採用されていたと想像されている。

　農耕は約1万年前、牧畜は農耕のはじまりから1000年ほどたって発明された方法で、どちらも西アジアのチグリス川とユーフラテス川を中心に広がる肥沃な三日月地帯で誕生したといわれている（中川2017:257）。最初の栽培作物はマメ類かムギ、最初の家畜動物はヤギだったと考えられている[1]。

‖ 図8-1 ‖ 肥沃な三日月地帯

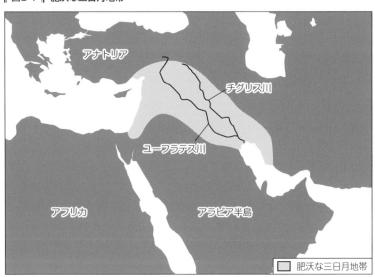

これら二つが狩猟・採集と決定的に異なっているのは、高い知能を有していなければ継続できない方法であることだ。農耕は、植物の種を大地に撒いて、育て、収穫するが、このときに生産物をすべて食べ尽くしてしまったら翌年植える種がなくなってしまう。一部を空腹に耐えて取り置くという知的作業が必要なのだ。

　単なる採集ならば自然に実っている果実などを採るだけで済むが、農耕には未来を予測してそれに備える忍耐と管理と計画性が必要となる。

　これは牧畜にもいえる。草食性、群居性、有蹄類の動物の生殖をコントロールしながら飼い、育て、乳と肉を食し、毛皮を利用することをいう。このときに成長した動物を全部食べてしまったのでは、群れのスケールを維持できない。消尽せずに、近い将来を見通した生殖コントロールや成育といった知的作業をすることが必要不可欠となる。

（2）食糧革命

　農耕と牧畜を安定的に営み、農地を広げ、家畜規模を大きくすることで、食糧生産量を増加させることができるようになる。生産を拡大すると、食糧の余剰がでてくるので、その分人口を増やすことが可能となる。そして人口が増えれば労働力が増大するので、耕地面積や飼育頭数を増やすことができる。

　これらの相乗効果でヒトが急増していったと想像しがちだが、そうはならなかった。人類史のなかでもっとも画期的な出来事である食糧革命が起きても、世界人口は飛躍的には伸びなかった。理由は謎である。

＊1　ただし牧畜ではなく家畜化という意味であればオオカミのほうが早かった。約2万年前に家畜化がはじまり、やがてイヌになったとする説が有力だが、10万年以上前にはじまったとする説もあり確定していない。いつの時点でオオカミからイヌへと変わったのかについても不明である。

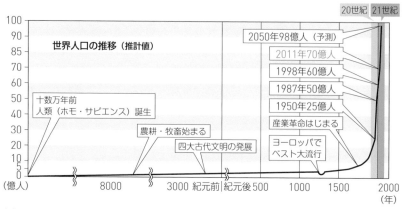

出典：国連人口基金

（3）医学の発達と死亡率の低下

　人口が右肩上がりになるのは、1700年代から1800年代にかけて起こった産業革命の期間だ。当時は医学が急速に発展する時期でもあった。

　顕微鏡の発明は1590年にオランダのメガネ職人ハンス・ヤンセンと息子のサハリアスの手によるが、その後、改良がなされる。1670年ごろにはオランダの商人アントニ・ファン・レーウェンフック（1632-1723）が270近い倍率に上げることに成功して微生物や赤血球などを視認することができるようになった。これらの助走期間を経て、1882年にドイツ人医師ロベルト・コッホ（1843-1910）が結核菌、炭疽菌、コレラ菌を発見するに至る。

　当時、病気の存在はわかっていたが、なぜその疾病に罹患するのかはわかっていなかった。地中から悪い空気（瘴気）が上がってくる、あるいは体液の乱れが疾患をもたらすとする説を多くの人は信じていた。そのような時代に実際に結核菌を肉眼で確認し、結核の原因であることを明らかにしたコッホは医学を大きく進歩させた。

　狂犬病などのワクチンを開発したフランス人ルイ・パスツール（1822-1895）が活躍したのも同時代だ。彼らに代表される医学の進歩、細菌学の展開、顕微鏡などの技術・製品開発、さらに衛生観念の普及などが相乗効果をも

たらし、不治の病の治療と治癒が可能になっていった。

医学の発達は社会にどのような影響を与えたのか。その一端は日本の乳児死亡率の変化に見てとることができる。生まれた赤ちゃんが満一歳になるまでに死亡した割合を示す指標で1000人あたりの数字で表す。統計が残っている1899（明治32）年は153.8だった。同年を例にとると、誕生した計138万6981人のうち21万3359人が1年以内に死亡した。これを1000人あたりに換算したものが153.8という数字だ。その後1930年は124.1、1960年は30.7、1990年は4.6、2022年は1.8へと漸減していく（厚生労働省2023）。

（4）農業の技術革新と人口増加

医学の発達のほかにも乳児死亡率を引き下げ、世界人口を爆発的に増加させた要因はあると考えられている。ハーバー・ボッシュ法や緑の革命に代表される新しい農業技術はその一例だ。

前者は、1900年代初頭にドイツの二人の化学者フリッツ・ハーバー（1868-1934）とカール・ボッシュ（1874-1940）によって開発された、空気中の窒素を水素と反応させてアンモニアを生成する技術である。アンモニアは化学肥料の原料であり、これによって農業作物の生産量が飛躍的に増大した。空気中の窒素から化学肥料を製造し、それを活用して小麦を大量生産することを可能にしたことから、「空気からパンをつくる技術」とさえ称された。二人はこの技術によってノーベル化学賞を受賞している。

後者は、1940年代から70年代になされた作物の品種改良に代表される農業技術の革命的進化・発展を指していう。1941年に、アメリカのロックフェラー財団の援助によってメキシコで開始された小麦やトウモロコシの品種改良プロジェクトに端を発するといわれている。新しい種苗、化学肥料や農薬の大量投入、機械化などがパッケージされてはじめて可能になる総合的な技術革新でもあった。これによって農作物の多様性は失われていくことになるが、生産効率は劇的に上がり、収穫量も驚異的に上昇した。

効率化は農業だけにとどまらない。漁業でも、漁具や漁法は日々改良され進化・発展している。たとえば1948年に古野清孝が世界で初めて実用化に成功した魚群探知機はその好例であろう。

諸要因が複合的かつ総合的に機能したからだろうか、それまでは大きな変化

を経験することなく1億人から5億人程度に維持されていた人口は、ごく短期間で10億人を超え、1900年から現在に至る120年程度で80億人に達するまでになった*2。

　このいびつな急カーブが、食に関するさまざまな問題を引き起こしている原因の一つである。

③ 戦後日本の食糧危機

　1945年に第二次世界大戦を無条件降伏で終わらせた日本は、そこから猛烈な勢いで戦後復興を果たしていった。とはいえ焼け野原になった国土には食糧がまったくなく、「東京では3ヶ月で1000人以上の餓死者」（橋本2020:14）がでるほどの飢餓状態だった。運悪く、1945年はコメが大凶作だった。こうした状況でも地方に疎開していた人たちは、子どもを連れて廃墟と化した東京に続々と戻ってきた。

　戦後日本はマッカーサーをトップにおくGHQが主導して、新憲法の作成をはじめとする新しい社会をつくりはじめることになった。そしてその日の食料もままならない困窮状態の日本の危機を救ったのは、またしても昨日までの敵アメリカだった。1946年に国連救済復興機関の代表を務めていた元アメリカ大統領のハーバート・フーヴァー（1874-1964）が来日した際に極度の栄養失調状態にある東京の子どもたちを見て驚愕し、マッカーサーに学校給食の速やかな実施を進言したのである（鈴木2003:82）。さまざまな働きかけが実り食糧、医療、医薬品などの生活必需品が「ララ（Licensed Agencies for Relief in Asia）」と呼ばれたアジア救援公認団体をとおして、あるいは占領地域救済政府資金「ガリオア資金」を活用して送られてきた。

----

*2　イギリスの経済学者トマス・ロバート・マルサス（1766-1834）は『人口論』で、大約、次のような主張をしている。人間に本源的に備わっている性欲によって人口は倍々ゲーム的に増加していくが、食糧生産量を同等のスピードで増加させることはできない。したがってどこかの時点で、それに対して人口過剰となる。そして限られた食糧をめぐって格差と貧困、そして飢餓が先鋭化する（マルサス2011）。食糧生産量によって人口の上限が決まるとするこの説は「マルサスの罠」と呼ばれており、賛否はもとより、さまざまな議論を巻き起こしている。

援助物資は多くの人びとを救ったが、なかでもその後の日本社会への影響が大きかったのは子どもたちの救済だった。1946年11月30日の読売新聞には「アジア救済機関ララ　第一回の贈物　戦災者と学童給食に」という見出しのもと「ミルク、米の粉、バター、ジヤム、鑵詰、衣服類約四五〇トン」を積んだ船が横浜港に入港すると報じている。これらの施策を背景に1946年12月1日に文部・厚生・農林の三省次官による通達「学校給食実施の普及奨励について」がだされ、翌47年から実施されるようになった。給食は脱脂粉乳[*3]や小麦粉を原材料とするパンなどが多かった。

　当時の日本社会には「パンとミルク」といった食習慣はなかった。けれども空腹の子どもたちはその献立を喜んで受け入れた。この種の援助はアメリカにとっても好都合だった。農業大国アメリカにとっては、脱脂粉乳や小麦粉の輸出先として新たなマーケットを開拓することができたからである。

④ キッチンカーと食習慣の変化

　終戦してから10年後の1955年「食生活の改善その他健康づくりに関する事業を推進すること等により国民健康保持増進に寄与すること」を目的として日本食生活協会が設立された。そして翌年から、協会によって全国を走り回ったのがキッチンカー（栄養指導車）だった。

　類似した発想と実践は以前からあったようだ。大型のバスを改造して調理台、流し、ガスレンジ、食器類、冷蔵庫、プロパンガスなどのほかに放送設備一式を積み込み、野外での料理講習によって人びとの栄養改善に資する試みは、1951年から大阪府下でおこなわれていた（鈴木2003:47-48）。このアイデアが協会に引き継がれ、56年から「五年間で全国二万会場、二百万人を動員」（鈴木2003:55）する一大ムーブメントをまきおこす。

アメリカの戦略

　彼らが市井の人びとに教えたのは「ご飯に味噌汁」の和食ではもちろんなか

＊3　牛乳から脂肪分を取り除いて粉状にしたもの。アメリカでは主に家畜の餌として利用された。日本では脱脂粉乳を湯で溶かしてミルクの代用品として学校給食で子どもたちに提供された。これによって子どもの栄養状態が劇的に改善された。

った。日本の食卓にとっては新奇な小麦粉、脱脂粉乳、油、肉類などの缶詰、ソーセージ、卵、乳製品を食材にして、ソース、マヨネーズ、ケチャップ、ドレッシング、香辛料、化学調味料で味付けをする、いわゆる洋食が多かった。具体的にはトースト、カレーライス、ホットケーキ、スパゲティなどだった。なぜ洋食だったのか、その理由は簡単だ。講習会で小麦粉と大豆をつかうことを条件にして、資金をアメリカが出していたからである。ただしそうした背景をもつ援助によって本事業が成立していることは、現場の栄養士や保健師には意図的に伏せられていた（鈴木2003:56-60）。

　空腹と栄養不足に耐え忍んでいる人びとを助けるために、彼らは現場で汗水流した。それによって多くの命が救われ、人びとは欧米由来の新しくて美味しい食べ物を知って喜んだ。しかしそれはアメリカの戦略でもあったのだ。

　こういった生活の近代化や合理化を図ることを目的としておこなう国民運動を生活改善運動と呼ぶ。

　この頃、米食をめぐってはさまざまな議論が起こっていた。コメ偏重の食事からパン食（小麦粉）の比率を上げてバランスをよくしなければ健康にならないという論を支持する人は多かった。「世界の先進国の多くはパン食文化で、後進国は米食が多い。だから日本はコメ偏重から脱却しなければならない」といった主張もみられた。このようなコンプレックスと自虐趣味は、現在に至るまで日本社会の特徴で、ときに非常に偏った方向に流れることがある。

　アメリカの戦略と日本社会のルサンチマン*4的な雰囲気によって、人びとの食習慣は変化していった。これこそがまさに規律・訓練だ《第1章❻》。いわばアメリカの価値観や戦略に自ら進んで服従していったといってよい。この自発的服従は、洋食が美味しいという単純で素朴な実感に支えられてもいた。

　コメ中心の食文化社会へ小麦粉が入ってきてしだいにシェアを拡大するにつれて、米価が下落し始める。コメ離れがすすみ、だぶつきはじめたためだ。これは地方から都市への人口移動を促した一因となった《第6章❷》。

- -

*4　弱者が絶対にかなわない強者に対して抱く嫉妬や憎悪などの鬱積した感情をいう。ドイツの哲学者フリードリヒ・ニーチェ（1844-1900）の言葉。

（1）農薬に依存する農業

　終戦直後、食糧不足に直面し呻吟していた日本政府の喫緊の課題は、農業の立て直し、つまり農作物の生産量をいかにあげることができるかだった。殺虫剤、殺菌剤、除草剤などの化学合成農薬と化学合成肥料が第二次世界大戦後に広く使用されるようになったのは、こうした理由が大きかった。農薬は病虫害や除草に効果を発揮して、農作物の収穫量を飛躍的に向上させた（橋本2020:93）。

　以来、農薬は日本農業にとってなくてはならない存在となっているが、安全性はどのように担保されているのだろうか。以下ではそれを説明していこう。

　新製品が開発されると、動物実験によって安全性を確認することになる。ラットや犬などに毎日/1か月/1年といった時間単位で給餌し内臓などへの影響を調べる。妊娠している動物をつかって胎児への作用もテストする。それらをとおして動物が一生の間、毎日食べたとしても安全な量を確定させる。これを無毒性量という。人間に対しては念には念を入れて、動物実験で確認された無毒性量の100分の1が一日摂取許容量となる。

　甘味料、着色料、保存料、増粘剤、酸化防止剤、香料などの食品添加物も同じ考え方で摂取許容量を決めている。

（2）ゲノム編集食品と遺伝子組み換え食品

❶ ゲノム編集食品

　近年増加している**ゲノム編集食品**や**遺伝子組み換え食品**は科学の発展にともなって開発された新しい食品であり、これまで経験したことがない新たなリスクを私たちに突きつけている。

　ゲノム編集食品は、DNAの一部を切断することによって性質を改良した食品をいう。DNAは、突然変異で改変されることがある。これは生物を進化させてきた原動力の一つであり、自然界ではつねに起こっている。したがって変異が悪影響を及ぼすとは限らない。農業では多くの品種改良がおこなわれてきたが、それは総じて変化を利用した方法だ。これまで品種改良には

長い時間がかかってきたが、それを人工的に起こさせる（＝短時間でする）のがゲノム編集なのである。

　一例を紹介しよう。動物は成長する過程で体が大きくなっていくが、ある段階に達するとピタリと生育がとまってしまう。発達させようとする物質と、セーブしようとする物質の両方が、それぞれのタイミングで分泌されるからだ。成長ホルモンは体を大きくさせるアクセルの役割を果たすが、一定程度に達するとブレーキ役のホルモンであるミオスタチンが機能することによってそれ以上の発育を抑制する。つまりミオスタチンの分泌をセーブすると制動力が落ちるので、肉厚な食品をつくりだせるのだ。この技術は魚類ですでに現実化している。

② 遺伝子組み換え食品

　遺伝子組み換え食品は、その食材が有していない遺伝子を別の生物から流用して組み込み、新しい性質を持つ食物をつくる技術である。農薬や害虫に強い種をつくる、食品の風味を向上させる、栄養価を高める、日持ちする食品をつくる、アレルゲン物質を削減するなどさまざまな技術が開発されている。

　農業は究極のところ「雑草との戦い」だから、この技術で除草剤への耐性がある作物を開発したことは収穫量を目覚しく増大させ、農家を重労働から解放した。

③ 安全性

　ゲノム編集食品も遺伝子組み換え食品も、動物実験などをおこない安全性を確認している。したがって人間が生涯にわたって食べ続けたとしても、健康には影響を及ぼさないと考えられている。

　前者は自然選択の過程でも起こり得るので、ある意味自然だといえるが、後者は自然界では絶対に起こり得ない変異なので完全な人工物である。そして問題を孕んでいる。一生涯にわたって食べ続けた人間がまだ存在していないからだ。そもそもDNAの二重螺旋構造が発見されたのは1953年のことであり、本技術が開発されたのは1970年ごろのことだ。わずか50年ほど前に開発された食品なのである。

∥ 図8-3 ∥ 遺伝子組み換えとゲノム編集の違い

遺伝子組み換え / 欠失型ゲノム編集

DNA

異なる生物の遺伝子を入れる / 狙った遺伝子を切る

自然界には存在しない新しい植物 / 自然界でも存在する可能性のある植物

出典：産業技術総合研究所ホームページ

（3）マイクロプラスチックと海洋汚染

　もう一つ社会問題になっているのが**マイクロプラスチック**だ。5mm以下の微細なプラスチック粒子のことをいう。環境省によれば、1950年以降に世界で生産されたプラスチックは83億tに及び、そのうちの63億tがゴミとして廃棄された。回収量の79%が埋め立てられるか海洋に投棄され、リサイクルされているのはわずか9%にすぎない。このペースでいけば2050年までに120億t以上が埋め立て、あるいは自然投棄されると予測している（環境省2018）。分解されて自然に還るために要する時間はペットボトルで400年程度だといわれているので、私たちが生きている間は、汚染は劇的に進む。今後、増大するプラスチックゴミにどのように対応するのかは大きな課題だ。

　マイクロプラスチックには一次マイクロプラスチックと二次マイクロプラスチックがある。前者は洗顔料や歯磨き粉といったスクラブ剤に原材料として入っている、極小のプラスチック粒子のことである。これは家庭の洗面台や風呂場から下水に流れ、やがて川から海へと流出していく。

　後者はビニール袋やペットボトルなどが波や岩場で揉まれたり紫外線によっ

て劣化したりして、5mm以下になった極小プラスチックをいう。

‖ 図8-4 ‖ 海洋生物に取り込まれるマイクロプラスチック

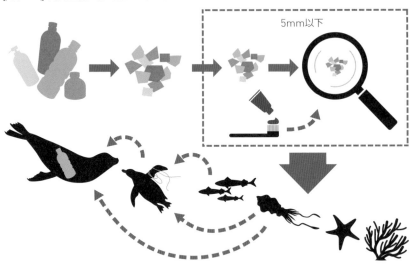

出典：WWFジャパン

　どちらのマイクロプラスチックも、肉眼では見えないほどのサイズになったとしても分解されたわけではない。原料は石油だから、当然有害物質を含んでいる。問題なのはここからで、それをプランクトンや魚が自然吸収してしまう。その魚はやがて漁獲され人間が食べる。マイクロプラスチックを摂取しても便として排泄されるので健康を害することはないといわれてはいるが、有害物質が魚肉に浸透していたり、人間の体内で溶け出したりする可能性は排除できないだろう。

　さらにまた2023年8月、政府は福島第一原子力発電所で貯留していた放射能汚染水を、放射能除去装置ALPSで浄化処理──ただし放射性物質トリチウムは除去できないので海水で基準値以下に希釈──したうえで海洋放出しはじめた。

　2023年6月3日の報道によれば、現場では処理水を約133万t保管しているが、一方で処理前の汚染水が毎日90tのペースで新たに発生している（北國新聞2023）。

これから私たちは処理水が混じり込んだ海で生まれ育った海産物を食していかなければならない。

（4）積み重なるリスク

重要なのは食品添加物、農薬、遺伝子組み換え食品、ゲノム編集食品、マイクロプラスチック、処理水など体内に取り込むリスクがある食品のすべてが、科学的には安全性が完璧に証明されていることだろう。たしかに一つひとつをみてみれば、あらゆる可能性を想定して動物実験をおこない、慎重に検討が重ねられた末に結論が導き出されている。けれども太鼓判が押されている食品添加物と農薬と遺伝子組み換え食品とゲノム編集食品と放射線物質が混ざった海で生まれ育ったマイクロプラスチック入りの魚を毎日食べ続けるとどうなるのか。

安全性への疑念が払拭できないのは、我々がリスクがある食品のどれか一つだけを食しているわけではなく、それらのトータルを一日三回摂食し続けているからである。全部のリスクが合算されることで、新たなリスクは生じないのだろうか。人生100年時代においてこれらの食品を計10万9500回（3回×365日×100年）食べた人間はまだ存在しないだけに不安が完全に払拭されることはないだろう*5。

6 バーチャル・ウォーターとフード・マイレージ

バーチャル・ウォーターとは、食料を輸入している国（地域）で、その食料を自分の国（地域）で生産するとしたらどれほどの水量が必要かを推定する概念である。

1kgのトウモロコシをつくるには1800ℓの水が必要だ。ウシはトウモロコシのような穀物をエサにして育つので、1kgの牛肉を生産するには1800ℓの2万倍の水が不可欠となる。

日本の食料自給率は、2022年時点で、カロリーベースで38％、生産額ベー

---

*5　安田節子は遺伝子組み換え食品とゲノム編集食品の危険性について警鐘を鳴らしている（安田2020）。

スで58%となっている（農林水産省2023）*6。これらを合算すると、2005年に、日本は約800億m³のバーチャルウォーターを輸入したと推計している（環境省2023）。雨が多い気候からすると意外かもしれないが、日本は世界有数の水輸入国なのだ。

　フード・マイレージとは、食品が日本に届くまでどれほどの距離を移動したかを示す概念で「食料の総輸送量×輸送距離」で表される。日本は食料自給率が低いので、必然的にフードマイレージは大きくなる。食品は生産地から消費地までトラック、船舶、飛行機をつかって輸送されるが、その時に大量の石油が燃料として消費される。油まみれの食品が大量のCO_2（二酸化炭素）を撒き散らしながら食卓にやってくるわけだ。二酸化炭素は地球温暖化の元凶と見なされており、排出削減は人類共通の課題になっている。

‖ 図8-5 ‖ 各国のフード・マイレージの比較（総量・品目別）（2001年）

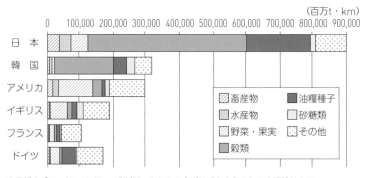

中田哲也『フード・マイレージ 新版　あなたの食が地球を変える』日本評論社より

　温暖化によって海面上昇がひきおこされると海に沈んでしまう国のニュースは定期的に報道されている。また年々厳しさを増す夏の猛暑とゲリラ豪雨、強大な台風などは温暖化が一因だといわれて久しい。昨今「地産地消」が叫ばれている背景には、「地元経済の活性化」や「新鮮な食品の方がおいしい」など

＊6　2022年時において、国民一人に供給している一日あたりの熱量の合計は2260kcalで、そのうち国産熱量は850kcalである。生産額でいうと、食料全体の供給に要する金額の合計は17.7兆円で、そのうち国内生産額は10.3兆円である。

の理由だけではなく、フード・マイレージの考え方や環境問題がある。

❼ 飽食と肥満

(1) 捨てられる食品と肥満

　大量の水と石油をつかって世界各地からあらゆる食材を輸入している現代日本社会であるが、全部の食品を消費しているわけではない。大量輸入の背後で大量廃棄という無駄使いをしている。日本の食品廃棄[7]はすさまじく、消費者庁によれば、年2402万tにも及ぶ。そのうち事業系は1670万tで、その中の279万tがまだ食べられるのに棄てているといわれている。家庭系は732万tで、その中の244万tがまだ食すことができるのに廃棄されているといわれている。食べられるのに捨ててしまう、いわゆる「食品ロス」は523万tに及ぶ（消費者庁2023）。日本で暮らす人の全員が毎日、茶碗一杯分の食べ物をゴミ箱行きにしている計算になる。

　食料が余る時代において、肥満と痩せすぎというアンビバレントな（相反することが同時におこる）傾向が同時進行している。現代社会はファストフードやファミリーレストラン、さらにはコンビニの弁当など低価格で満腹になる食品で溢れている。それらは高カロリーなうえに栄養バランスが偏っている場合が多い。ただし入念なマーケティングによって美味しく調理されているので、肥満という意味からすれば、非常に具合が悪い。

　アメリカでは、ジャーナリストのグレッグ・クライツァーが膨大なデータを駆使して富裕層よりも貧困層の方、社会階層が高い層よりも低い層の方、高収入な層よりも低収入な層の方が肥満率が高いことを明らかにしている（クライツァー2003）。肥満は個人的な問題ではなく社会的な現象だと主張しているのだ。もしかしたら同様の傾向は日本でも確認できるかもしれない。

----

[7]　食品廃棄物には二種類ある。タマネギの皮や魚の骨などは食べられない食品廃棄物、食べ残したご飯やおかずなどはまだ食べられる食品廃棄物である。

（2）女性と摂食障害

　女性、特に20歳代の若者は、自分のプロポーションに気を遣う人が多い。彼女たちの痩せることに対する執着の強さは、社会に氾濫（はんらん）しているダイエット情報の多さが証明している。

　この状況は、2019年の厚生労働省の調査結果からも明確になる。BMI＊8で示される肥満者の割合は男性33.0%、女性22.3%で、この10年たいした変化は見られない。また痩せの割合は男性3.9%、女性11.5%でこれも10年間ほぼ増減はない。ただ20歳代の女性の痩せの割合は20.7%に及ぶ（厚生労働省2020）。同年代の女性の肥満の割合が他の年齢層に比べると突出して少ないことをあわせて考えると、この年代の女性の痩身願望が非常に強いことがわかる。

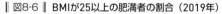

‖ 図8-6 ‖ BMIが25以上の肥満者の割合（2019年）

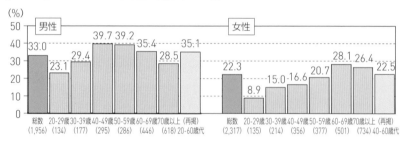

出典：「令和元年国民健康・栄養調査」

　こうした傾向も社会に浸透している「女の人は細身の方が美しい」という価値観を、女性だけに限らず多くの人が無意識的に受容しているからだろう。周囲から向けられる美に関する眼差しを意識しながら、構築された信念を若い女性が受け入れて、自身が抱く理想の自画像に過剰に同一化しようとする試みが多くの痩せを生み出している。これも一つの規律・訓練であり、社会で醸成される価値観への自発的服従にほかならない。

＊8　BMIは肥満度を表す指標で、体重（kg）÷身長（m）²で求められる。計算方法は世界共通だが、判定基準は国によって異なる。日本肥満学会の基準では、18.5未満は痩せ、18.5から25.0未満は普通、25.0以上が肥満となる。

　太ることを恐れて食欲を失う／食べることを拒否する**拒食症**（神経性食欲不振症）、過食と嘔吐を繰り返すことが多い**過食症**（神経性過食症）、土や粘土、ティッシュ、髪の毛など常識的には食べないものを食してしまう**異食症**を総じて**摂食障害**という。<u>障害に苦しむのが男性よりも女性、しかも若年層が圧倒的に多いという事実は</u>*9、社会の規範が女性にいかに圧力をかけているかを如実に物語っている。

　現代日本の裏側には、飢えと貧困に苦しんでいる人たちが存在している。世界人口80億人のうち、世界銀行が設定した貧困ライン「一日2.15米ドル以下」で暮らしている人はなんと6億4800万人に達する（The World Bank2022）。そのうちの3億3300万人は子どもだ（日本ユニセフ2023）。

　農薬、食品添加物、ゲノム編集食品、遺伝子組み換え食品、マイクロプラスチック、処理水などの問題、そして水と石油を大量に消費し、環境負荷をかけて世界各地から多種多様な食材をかき集めたうえで全員が毎日茶碗一杯分の食料を廃棄していることを考え合わせると、何をどのように食べているのかをもう一度よく考える必要があるのではないだろうか。

🔍 参考文献

- e-ヘルスネット、2023、「摂食障害：神経性食欲不振症と神経性過食症」https://www.e-healthnet.mhlw.go.jp/information/heart/k-04-005.html
- UNICEF、2023、「ユニセフ・世界銀行 新たな推計公表　世界の子どもの6人に1人が極度の貧困　SDGs達成は困難か　国連総会を前に警鐘」https://www.unicef.or.jp/news/2023/0152.html
- The World Bank、2022、「Fact Sheet: An Adjustment to Global Poverty Lines」https://www.worldbank.org/en/news/factsheet/2022/05/02/fact-sheet-an-adjustment-to-global-poverty-lines
- 環境省、2018、「プラスチックを取り巻く国内外の状況＜第3回資料集＞」https://www.env.go.jp/council/03recycle/y0312-03/900418601.pdf

*9　拒食症は10歳から19歳に多く約90％が女性である。過食症は20歳から29歳に多く約90％が女性である（e-ヘルスネット2023）。

- 環境省、2023、「virtual water　世界の水が私たちの生活を支えています」 https://www.env.go.jp/water/virtual_water/
- グレッグ・クライツァー、2003、『デブの帝国　いかにしてアメリカは肥満大国となったのか』バジリコ。
- 消費者庁、2023、「食品ロス削減関係参考資料（令和5年8月23日版）」 https://www.caa.go.jp/policies/policy/consumer_policy/information/food_loss/efforts/assets/efforts_230823_0001.pdf
- 厚生労働省、2020、「令和元年国民健康・栄養調査報告」
- 厚生労働省、2023、「令和4年（2022）人口動態統計（確定数）」
- 鈴木猛夫、2003、『「アメリカ小麦戦略」と日本人の食生活』藤原書店。
- 中川洋一郎、2017、「群居性草食動物家畜化の衝撃　──輪廻転生観の破壊という、人類史上の分水嶺──」『経済学論纂』（57-5・6）。
- 農林水産省、2023、「令和4年度食料自給率・食料自給力指標について」 https://www.maff.go.jp/j/press/kanbo/anpo/230807.html
- 橋本直樹、2020、『飽食と崩食の社会学　豊かな社会に迫る農と食の危機』筑波書房。
- 北國新聞、2023、「汚染水発生量が過去最少、福島」https://www.hokkoku.co.jp/articles/-/1087308
- マルサス、2011、『人口論』光文社
- 安田節子、2020、『食卓の危機　遺伝子組み換え食品と農薬汚染』三和書籍。

👍 おすすめ

- 東海林さだお、『丸かじり』シリーズ、文藝春秋
  漫画家かつ名エッセイストである東海林さだおの抱腹絶倒のたべものエッセイ。一品の料理、一つの食材を微に入り細を穿って、空想を膨らませつつ、ユーモアたっぷりに語り尽くす。読む人をほっこりと幸せにする本。

- 辺見庸、1997、『もの食う人びと』KADOKAWA
  バングラデシュのダッカでは食堂から廃棄された残飯に、ウクライナのチョルノービリでは放射能に汚染されたポテトスープに、ドイツのブランデンブルク刑務所では囚人たちと特大フランクフルトソーセージに食らいつく。食べるとは何か、生きるとは何かを体を張って探究する渾身のルポルタージュ。

障がい：差別と偏見を乗り越えた ところにある差別心

《 キーワード 》

優生思想　ノーマライゼーション　スティグマ

「しょうがい」をどう書くか

（1）もはやマイノリティではない

　2023年6月の内閣府の発表によれば、日本社会には身体障がい者436.0万人、知的障がい者109.4万人、精神障がい者614.8万人、総数1160.2万人が暮らしており（内閣府2023）、人口の9.2%が何らかの障害を有している。じつは障がい者数は2006年の655.9万人、2010年の744.3万人、2014年の787.9万人、2018年の936.6万人と増加傾向にあり、2023年の人数は2006年の1.77倍になっている。

　なぜ増えているのだろうか。その理由の一つは急速に進んでいる高齢化に関係がある。65歳以上の人を高齢者と呼ぶが、2023年の日本の高齢化率は29.1%で前年の29.0%から0.1%加増している。一般的には、全高齢者の10%程度に認知機能や身体的機能など何らかの障がいがあるといわれているので、高齢者数と障がい者数の伸びは連動しているといってよい。政府は高齢化率は2040年に34.8%まで上昇すると予測している（総務省統計局2023）。

　社会の構成員の10%が障がいを持っている時代がすぐ目の前にある。もはやマイノリティではないのである。

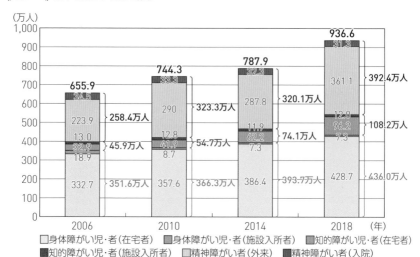

資料：内閣府「障害者白書」（平成18年版、平成22年版、平成26年版、平成30年版）より厚生労働省政策統括官付政策評価官室作成

（2）「しょうがい」の三つの表記

　「しょうがい」という言葉について、大きく分けると三つの表記が流通しているのを知っているだろうか。

　一つ目は「障害」だ。主に政府機関（省庁）の文書でつかわれている。この綴りは江戸末期にはすでに登場していて、それなりの歴史を有している。一般的にもこう記されていることが多いので、大半の人にとってはこれが「普通」になっているかもしれない。

　二つ目は本書が採用する「障がい」だ。常日頃から障がい者に接する機会が多い地方自治体や企業などが「害」をひらがなの「がい」に改めて、2000年ごろからつかいはじめた。その理由は明快で「害」には「公害」「害悪」「害虫」など、いいイメージがまったくないからである。「害」を用いることで差別を容認し助長してきたとの反省を込めてもいる。

　三つ目は「障碍」だ。「碍」はもともと仏教用語で「さまたげる」という意味を持つ。この熟語は明治期になって登場し、当初は「しょうげ」と読まれて

いた。それがいつしか「しょうがい」となり「障害」と「障碍」が併用されるようになっていった。当時は、人びとの意識では二つの表記に意味の違いはなかった。

　「碍」はいまではあまり見る機会がない。それは当然で、常用漢字表に入っていないからである。この表は法令、公用文書、新聞、雑誌、放送など一般の社会生活において、現代の国語を書き表す場合の漢字使用の目安を示している。簡単にいえば学校で習う漢字のことだ。それに入っていなければ習わないので、社会での流通量も少ない。

　現在「障碍」は兵庫県宝塚市を代表に、いくつかの地方自治体で採用されている。「碍」の「さまたげる」に「社会が障がい者の生をさまたげている」、つまり「障がい者が直面する生きづらさは彼ら自身ではなく、社会の方にこそ責任がある」という意味を込めて用いているのである。

　「害」を否定的に感じている人は多いが、最近ではそれを踏まえてあえて「障害」と記すことを支持する人が増えてきている。「碍」と同じで「害なのは障害者ではなく、社会の方だ。障害者は社会によって害をもたらされているのだ」と主張するためである。

　「しょうがい」をめぐってはさまざまな主義・主張があり、記述の仕方によって立場が決まる状況にある。あなたはこれから「しょうがい」をどのように表記するのだろうか。

② WHOの障がいの定義

　そもそも障がいとは何なのだろうか。

　世界保健機関（WHO）は三つの局面で捉えて定義している。

　一つ目の局面は、機能的な障がい（impairment）である。これは交通事故に遭って、脊椎を損傷したなどのことをいう。身体や精神の一部の機能が失われた状態を指す。

　二つ目の局面は、能力的な障がい（disability）である。これは脊椎が損傷したために下半身不随になってしまい、以前のような歩行ができなくなってしまったなどのことをいう。機能が失われたために、その機能に関係することが不自由になった状態を指す。

三つ目の局面は、社会的不利（handicap）である。これは下半身不随になったので日常生活で車椅子をつかっているが、駅舎にはエレベーターがないために電車を利用することができないなどのことをいう。まわりの条件が整っていないために、行動が制限される状態を指す。

　前述した「碍」を用いている市町村や、あえて「害」と表記する一部の人たちは、この社会的不利にフォーカスしている。インフラが整備されていないので、障がいのない人と同等の行動ができない、あるいは行動が制限されている。この責任は障がい者ではなく、社会の方にこそあるという主張を明確にするためにこれらの漢字を選択しているのだ。

❸　優生思想の起源をさぐる

（1）優生思想とはなにか

　結婚した夫婦にもうすぐ我が子が生まれるシーンを思い浮べてみよう。けれどもそれを想像する前に……、近年ではかならずしも結婚という制度に縛られないカップルも多くなっているので、一度振り出しに戻って、ここでは妊娠している母とお腹の子どもの父がいてもうすぐ赤ちゃんが生まれる場面をイメージしてみよう。このとき父母は「元気な赤ちゃんが生まれてきますように」と願う。間違っても、「病弱で障がいがある赤ん坊が生まれてきますように」と願う父母はいない。

　健康ばかりか、できることなら、勉強ができないよりは頭脳明晰で、運動ができないよりは運動神経抜群で、容姿が悪いよりはアイドルみたいに格好良くて、性格が悪いよりは誠実・正直・やさしくて周囲から好かれ信頼される子どもがうまれてきてほしいと多くの人は思う。どれくらい望むかという強弱はともかく、そうした願いは親にとってはきわめて自然である。

　この素朴な感情を、個々人ではなく社会がもったらどうなるだろうか。恐ろしいことが起こるに違いない。人間は、それぞれの考えや気持ちにしたがって自由に行為しているわけではない。当人が属するコミュニティにはそこで生きる人たちに共有されたルールがあり、そのもとで行為は一定程度拘束・制限されている。共同体には個人に対する強制力がある。

　この力が人間の能力や身体に及ぶとどうなるか。「存在するすべての人間は

健康である方がよい。頭脳明晰で運動神経抜群の方がよい。容姿端麗・温厚篤実（とく）（じつ）の方がよい」という規範が社会で共有されたとしたら、それに当てはまらない人は排除か差別の対象になってしまう。この個々人が抱く無垢な気持ちが社会規範として現実化されたのが「優生思想」である。優生学とは「人類の遺伝的素質を改善することを目的とし、悪質の遺伝的形質を淘汰し、良質なものを保存することを研究する学問」（新村出編2008）だ。

‖ 図9-2 ‖ 第2回国際優生学会議（1921）のロゴ

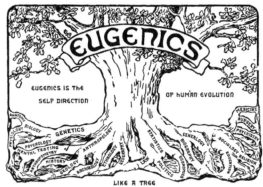

「優生学は人類の進化の方向を決める。木のようにさまざまな材料を調和のとれた存在へと昇華させる。」とある

（2）優生思想の歴史：古代・プラトン

優生思想は古い。プラトンは『国家』のなかでこう述べている。

　　最もすぐれた男たちは最もすぐれた女たちと、できるだけしばしば交わらなければならないし、最も劣った男たちと最も劣った女たちは、その逆でなければならない。また一方から生まれた子供たちは育て、他方の子供たちは育ててはならない。もしもこの羊の群が、できるだけ優秀なままであるべきならばね。（プラトン2017:346）

父母の純真な願いがよりよい社会を構築するための規範となっていく。優秀な男女は多くの子どもを残し、そうではない男女は子どもをつくるべきではな

い。優良な遺伝子を後世に引き継ぎ、劣った遺伝子を駆逐していくことで、良質な人間だけが存在する素晴しい社会へと改良されていくと考えるわけだ。

(3) 優生思想の歴史：近代・ゴルトン

　古くからあった優生思想ではあるが、現代社会に直接的に影響を与えた点にフォーカスすれば、それほど歴史を遡る必要はない。優生という言葉を初めてつかったのは、チャールズ・ダーウィンの従兄弟、イギリスの人類学者フランシス・ゴルトン（1822-1911）だ。

　彼は若い頃から、人間の才能がどの程度遺伝によるのかに学的関心があった。家系に関する資料を集め、統計学的手法でこの疑問を解明しようとしていた。そして1901年に論文「既存の法と感情の下における人種の改良の可能性」を発表したのを皮切りに、1904年にロンドンで開催された第1回イギリス社会学会で「優生学　──その定義、展望、目的」というタイトルで講演をおこなった（米本2000:14）。論文も講演も好評を博した。

　この時代はダーウィンとウォレスが唱えた進化論や、スペンサーらに代表される社会進化論が一世を風靡していた。生物と同じように、太古の時代に誕生した人類社会が、当時の文明の最先端を自負していたヨーロッパ社会へと700万年かけて進化を遂げてきたのだと解釈された。そして植民地として支配する「遅れた」アフリカの諸社会を、進化的歴史のどこに位置づけることができるかが真剣に議論されていた。「発展途上」の諸社会もそのまま自然な状態にしておけば、進化のシステムが働いてヨーロッパ社会と同等の文明をいずれ持つに至ると考えられていたのである。こうした考えがアフリカを「進んだ」ヨーロッパが支配し、最先端の文明や科学的知見を教育・啓蒙して救済や援助という名の統治と搾取をしてもよいとする植民地支配の正当化につながっていった《第2章❷~❻》。

❹ 世界に広がる優生思想

(1) 優生思想の法制化

　「よりよい社会を形成するためには、社会を構成する個々の人間の質の向上をはからなければならない」といったプラトン的な素朴な思想は、ゴルトンの登場によって優生思想となり「科学的」という強力な説得力を持って世界に広がっていった。

　1907年には、アメリカのインディアナ州で世界最初の断種法が制定された。精神障がいや反社会的行動を遺伝の結果だとみなして[*1]、子孫を残さないように強制的に不妊手術を講じることができるのが同法の趣旨で、同州が端緒となって他の州が同様の法律を成立させていった（米本2000:34-35）。

　ヨーロッパで最初に断種法を可決させたのはスイスのヴォー州で、1928年のことだった。二番目に議決したのは、福祉に力をいれているデンマークで1929年のことだった。「不妊化の許可に関する法律」で、第1条では、性犯罪のおそれのある者──同性愛者も含まれていた──に対する去勢手術、第2条では、精神病院や施設で暮らす「異常者」に対する不妊手術が合法化された。施行する前の1922年には、知的障がいをもつ者と、重たい精神障がいをもつ者が結婚する場合には法務大臣の許可が必要だとする法律を定めている（市野川2000:114）。断種法はけっして単体で存在しているわけではなく、優生思想という社会的かつ思想的潮流のなかの重要なピースとして機能しているのである。

(2) ナチス・ドイツと優生思想

　優生思想はドイツにも流入していった。もっとも先鋭化したのが**アドルフ・ヒトラー**（1889-1945）率いるナチスだ。彼はユダヤ人を嫌悪して差別と排除を徹底したが、思考の根底には優生思想があった。

----

*1　反社会的行動の原因は遺伝にあるとする主張は当時、けっして特異な立場ではなかった。イタリアの精神医学者チェーザレ・ロンブローゾ（1835-1909）は、生来性犯罪人説を唱え、犯罪と遺伝には因果関係があると主張した。犯罪者は身体的、精神的な表徴を有していて、生まれながらの悪人だというのだ。

1933年に「職業官吏再建法」が制定され「非アーリア人」を次のように定義する（同法ではアーリア人はドイツ人を、非アーリア人はユダヤ人を意味する）。

　　　非アーリア人とは、非アーリアの、わけてもユダヤ系の両親、祖父母の系統を引く者で、両親・祖父母のうち一人が非アーリアであれば十分である。特に両親の一人あるいは祖父母の一人がユダヤ教信者であれば、ユダヤ人とみなしうる。

　これによってユダヤ人が明確化された（芝2008:38-39）。
　本法の延長線上に1935年に成立させたニュルンベルク法がある。同法では「ドイツ人」を厳格に規定して、ドイツ人とそれ以外の人との間に明確な線引きをした。そのうえでユダヤ人から公民権をはじめとする多くの権利を剥奪した。さらにドイツ人の純血性を守るためにとユダヤ人との結婚を禁止した。
　ドイツ人は優秀でユダヤ人は劣等だから、両者の婚姻が進むとドイツ人が劣化していくという論法だ。剥き出しの差別意識だが、当時、<u>ドイツに暮らす大多数はヒトラーと彼が率いるナチスを熱烈に支持していた</u>。

‖ 図9-3 ‖ ヒトラーを熱烈に迎えるドイツ国民（1938）

これらの政策の先に**ホロコースト**が生じた。1945年、第二次世界大戦が終結するまでの間、なんと600万人におよぶユダヤ人がガス室に送り込まれたのだ。

悲劇はそれだけではない。ユダヤ人と同様、精神障がい者や知的障がい者なども優生的見地から「不要」と判断された。その結果、十数万人が抹殺された。

⑤ 日本の優生思想

(1) 戦前：国民優生法

優生思想は当然日本にも入ってきた。代表的な法律は1940年に制定された国民優生法だ。第1条にはこう記されている（新字・新仮名づかいに改めた）。

> 本法は悪質なる遺伝性疾患の素質を有する者の増加を防遏する〔防ぐ〕と共に健全なる素質を有する者の増加を図り以て国民素質の向上を期することを目的とす

「悪質なる遺伝性疾患」とは「遺伝性精神病」「遺伝性精神薄弱」「強度かつ悪質なる遺伝性病的性格」「強度かつ悪質なる遺伝性身体疾患」「強度なる遺伝性奇形」などのことを指している。

私たちからすれば、この露骨な差別はいったいどこからくるのか、はなはだ疑問に思う。いったいなぜなのか。

その理由の一つは、またもや進化論にあった。1800年代のイギリスでは産業革命に端を発した貧困と格差が社会問題になっていた。当時のロンドンに暮らす人の25%が貧困だとする調査結果も公表された（ コラム2 ）。

1870年に世界初となる教育法を制定させたイギリスでは、極貧層の子どもたちも学校に通うようになっていた。本法の成立が教育の平等性を前進させたことは間違いないが、それによって問題が浮かびあがってきた。勉強についていけない児童が相当数いることが判明するのだ。ただちにその理由が探られることになり、調査の結果、精神や神経系の障がい児が多数いることが明らかになった。さらに極貧層の精神障がいの女性は多産だとも報告された。一般家庭の女性は平均して4人の子どもを産むが、劣悪家庭の女性は平均7.3人出産す

るとされた。当時、精神障がいや知的障がいは遺伝すると考えられていたから、彼らが多くの子どもを産み育てていけば、やがて社会は障がい者ばかりになってしまうと人びとは恐怖した（米本2000:26-27）。進化論でいう「淘汰」に対する危機感である。

　この危惧は日本でも共有された。それが国民優生法の制定へとつながっていく。

（2）戦後：優生保護法

　第二次世界大戦が終結すると、日本社会は昨日までの敵だったアメリカ主導で新しい道を歩み始めるが、優生思想はそのまま引き継がれることになった。1948年に国民優生法の延長線上にある優生保護法を制定したのである。第1条にはこう記されている。

　　　　この法律は、優生上の見地から不良な子孫の出生を防止するとともに、母性の生命健康を保護することを目的とする。

　そして「遺伝性精神病」「遺伝性精神薄弱」「遺伝性精神変質症」「遺伝性病的性格」「遺伝性身体疾患」「遺伝性奇形」が遺伝する恐れがある者と「癩疾患」（ハンセン病）が伝染する恐れがある者は、都道府県優生保護委員会の審査を経て、生殖を不能にする手術を本人の同意なしにおこなえるとした。

　障がい者を人と思わぬ人権意識が欠如した差別丸出しのこの法律は、なんと1996年まで存在していた[2]。

　ゴルトンからはじまった優生思想は、障がい者の排除を地球規模で正当化していったわけだが、これを逆から見れば、障がいを持っている者はただそれだけで社会から白眼視されることを意味していた。他者や社会から「負の烙印」を押されるのである。これをスティグマ[3]と呼ぶ。障がいはスティグマ化されたのである。

---

[2]　この間に強制不妊手術を受けさせられた人たちが2018年以降、国に国家賠償を求める民事裁判を全国各地でおこしている。

⑥ ノーマライゼーション運動の勃興

(1) ノーマライゼーションの普及

　その一方で、障がい者への差別をなくしすべての人が平等に生きられる社会を模索する動きが北欧の福祉国家デンマークで胎動していた。1950年代に行政官のニルス・エルス・バンク-ミケルセンを中心に展開された**ノーマライゼーション**と呼ばれた社会運動で、障がいの有無や年齢などに関係なく「皆が等しく普通の生活を営む権利を有している」という考えに基づいて、社会環境の整備と改善に取り組んだ。

　ノーマライゼーションは大きく世界を動かしていく。本運動がきっかけとなって国連では1981年を国際障害者年として「障害者が社会に完全に参加し、融和する権利と機会を享受すること」を目標に掲げた。1983年から92年までを「国連・障害者の十年」と定めて障がい者の権利と福祉を推進し社会への完全なる平等参加の達成を目指した。

　この動きに呼応して日本政府もさまざまな施策を講じていく。横断歩道のメロディー、駅のホームの転落防止柵設置、障がい者用トイレの増設、階段横のスロープ、エレベーターの設置など「**ユニバーサルデザイン**」や「**バリアフリー**」と呼ばれる万人にやさしい環境づくりはこうして進んでいった。改善の余地はまだまだあるが、差別と偏見を乗り越えて、皆が平等に普通の生活を営む権利を有すると謳うノーマライゼーションの理念は確実に社会に浸透してきている。

(2) 「障がいは個性」なのか

　障がい者への眼差しが激変している時に颯爽と登場するのが『五体不満足』の著者乙武洋匡だった。先天性四肢欠損（生まれつき両腕と両足がない）という重度の障がいをもっていたが、1998年に出版された同書で「障害は不便です。しかし不幸ではありません」と言い切った。障がいを隠すどころかそれについて明るく語り、いつでもポジティブ思考で溌剌と行動する生き方に励まさ

＊3　社会学者アーヴィング・ゴッフマンが深い考察をおこなっている（ゴッフマン 2001）。

れた人は多かったことだろう。彼が自らの生き方を情報として発信することによって人びとの視線や社会の考え方は劇的に変わった。

　さらに、乙武の登場にリンクするように流通したのが「障がいではなく個性」という言葉だった。このフレーズの登場によって、スティグマから自分らしさの表れへと社会的価値の大逆転を果たした。劣等感や苦悩から解放され、障がいを持った我が子を産んだことに対する罪悪感から救われた人は数えきれないほどいただろう。

　ところが障がいをポジティブに捉えるこのマジックワードは登場直後から痛烈な批判に晒（さら）されることにもなった。「障がいではなく個性」といった瞬間に、まだ社会に根強く残存する差別や偏見が隠蔽されてしまうからだ。

　アイロニカルな（皮肉な）状況と人びとの錯綜した心理は、近年受診する人が増加している出生前診断をみても理解できる。妊娠中に胎児の発育や異常の有無を調べる検査のことをいい、異常が見つかった場合の堕胎率は現在70%を超えている《第7章❼》。

　中絶した理由を聞くと「障がい児を育てる経済的・時間的余裕がない」と答える人が多い。「障がいを持っているから諦める」と回答する人はまずいない。とはいえ「障がいではなく個性」だと心底から思っているのであれば、これほど高い堕胎率を示すことはないだろう。

❼ 「やさしさ」に潜む差別

（1）アダプテッド・スポーツに潜む差別

　パラリンピックに代表されるアダプテッド・スポーツを観戦していると、アナウンサーが「大きな困難を乗り越えて……感動をありがとう！」と涙ながらに絶叫しているシーンを見ることがある。障がいを抱えて日常生活を営むだけでもハンデがある現代社会で、さらにスポーツに打ち込み世界最高峰の国際大会に出場するのだから、彼らが乗り越えてきた道のりがいかに険しかったか、どれほどの努力をしてきたのかは想像を絶する。それは競技の成績如何にかかわらず賞賛されるに値する。私たちは悪戦苦闘の道のりを思い浮べつつ、いまフィールドで躍動している姿を見て純粋に感銘し涙する。

Australian Paralympic Committee

　けれどもこの素朴な賛美には差別心が潜んでいることを自覚するべきだ。大谷翔平が大リーグで大活躍しているのは承知のとおりだが、私たちは彼の何に驚嘆し、歓喜しているのだろうか。いうまでもない。これまで誰も成し遂げたことがない圧倒的なパフォーマンスに対してである。時速160kmを超える豪速球と手品のように曲がる変化球の数々。躍動感あふれるフォームから自由自在に多彩な球種を操り、世界トップクラスの強打者たちをばったばったと三振に討ち取る天才的能力。打者としても超一流でチャンスに強く、ホームランをかっ飛ばす。足も速く、相手バッテリーに隙があれば積極的に盗塁を狙う。2022年シーズンには、歴史上誰も成し遂げたことがない偉業、投手としての規定投球回数到達と打者としての規定打席数到達を、15勝と34本のホームランという前人未到の成績を伴なって達成した。2023年の年俸は3000万米ドル、日本円で43億円を超えた。同年は、投手としては10勝し2年連続二桁勝利を成し遂げ、打者としては44本のホームランを打ちメジャーリーグでは日本人初となる本塁打王に輝いた。これらが評価されて、2021年度に続き、史上初となる2度目の満票MVPに選出された。まるでアニメの世界から飛び出してきたような野球界はもとよりスポーツ界のスーパーヒーローだ。

©Erik Drost

　私たちが歓喜するのは、誰にも真似できない圧倒的な身体能力とそこから生み出される驚異的なプレーにであり、そのとき人知れずどれほどの努力をしてきたかに思いを馳せることはない。度肝を抜くようなパフォーマンスに熱狂するのだ。

　一方、パラ・アスリートに対しては披露するプレーよりも、歩んできた苦難のプロセスに拍手喝采する。実際にどのような経験をしてきたかはなにも知らないのに。同じアスリートであるにもかかわらず、健常者アスリートの場合はパフォーマンスを、パラ・アスリートの場合にはプロセスを見ている。誰が競技をするのかによって観戦の仕方を切り替えているともいえる。無自覚的に、健常者スポーツとアダプテッド・スポーツは別物だと捉えているのだ。

　どうしてパラ・アスリートの場合は競技そのものではなく、オーディエンスが勝手に想像した過程をみるのだろうか。そこには差別の萌芽が認められるのではないか。なぜならこの視点は、健常者アスリートのパラ・アスリートに対するパフォーマンスの優位性を前提としており、それを肯定するからである。無意識的に、健常者スポーツを上位に、アダプテッド・スポーツを下位にみて

いるといってもよい。

(2) 介助のなかの差別

「やさしさ」のなかに潜む差別は介助の現場でもみることができる。

介護は飲食、排泄、入浴、洗濯、部屋の清掃など多岐にわたり、体力と神経をつかう苦労が多い仕事だ。しかしサポートを受ける側は、ヘルパーに対して無条件の感謝をするばかりではないようだ。経験を積んだ介護者であればあるほど、障がい者がやりたいことを先回りして察知し、本人がするまえに、機転をきかせてやってしまうからだ。時間がかかっても自分でやりたいかもしれないのに、である。こういうことが積み重なって障がい者が異議申し立てをしたのが「介助者手足論」だ。

論を平易化すると「たとえ障がいがあっても自分でやりたいこともある。それを先回りされたのでは自立の芽を摘み取ってしまうことにもつながりかねない。あなたにやってほしいことは指示するから、それ以外のことはしないでほしい。ただ単純に我々の手足になってくれればよく、わざわざ機転をきかす必要はない。ヘルパーの意思や主体性は、私たちにとっては、ときにマイナスに機能してしまうのだ」となる。

「感動をありがとう」と「先回り的介助」には、その根底に同様の無垢ともいえる心性をみることができる。むき出しの悪意ではなく、ピュアな気持ちの内奥に根ざす眼差しだけに解消への道は険しい。そのためには基本的人権の尊重というコンセンサスを再確認したうえで、ノーマライゼーションに関するインフラ整備、社会保障（社会保険、社会福祉、公的扶助、保健医療・公衆衛生）、教育、法律、人びとの心性などの諸要素について、表層的にではなく重層かつ多層的に考え続けていく必要があるのだろう。

●市野川容孝、2000、「北欧　──福祉国家と優生学」米本昌平・松原洋子・橳島次郎・市野川容孝『優生学と人間社会　生命科学の世紀はどこへ向かうのか』講談社。
●アーヴィング・ゴッフマン、2001、『スティグマの社会学　烙印を押され

たアイデンティティ』せりか書房。
- ●芝健介、2008、『ホロコースト　—ナチスによるユダヤ人大量殺戮の全貌』中央公論新社。
- ●新村出編、2008、『広辞苑　第6版』岩波書店。
- ●総務省統計局、2023、「統計トピックスNo.138　統計からみた我が国の高齢者－「敬老の日」にちなんで－」https://www.stat.go.jp/data/topics/topi1380.html
- ●内閣府、2023、『令和5年版障害者白書』
- ●プラトン、2017、『国家　上』岩波書店。
- ●米本昌平、2000、「イギリスからアメリカへ　——優生学の起源」米本昌平・松原洋子・橳島次郎・市野川容孝『優生学と人間社会　生命科学の世紀はどこへ向かうのか』講談社。

👍 **おすすめ**

- ●北島行徳、2018、『無敵のハンディキャップ　——障害者が「プロレスラー」になった日』筑摩書房
障がい者プロレス団体「ドッグレッグス」代表の著者（本人もレスラー）によるノンフィクション。障がい者VS障がい者、障がい者VS健常者の試合をとおして社会に充満する「障がい者観」を徹底的にぶっ壊す。じっさいに会場に足を運び観戦するのもいい。理屈ぬきにおもしろい。

- ●映画、『あん』（2015）
どら焼き屋でアルバイトをはじめたトクエさんがつくる餡（あん）が評判を呼び、店は大繁盛する。ところがいつしか、彼女がハンセン病を患い、施設で暮らしているといった心ない噂が広がり客足が遠のいていく。店に迷惑がかかると思った彼女はそっと店を辞めて姿を消す。樹木希林の自然体の演技が光る名作。

身体化された座り方

　友人宅の和室で「座って」といわれたら、どのような姿勢で座るだろうか。

　男性だったらあぐらか体育座り（三角座り）、女性だったら横座りか体育座りをする人が多いことだろう。

©Emran Kassim from Nagoya, Aichi, Japan/©Tevaprapas

体育座りとあぐら

　なぜこの三つに集中するのか。そもそも三角座りという、内臓を圧迫したり坐骨痛や腰痛を引き起こしたりするおそれがある人工的なポーズをどこで覚えたのだろう。

　生まれてはじめて体育座りをした日のことを覚えているだろうか。あなたがその日を忘れていても、筆者はいつだったかを知っている。保育園か幼稚園に入園した日だ。教室にはいって先生に「ではその場に座りましょう」と促され「これからはこうして座ってね」と三角座りを教えてもらったのだ。

　以来、小・中・高の体育の時間をはじめ、ことあるごとにこの座り方をしてきた／させられてきた。人間形成にとってもっとも重要な時

コラム3
身体技法とハビトゥス

期である5歳から18歳までの長きにわたって体育座りをしてきたことで、いつしかこれが一番安楽になっていたのである。

　男性のあぐらはどうだろう。父親や祖父が影響しているのではないか。彼らのあぐらを見て、それを模倣するうちに、知らず知らずに身についていったと考えられる。

　女性の横座りはどうだろう。最初は父親や祖父を真似てあぐらで座ったのではないか。けれどもそれを見た母親や祖母から「女の子は足を開いてはだめよ」とやんわり注意されて、彼女らがやっていた横座りを真似するようになったのではないだろうか。本当は正座がいいのだろうけれども、足がすぐ痺れてしまう。次善の策として横座りが一般化していったのだろう。

　世界の多くの社会でみられる長座、あるいは長座して両手を斜め後ろに置いてつっかえ棒のようにして上体を支える座り方を常用している人は日本社会では少数派だと思われる。あぐらも横座りも体育座りも見方によっては不自然なポーズではあるが、繰り返しているうちにいつしか自然で所与のものになっていったのである。

ハビトゥス

　文化によって身体のつかい方は異なっている。フランスの人類学者マルセル・モース（1872-1950）はこれを身体技法といった。事例として挙げたのは歩き方、走り方、泳ぎ方、休憩の仕方などで、「それぞれの社会はまさしくそれ独自の慣習をもっている」（モース1985:124-125）と指摘した。そしてその「型」を「ハビトゥス（habitus）」と名づけた（モース1985:127）。

　モースのハビトゥス概念を発展させたのは、フランスの社会学者ピエール・ブルデュー（1930-2002）で、一般的には「人びとの日常経験において蓄積されていくが、個人にそれと自覚されない知覚・

思考・行為をうみだす性向」として知られている。彼はこうも述べる（ブルデュー1988:83）。

　　　　ハビトゥスとは、持続性をもち移調が可能な心的諸傾向のシステムであり、構造化する構造として、つまり実践と表象の産出・組織の原理として機能する素性をもった構造化する構造である。

　意図的に難解な文章表現をしているので、理解できなくても問題はない。

　上の例でいえば、あぐらを繰り返すことでいちばん快適な座り方として身につき、無意識にしてしまうのだが、それは新たなハビトゥスの呼び水として機能する。つまり心的諸傾向のシステム（ハビトゥス）は、つねに再帰を繰り返す柔軟な持続的構造体だと言っているのだ。

　ブルデューのハビトゥス概念が面白いのは、身体技法にとどまらないからだ。

　日常的にクラシックを聴き、趣味は読書で、休日は美術館にいく社会階層が高い家族がいたとしよう。その一方で、日常的にJ-POPを聴き、趣味はネットゲームで、休日は公園で遊ぶ社会階層が低い家族がいたとしよう。是枝監督の映画『そして父になる』を地でいくような二つの家族があったとき、どちらの子どもが学校でいい成績をとることができるか。それはもちろん前者、クラシック・読書・美術館派だ。なぜそうなのか。二つのハビトゥスに優劣はないが、学校という教育システムが、社会階層の高い人たちが好むハビトゥスに親和的だからである。

　これがヒエラルキーの再生産をもたらす。高い階層で育つ子どもはアッパークラスに、低い階層で育つ子どもはアンダークラスに再編入されていくのだ。

・食の好き嫌いが親子で同じ

・子どもの仕草と、親の仕草がそっくり

・親の職業を子どもが継ぐ／目指す

　社会でよく見られるこれらの様態は、ハビトゥス概念をとおして考えると納得しやすい。

ハビトゥスが身につく場

　ハビトゥスが身につく場を「実践コミュニティ」という。家庭は実践コミュニティの核となりうる集合体だし、学校、部活動、職場、地域社会、国家などいくつもの層になって存在している。

　中学校の野球部を思い浮べてみよう。

　一年生は練習に参加しても、バッティングやノックなどはさせてもらえない。グラウンドの整備やボール拾いばかりである。練習は二・三年生のレギュラー中心だ。それが延々と続く。

　雑用ばかりの毎日が半年ほど過ぎたとき、監督から「おまえ、一回打ってみろ」と突然言われる。

　ドキドキしながらバッターボックスに入ると、ピッチャーからボールが投げられた。

　思い切りスイングするとバットにボールが当たった。

　夢中で一塁ベースに向かって走り出した。

　練習などまったくさせてもらっていないのに、なぜボールが打てたのだろうか。実践コミュニティとしての野球部に参加して、雑用係という「周辺」から中心メンバーの練習を観察したり、監督の指導を見聞きしたりすることで、知らず知らずのうちに打ち方、投げ方、捕球の仕方、走り方、ルールなどを習得していたからである。だからいきなり指名されてもそれなりにプレーできたのだ。

このように実践コミュニティにおいて、周辺から十全（完全）へと参加の仕方の変化に伴いつつ知識を獲得していくことを、アメリカの教育学者エティエンヌ・ウェンガーと人類学者ジーン・レイヴは「正統的周辺参加論」（レイヴ・ウェンガー1993）と呼んだ。

落語、能、歌舞伎、あるいは料理、陶芸、鍛冶など職人の世界でよくみられる徒弟制を想像してみればよい。「わざは教わるのではなく盗むものだ」という空間では、師匠の鞄持ちや、炊事・洗濯など身の回りの世話をしながら修業に励む。師の家の掃除をすることと落語の上達は一見無関係に思えるが、弟子は師匠の所作などに間近で接することで、知らず知らずのうちに噺というわざを学習していくのだ。

身体知と形式知

本人の自覚がないままに身についているという意味でハビトゥスは恐ろしい性向でもある。意識の外にあるからだ。身体技法、好悪、価値観、正義、道徳、美徳、善などが無意識のうちに、ある特定の「型」として修得されていくのだとすれば、いくら他者が正論で「それは間違っている」とあなたを論破したとしても、納得したり、考えを改めたりすることはできないだろう。たとえば勉強はした方がよいとは頭ではわかっても、「学校の勉強なんて、実社会ではなんの役にも立たない」といった価値観のなかで育ち、教科書をひらくハビトゥスがなかったら机に向うことはないだろう。

日常的実践によって身体に埋め込まれるハビトゥスを知識として捉えてみると、身体は知の塊といってよい。この身体知は通常思い浮かべることができる知のあり方とは少し違う。

スマホを操作しているとき、うっかり手を滑らせてしまったとしよう。「あ、落としちゃった」と思うが、じつは落下したのではなく、地球の中心に向かって引っ張られたのだと私たちは頭のなかで理屈と

して知っている。イギリスの物理学者アイザック・ニュートン（1643-1727）が発見した「すべての物体間では引き合う力が働く」という万有引力の法則だ。スマホが地面に向かって移動していくことを言語で説明できるのだ。

　このように言語化できる知識を形式知という。

　それに対して身体知は文章化することが不可能だ。なぜ自転車に乗れるのか。どのようにバランスを保っているのか。「なんとなく」としか言いようがなく、それ以上、言葉にするのは不可能だ。口では説明できないけれども身体はそのやりかたを知っているというわけだ。

　我々は膨大な言語化できない知識を持っている。これ——身体知と言い換えてもよい——をハンガリーの科学者マイケル・ポランニー（1891-1976）は「暗黙知」（ポランニー2003）と呼んだ。

🔍 参考文献

- ピエール・ブルデュー、1988、『実践感覚1』みすず書房。
- マイケル・ポランニー、2003、『暗黙知の次元』筑摩書房。
- マルセル・モース、1985、『社会学と人類学Ⅱ』弘文堂。
- ジーン・レイヴ、エティエンヌ・ウェンガー、1993、『状況に埋め込まれた学習　正統的周辺参加』産業図書。

第10章 コミュニケーション：私の「赤」とあなたの「赤」は同じか

《 キーワード 》

コード化／脱コード化　ダブル・コンティンジェンシー　印象操作

① コミュニケーションのナゾ

　大学の授業で「コミュニケーション能力という言葉を最近よく見聞きするが、コミュニケーションとは何だと思うか」と問うと「自分の主張を相手に正確に伝え、相手の発言を正しく理解する能力」とか「その場の空気を読んで、周囲の人たちと協調する能力」などの声が返ってくる。

　これらの答えは間違っていない。とはいえ完璧でもない。「正確」「空気を読んで」「協調」がいったいどのような意味なのかが、具体的にはわからないからだ。

　たとえば、昨日乗っていた電車内で起こった乗客同士の殴り合いの喧嘩を、友人に寸分違わぬ再現性をもって伝えることはできるだろうか。また「その場の空気を読んだ」状態がいったいどのようなものなのかを、言語化できるだろうか。さらにどのような状態が「協調」しているといえるのか、説明できるだろうか。

　日常生活はこのようにわかったようでわからないことが非常に多いが、その一つがコミュニケーションではないだろうか。自分の親やきょうだいといった身近な人の気持ちや考えをきちんと了解しているだろうか。人間社会は他者とかかわらなければ生きていくことはできないが、他人をわかることはそもそも可能なのだろうか。「自分の主張を相手に正確に伝える能力」がコミュニケーション能力の重要な要素の一つであることは間違ってはいないだろうが、目撃した喧嘩の様子を精確に表現することすらできないとなれば、いったいそれは何なのか。わかったようでわからない、謎多きコミュニケーションについて深掘りしていくことにしよう。

　英語のコミュニケーション（communication）には「伝達」「通信」「連絡」などの意味がある。語源はラテン語で「共有」「共同」という意味を持つ*communis*だ。英語の「共通する」を意味するコモン（common）や、コミュニティ（community）も由来は同じだといわれている。

　「シンボルを創造しそのシンボルを介して意味を共有するプロセスである」（末田・福田2011:16）という定義もあるが、これですべてをカバーできるわけではない。意味を共有することを前提としないコミュニケーションもあるからだ。

　テレビの前で感情をこめてお気に入りのチームを応援している人はよくいるが、この人は声援が相手に届かないことを知っている。自分の声が相手に共有されることはないとわかってはいるが、絶叫せずにはいられないのだ。

　アイドルの追っかけや「推し」など、何かや誰かの熱烈なファンは、こういう一方的なコミュニケーションが成立することを実感としてよく知っている。

　コミュニケーションは社会学のメインテーマの一つだ。多くの研究者が言及している。代表格の一人であるドイツの社会学者ゲオルク・ジンメル（1858-1918）は「心的相互作用」というタームを中心に据えて社会を捉えようとした。そしてこう述べる（ジンメル2016:29-30）。

　　　人びとがたがいにまなざしを交わしあい、相互に妬みあい、たがいに手紙を書き交わしたり、あるいは昼食を共にし、またいっさいの具体的な利害のまったくない彼方でたがいに同情して触れあったり、あるいは反感をいだいて接触しあい、利他的な行いにたいする感謝によって裂くことのできない結合的な作用が存続したり、ある者が他者に道を尋ねたり、あるいはたがいに着飾って装いをこらしたりすること、─これらの例は無数の関係からまったく偶然に選びだされたものであるが、このような関係は……（略）……われわれを絶えまなく一緒に結びつける。

　心的相互作用は、現代社会ではコミュニケーションと言い換えることができるだろう。「まなざしを交わす」「相互に妬みあう」「手紙を書き交わす」「昼食

を共にする」「同情して触れあう」「反感をいだいて接触しあう」「感謝によって結合的な作用が存続する」「道を尋ねる」「たがいに着飾って装いをこらす」などの相互行為は、なんらかの「シンボルを介して意味を共有するプロセス」でもある。

　冒頭に記した学生のコミュニケーションやコミュニケーション能力の定義を、もう一度見てみよう。そこでは情報やシンボルというモノを介しておこなわれる心的相互作用としてコミュニケーションが示されている。

‖ 図10-1 ‖ ゲオルク・ジンメル

③ 言語コミュニケーション／非言語コミュニケーション

　この場合、いったい何がシンボルとなり得るだろうか。人間社会でもっとも重要な表徴は二つあるといわれている。一つは言語で、言葉をつかう方法を言語コミュニケーション（以下〈言語〉）という。もう一つは、身振り手振り、目配せ、冷や汗や緊張の汗、涙、笑い、目をまんまるくして驚く、眉間に皺を寄せて怒る、恐怖で体を震わせるなど、身体をつかう方法で、これを非言語コミュニケーション（以下〈非言語〉）という。なお耳が不自由な人が手話を用いることがあるが、これは言語の一つなので、〈言語〉になる。

(1) 手話という言語

　手話は世界共通ではなく、国によって違いがある。日本で「食べる」は左手で茶碗を持っているように示しながら、右手の人差し指と中指を箸に模して口元に持っていく。一方、アメリカでは右手でパンを持っているように示しながら、それを口元に持っていく。

　たとえ同じ国であったとしても、地域や年代によって異なっている。音声言語に「若者ことば」があるように年代によっても違いがあるし、方言もある。手話言語と音声言語は別物だと思っている人は多いが、そうではない。国や地域、年代によって違いがあるといった共通の特徴をもっているのだ。

(2) 場所と時間によって異なるコミュニケーション

　話を〈言語〉と〈非言語〉に戻そう。二つは手話と同様、社会ごとに異なっている。〈言語〉であれば、何語で会話をするのか、〈非言語〉であれば身体のつかい方がコミュニティによって異なっている。

　日本社会では多くの場合、感謝や謝罪の意を表すとき「ありがとう」や「ごめんなさい」と発しながら頭を下げる。発話と同時におこなうお辞儀という身体動作で、メッセージを強調することができる。かたや欧米には、そのような身体文化がそもそもない。皆無ではないが一般的ではないので、通常は謝意を述べながら頭を下げることはない。了解を意味する「はい」というとき、日本社会の多くの人は首を縦に振る（頷く）。一方、ネパール社会では、日本の「いいえ（ノー）」のサインである首を横に振る動作が「はい」を意味する*1。

　時代によっても変化する。〈言語〉でいえば、毎年発表される流行語大賞をみても理解できるように、新しい言葉や表現方法がどんどん生み出されている。〈非言語〉でいえば、髪型、化粧の仕方、ファッション、趣味などの流行と時代的な変遷は、それをとおして言外になんらかのメッセージを他者に向けて発信していると考えることができる。ハロウィンの仮装やコミック・マーケット

＊1　正確にいえば両者は微妙に違う。日本社会では「いいえ」を示すとき「首を左右に振る」動きに近い。それに対しネパール社会で「はい」を示すとき、首は左右に振るのではなく「左右に倒す」動作に近い。

のコスプレなども同じだ。

このように言語コミュニケーションと非言語コミュニケーションは社会の文化によって相当程度規定されていると同時に、時代によって変化がもたらされている。

(3) すべてがコミュニケーション

言語/非言語とは異なった分類もある。音声/視覚/臭覚という分け方はその一例だ。音声は、会話、歌、演奏、車のクラクションなど、音がシンボルの役割を担う。視覚は、手話、筆談、信号機、ポスターなど、かたちや色がシンボルの役割を担う。臭覚は、香水、タバコの煙、家庭用ガス、鰻屋の換気扇など、匂いがシンボルの役割を担う。

このように詳細に見ていけば、人間社会のあらゆる場面はコミュニケーションで構成されていることがわかる。

④ 情報を正確に伝えることは可能か

コミュニケーションするとき、重要なのはいかに自分の情報や意見を相手に正確に伝えることができるかだろう。情報を正しく伝達することを最初から放棄しているとか、相手がどのように受け取るかにまったく関心がないという態度は通常ありえない。誰もが勘違いや誤解をされないように、相手を不快にさせないように、自分をよく見せるように行為しようと試みる。

自分の情報はどのようなプロセスを経て相手に了解されるのだろうか。

(1) コード化と脱コード化

1960年代にイギリスで「カルチュラル・スタディーズ」と呼ばれる学問的な潮流が誕生する。社会学、政治学、経済学、文学、哲学など特定のジャンルに閉じこもることなく、それらの知を縦横無尽に活用しながら従来とは異なった視点で文化研究を展開するのが特徴だ。

第一人者、ジャマイカ生まれのスチュアート・ホール（1932-2014）がコミュニケーションのコード化/脱コード化モデルを提唱している（Hall2003:117-127）。

❶ コード化

　二人が音声を用いた〈言語〉をしている場面を想定して説を追っていこう。ホールによれば、両者がコミュニケーションを取るためには、前提条件として双方が依拠する知識の枠組みが一致していなければならない。手話言語がわからない人に手話で話しかけても理解されないだろうし、300年前の江戸時代にタイムスリップしたとして、「メタバース」という単語も知らず何なのかを想像すらできない人に、いかに画期的なのかを一所懸命に説いても会話は成立しないだろう。

　高校生のAさんが昨日見た「かわいい三毛猫」のことを、友人のBさんに伝える場面を考えてみよう。まずAさんは、脳裏に浮かんだネコの映像を言葉に変換しなければならない。自分の脳内にあるイメージを、そっくりそのまま相手の脳に送信することはできないからだ。伝送できるのは、姿形を自分なりに描いた音声だけである。このときの画像の言語化をコード化と呼んだ。Aさんはそのネコがいかに可愛かったか、容姿や仕草を頭のなかで再現しながら「昨日見た、30cmくらいの丸々太った三毛猫」といった声をBさんに届ける。

❷ 脱コード化と正確に伝えることの不可能性

　次の作業は、発言を聞いたBさんがそれを映像に変換することである。このプロセスを脱コード化と名づけた。Aさんの「三毛猫」は一度言語に変換しなければBさんに送信できず、声を受信したBさんはそれをもとにイメージを創作しなければ「三毛猫」を脳内で再現できない。コード化と脱コード化という二度の人為的な作業を経るのだが、このプロセスで齟齬が起きる。Aさんの脳内で保存されていたネコと、Bさんが脳内で作画したネコが同じ姿形にならないからだ（宝くじの一等に当たるような確率で二匹が同じ像になる可能性もあるが）。つまり自分の気持ちや状況などを相手に正確に伝えることはほぼ不可能なのである。

　違うケースも考えられる。昨日あなたが大混雑している駅のホームを歩いている時にバナナの皮を踏んでしまい、滑って転んだとしよう。お尻をしたたか打ったあなたは、どれほど痛かったか、どれほど恥ずかしかったかを友人に言葉で正確に描写することができるだろうか。

絶対に無理である。痛み、痒み、眠気、悲しみ、辛さ、怒り、喜び、面白さ、羞恥、満足、不満、満腹、空腹など、自分の感覚や感情を他者にそっくりそのまま理解させることは不可能だ。メッセージを受け取る側ができることは、せいぜい転んだり、雑踏のど真ん中で大失敗をやらかしたりと類似した経験があった場合、痛さや恥ずかしさを思い出しながら「わかるわかる、めちゃくちゃ痛いし恥ずかしいよね」と同調することくらいだ。

‖ 図10-2 ‖ コード化と脱コード化

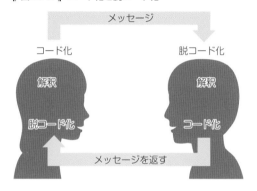

　冒頭の学生の答えのように、コミュニケーション能力が「自分の主張を相手に正確に伝え、相手の発言を正しく理解する能力」だとすれば、自分の言いたいことが相手に絶対に伝わらないのは大問題だ。

(2) わからないことの魅力

　しかし果たしてそうだろうか。仮に自分の考えを相手に正確に伝えられて、相手の主張が正確に理解できるとしたら人間社会はハッピーだろうか。
　おそらく違う。もしもコミュニケーションをとおしてお互いのことが100%理解しあえるとしたら、両者が何一つ隠し事のない状態、あるいは隠し事ができない状態になることを意味する。双方が相手のことを透視能力者のように完璧に見透かしてしまう事態を想像してみてほしい。嬉しいだろうか。そもそもコミュニケーションをするときに、自分の心の内を相手に包み隠さず曝け出しているのだろうか。

あなたには家族や友人など、同じ時間を共に過ごしてきた身近な人がいるだろうが、その人のことを完全に理解しているだろうか。おそらくなにもわかっていないのではないか。親子喧嘩でよく見聞きする「お母さんやお父さんは私のことを何もわかっていない！」と叫ぶ子どもの怒りは、まさに一番近くにいる人でさえ、自分のことは正しく把握できないことの証左だ。

　それは果たして不幸なことだろうか。そうではないだろう。なにもかもがお見通しで筒抜けならば、一定程度のやりとりをしさえすれば、それ以上必要なくなってしまう。そのような日常は退屈極まりないだろう。いつまでたっても何もわからないからこそ、コミュニケーションを継続できるのである。それが日常生活に彩を与えるのだ。

　具体的なシーンを想像してみよう。あなたには密かに想いを寄せている、意中の人がいる。その人を初デートに誘おうと、緊張しながらも平静を装って「今週末は何をしているの？」と聞いたとしよう。だがその瞬間に、相手に「ははーん、この人は私のことが好きなんだな。そしていまからデートに誘う気なんだ」と見透かされたとしたらどうだろうか。そのような恋愛は楽しいだろうか。前途不明でドキドキハラハラするから夢中になれるのであって、駆け引きがいっさい効かない恋愛は、コンビニで店員と客が交わす会話と似た、単なる味気ない通信になってしまう。

　恋愛についてジンメルは「コケットリー」というワードを提出している。女性が男性に示す媚態のことで「イエス」とも「ノー」ともとれる振る舞いで男性を惑わすことをいう。熱い視線や仕草で自分に好意があることを匂わせつつ、違う人に想いを寄せるようなセリフをわざと吐く。女性のコケティッシュ（＝相手を惑わせる）で挑発的な態度に、男性はますます魅了されていく。自分に気があるのかないのか、理解できない困難性が、恋愛のコミュニケーション遊戯を成立させるのである（ジンメル2004:124-154）。

アメリカの社会学者**タルコット・パーソンズ**（1902-1979）は著書『行為の総合理論をめざして』で「相互作用には固有な二重の依存性（double contingency）がある」といっている（パーソンズ1975:25）。**ダブル・コンティンジェンシー**を社会学では「二重の条件依存性」あるいは「二重の偶然性」と訳し、コミュニケーションを考える際のキーワードの一つとなっている。

あなたが非常に細い田舎の一本道を歩いている場面を想像してみよう。左側は山の斜面が切り立っていて、右側には川が流れている。前方からはこちらに向かって歩いてくる人がいる。このままいけば二人はかならずぶつかってしまう。そのときあなたは相手が山側か川側のどちらに避けるかを推論して、それとは反対側に身をかわそうとするだろう。そして相手もまったく同じことを考えているに違いない。あなたが左右のどちらを選ぶかは相手の出方にかかっているが（第一の依存性）、相手の避ける方向はあなたの出方にかかっている（第二の依存性）。二人が接触せずにすれ違うためには、両者の思考が同調していなくてはならない。二重の条件依存性のうえに、正面衝突を回避する相互行為は成立しているのだ。

AさんとBさんの会話も二重の偶然性に支えられている。Aさんの発話はBさんの聞く姿勢や反応に依存しており、Aさんの発言に対するBさんの返事もAさんの聞く態度やリアクションに依存している。不安定な要素に支えられつつコミュニケーションは成立しているのである。

‖ 図10-3 ‖ **タルコット・パーソンズ**

（1）ドラマトゥルギー：演じられる役割

　カナダ生まれのアーヴィング・ゴッフマン（1922-1982）は人間社会のコミュニケーションについて研究した社会学者だ。

　ゴッフマン社会学にはいろいろなキーワードがあるが、その一つに「ドラマトゥルギー」（ゴッフマン1987）がある。人間は、常に演技をして生きている。学校に登校している時には生徒の役柄を演じ、部活動では部長やキャプテンの役を担う。家に帰れば○○家の一員として長男や長女の役割を生きる。またアルバイト先では笑顔を絶やさない店員役を引き受ける。たとえ学校で嫌なことがあったとしても、店に来て制服に着替えると、不快な気持ちを心にしまって満面の笑顔を周囲に振りまく。

　人間は状況に応じた配役を担い、それに適合的なコミュニケーションを遂行していく。人間社会はいわば舞台俳優の集合体であり、このような相互行為を成立させる方法を彼は「ドラマトゥルギー」と呼んだ。

　このとき重要な点がある。人は周囲を意識しながら演じるというのだ。部活動でキャプテン役を務めるときには「責任感が強い」「リーダーシップがある」といった印象を周囲に与える言動を心がける。アルバイト先では、「愛想がよい」「きびきび動く」「清潔感がある」といった印象を周囲に与えるよう行為選択をする。周囲の視線を意識しながら自分への期待を推察し、それに応じて芝居を遂行することで自分のイメージをコントロールしようとすることを「印象操作」と呼ぶ。

（2）感情労働

　話はゴッフマンから逸れるが、これに関連して重要な社会学的視点があるので示しておこう。上記の「たとえ私生活で嫌なことがあったとしても、職場についた途端に笑顔になる」といった気持ちの切り替えについてである。

　ショップの従業員はいつもニコニコしていなければならないし、病院の医師や看護師は患者やその家族に冷静かつ慈愛に満ちた態度で接しなければならない。マクドナルドのメニューには「スマイル0円」と笑顔に価格がつけられているほどだ。現代社会では、人間の内側から自然に湧き上がってくる感情まで

もが商品として経済活動のなかに埋め込まれているのである。このような労働をアメリカの社会学者アーリー・ホックシールドは「感情労働」と呼んだ。彼女は、乗客に過剰なまでに愛想を振りまく飛行機のキャビンアテンダントや、借金の返済に応じない債務者の抵抗の強さに応じて威嚇の度合いを調整する取り立て人などの調査をおこない、彼らは「肉体労働者」の以前に「感情労働者」であると指摘した（ホックシールド2000）。この主張はゴッフマンの「役割」や「印象操作」と相当な部分で重なり合っている。

　ホックシールドが言及した1983年から約40年が経った現在、感情労働はその範囲を拡大しつつますます深化している。スマホの録画・録音機能、町中に設置されている防犯カメラ、車のドライブレコーダーなど記録装置の進化と普及によって、私たちの一挙手一投足が常に監視下におかれるようになったからだ。現代社会では、たとえ家のなかにいたとしても周囲からの眼差しを意識しないわけにはいかない。すべてを完全に記録して保存しておこうとする心性（第4章❶）の先鋭化は、私たちの不安を煽りたてて神経を敏感にさせる。常に誰かから見られている感覚を増幅させてさらなる演技へと駆り立てる。

（3）儀礼的無関心

　ゴッフマンのコミュニケーション論に話を戻そう。

　「儀礼的無関心」（ゴッフマン1980）も重要なキーワードの一つだ。東京の渋谷や大阪の難波など、多くの人が思い思いの方向へさまざまなスピードで行き交う人混みのなかで、私たちは他者とぶつかることなく目的の方向へ歩いていくことができる。なぜ衝突しないのだろうか。それは私たちが常時、面識のない人と濃密なコミュニケーションをおこなっているからである。

　前方からこちらに歩いてくる人がいる。このままいけば二人は接触してしまう。そのとき私は歩いてくる人に、いわば無意識的に「私はあなたのことをきちんと認識していますよ」「私は右側に避けますよ」と発信する。しかし同時に、それらとは真逆の「あなたのことなどまったく見ていませんよ」というメッセージも送る。相手を凝視しながら歩を進めれば、恐怖心を抱かせるからだ。このような状況では、相手をなるべく見ないことが人間社会のマナーである。とはいえ相手を見ていないふりをする芝居があまりに上手すぎると、相手は「ちょっと、そこのあなた！　私のことをきちんと認識していますか！」と不

安になってくる。

　したがって「あなたのことなどまったく見ていませんよ」には「でも本当はきちんと見ているので安心してください」という二重に反転した意味を含ませていなければならない。

　この種の複雑極まりない作業を、同じ瞬間に先方もしている。歩いてくる人は一人だけではない。四方八方から、いろいろなスピードであちらこちらに人は流れていく。それら大勢の人たちに対して一斉にメッセージを発信するとともに、送られてくる大量のメッセージを受信し理解して、歩くスピードやルートを微調整しながら前に進んでいく。見ず知らずの人と瞬間的コミュニケーションを交わすことで、雑踏のなかでも誰にもぶつからずに歩くというアクロバティックな行為が成立しているのである。

　このときの「相手を見ていないふり」をすること、それが儀礼的無関心だ。

（4）共同行為としてのコミュニケーション

　ホールのコード化／脱コード化、ジンメルのコケットリー、パーソンズのダブル・コンティンジェンシー、そしてゴッフマンの議論を踏まえれば、コミュニケーションが非常にあやふやな土台のうえでおこなわれている不安定な行為であることがわかるだろう。これらの理論を前提にすれば、自分の気持ちや状況などを相手に正確に伝えることも、相手のメッセージを正しく理解することも不可能に近い。

　コミュニケーションは、固定化されたアイデアの単なる伝達ややりとりではない。折衝や交渉の場であり、その場で意味内容が生成されていくきわめて流動的で状況的なプロセスなのである。AさんがBさんに伝達しようとしたメッセージの含意はけっして保証されておらず、字義どおりに理解してもらえる場合もあれば、不完全にしか了解されないこともある。誤解されることもあれば、まったく違う内容に解釈されることもある。コミュニケーションは両者の相互行為であるとともに、両者が相互作用をとおして意味を創造していく――ただし同じアイデアが共有されるかどうかはわからない――共同行為の場なのである。

⑦ 歩きスマホはなぜ嫌われるのか

　駅の改札口や人気の観光地などでは、四方八方へ、いろいろなスピードで歩いている人でごった返している。そのような雑踏を歩く私は歩くルートと速度を全方位に発信し、同時に全方位から送られてくる同様のメッセージを受信する。それらを正しく読解して、進路を微修正したり歩速に緩急をつけたりする。偶然その場に居合わせただけの赤の他人と複雑なシンボルのやり取りを即興ですることで、混雑するなかで誰とも衝突することなく歩いていくことができる。公共の場ではそれがルールである。

　しかし「歩きスマホの人」はこの最低限の作法を守っていない。彼らがやりとりをおこなっている相手はスマホであり、周囲の他者ではない。したがって他の歩行者は、彼らの歩くラインや速さを予測することができない。数秒後に歩きスマホの人と交差する自分は、どうすればつつがなく行き違えられるかが推察できない。彼らと周囲のコミュニケーション不全が起こっているのだ。これが歩きスマホの人が他者とぶつかったり、鉄道のホームから落ちたり、電車と接触したりする原因でもある。公共の場における基本マナーである「見知らぬ他者とのコミュニケーション」をはなから放棄していることが、歩きスマホが嫌われる理由の一つである。

‖ 図10-4 ‖ 「歩きスマホに注意」の看板（ドイツ）

©A_Peach from Berlin, Germany

人間の生は、そして人間社会はコミュニケーションによって成立しているといえる。だが人間同士は、どこまでいってもわかりあえることはない。重要なのはこの不可知性であり、それを前提としてコミュニケーションおこなう必要がある。超能力者ばかりのすべてお見通しの世の中だったら、人生はとてもつまらないだろう。いつまでたってもわからない状態こそが正常であり、それが原動力だ。コミュニケーションの意味と価値はそこにこそある。

Ｑ 参考文献

- アーヴィング・ゴッフマン、1987、『行為と演技　日常生活における自己呈示』誠信書房。
- アーヴィング・ゴッフマン、1980、『集まりの構造　新しい日常行動論を求めて』誠信書房。
- ゲオルク・ジンメル、2004、「コケットリー」『社会学の根本問題（個人と社会）』世界思想社。
- ゲオルク・ジンメル、2016、『社会学（上）』白水社。
- 末田清子・福田浩子、2011、『コミュニケーション学　その展望と視点　増補版』松柏社。
- タルコット・パーソンズ、1975、『行為の総合理論をめざして』日本評論社。
- アーリー・R・ホックシールド、2000、『管理される心　感情が商品になるとき』世界思想社。
- Hall, Stuart, 2003, "Encoding/Decoding," Stuart Hall, Doothy Hobson, Andrew Lowe, Paul Wills ed, *Culture, Media, Language: Working papers in Cultural Studies, 1972-1979*, Routledge,117-127.

👍 おすすめ

● 米原万里、1997、『不実な美女か貞淑な醜女（ブス）か』新潮社
ロシア語の通訳者でありながら非凡なる作家でもある著者による通訳解剖学。異文化コミュニケーションの最前線で働く通訳者の脳内を、自身の経験をもとにして知的にコミカルに分析する。著者の作品はどれも知性とユーモア満載で、時間の流れに色褪せない魅力に溢れている。社会主義を理解する一助にもなる。

● 有吉佐和子、2023、『女二人のニューギニア』河出書房新社
1960年代に作家の有吉佐和子が、友人の人類学者畑中幸子の調査地であるニューギニア奥地を訪ねる。外界に対する感性がまったく違う女性二人のドタバタ劇と、現地語がわからない有吉と現地の人たちのコミュニケーションが織りなす笑いあり悪戦苦闘ありの紀行文。

環境：開発と自然保護のジレンマ

《 キーワード 》
被害構造論　NIMBY　生活環境主義

① 人新世という時代の到来

（1）人新世とはなにか

　「人新世（Anthropocene アンスロポセン）」（Crutzen・Stoermer 2013）という単語を知っているだろうか。1995年にノーベル化学賞を受賞したオランダの大気化学者パウル・クルッツェン（1933-2021）とアメリカの生態学者ユージン・ステルマー（1934-2012）が2000年に創出した地質学の用語である。

　地質学者ではない二人が考え出したところが、現代世界の複雑さを物語っている。経済・環境・政治・法・哲学など、これまで縦割りされていた学問分野であったが、とめどもなく生起する問題や社会変化が、あらゆる要素と連関しながら複雑化しているために、特定の学問分野だけで読解・分析・説明できなくなってきているのだ。大気化学者と生態学者が専門外のジャンルに言及する、従来であれば考えられない状況は今の混沌を象徴しているといってよい。

　地質学では地層研究の分野があり、レイヤーごとに「更新世」「鮮新世」「中新世」などの名称をつけている。一般的には、1万7000年前に最終氷河期が終わってから現在までを「完新世」と名付けた地層年代として捉えている。

　それに異を唱えたのが二人だった。彼らは1700年代後半に始まった産業革命によって大気中の二酸化炭素やメタン濃度が急上昇したことを重視した。

　産業革命にはいろいろな要素や位相があるので一言で説明するのは困難だが、その後の世界を一変させたもっとも重要な出来事を一つ挙げるとすれば、蒸気機関の発明だろう《第1章❶》。

　機械を駆動させるためには石炭が必要だった。産業革命の中心地イギリス・ロンドンでは大工場が次々に建設され、巨大な煙突から排出される煤煙や工場

排水などですさまじいほど環境が悪化していった。大気中に撒き散らされた物質はやがて地面に降り注ぎ固着する。これは、自然状態では生成されることがない人工的な層である。二人はそれらのことをもって、完新世ではなく人新世という新しい時代に入ったと主張したのである。人間の活動が大気・水質・土壌に深刻な汚染をもたらしており、それらが地表や地中に痕跡を残すほどのインパクトを持っているとするこの主張は、さまざまな議論を生んだ。

　ある者は、人間が影響を与えたことを重視するのであれば、1万年前に発明された農耕と9000年前に発明された牧畜の二つを指す食糧革命（第8章❷）こそがふさわしいと主張した。食糧の獲得を自然の偶然に委ねる狩猟・採集とは異なる、植物や動物をコントロールして人工的に食糧をつくりだす方法を発明した人間は、自然に手を加えることの利点を知った。

（2）コロンブス交換

　別の者は、1492年の**クリストファー・コロンブス**（1451-1506）による「新大陸」発見が端緒となって新大陸と旧大陸間でおこった動植物や細菌・ウイルスの大移動こそが人新世のスタートポイントとして妥当だと主張した。

‖ 図11-1 ‖ **コロンブスの4回にわたる航海ルート**

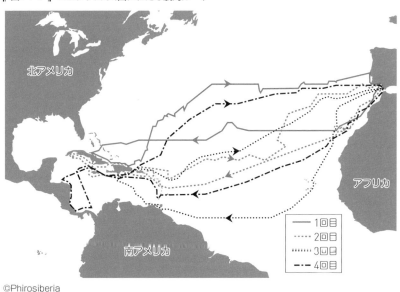

©Phirosiberia

余談だが「新大陸」発見は、旧大陸であるヨーロッパ列強による南北アメリカ大陸に対する収奪と暴力でもあった。新大陸にあった金^{きん}をはじめとする価値あるものや、珍しい動植物はことごとく旧大陸に持ち去られた。一方、旧大陸から持ち込まれた新大陸には存在しなかった病原体によって、免疫がない人びとは次々と斃^{たお}れていった。コロンブス以前は完全に分断されていた二つの大陸が接続することによって、すべてがダイナミックに混淆^{こんこう}しはじめたのだ。武力で勝るヨーロッパは、アメリカ大陸を巨大な利益をもたらす格好の狩場とみなして支配していった。

　いまや世界中で食されているトマト、さつまいも、じゃがいも、とうもろこし、唐辛子などは中・南米が原産であり、これらが世界に拡散していくきっかけはコロンブスの海洋探検にあった。地球全体のその後の歴史を大きく変えたこの1492年に始まるものの移動を「コロンブス交換」と呼ぶ。

(3) 1945／1950

　百花繚乱^{りょうらん}の様相を呈する人新世だが、現在はその始まりはもう少し最近にあると考える者が多い。彼らが挙げる第一のターニングポイントは、1945年に人類史上初めておこなわれた核実験と、それを実際に投入したヒロシマとナガサキである。大量の放射性物質が大気中にばら撒かれ、地球に甚大な影響を及ぼすことになった。その後、1979年にはアメリカのスリーマイル島原子力発電所、1986年にはソビエト連邦下のウクライナ共和国のチョルノービリ原子力発電所、2011年には福島原子力発電所などと世界各地で核にまつわる事故がたびたび起きるようになった。

　1945年説と並んで、1950年ごろからはじまる「グレート・アクセラレーション（Great Acceleration 大加速）」こそがスタートポイントだと言明する者もいる。異論はあるが、現在ではこの立場が多数派を占めている。図11-2をみれば大加速がどのような現象か、その一端が理解できるだろう。多くの指標が1950年ごろを境にして急上昇していることがわかる。日常生活を営む限り、昨日と今日で環境的な変化を感じとることはできないが、私たちはこれほどまでの激変時代を生きているのである。

図11-2 グレート・アクセラレーションを示す各指標

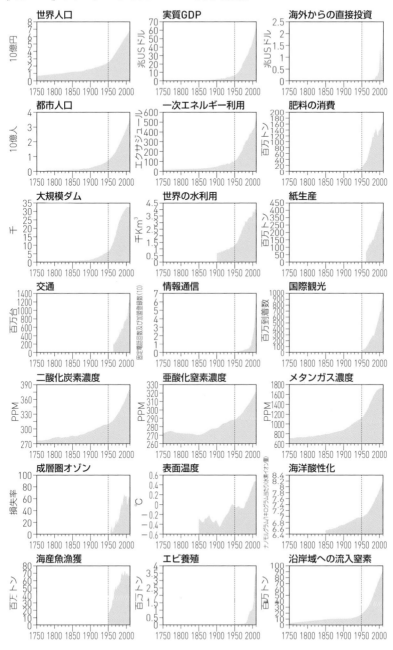

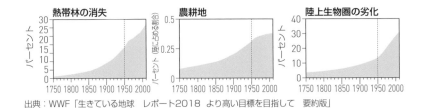

出典：WWF「生きている地球　レポート2018　より高い目標を目指して　要約版」

　20世紀後半にはじまる地球規模の大量生産・大量消費時代は、プラスチックなどの合成樹脂や、コンクリート、二酸化炭素、フロン、ダイオキシン、ウラン・トリウム・プルトニウム*1を代表とする放射性物質など、自然分解されにくくほぼ永久に残り続けるこれらの物質が地表や大気を覆い尽くした時代でもあった。

　科学技術の発展と巨大化する経済活動に連動して世界人口も飛躍的に増加していった。これらが森林伐採と土地の砂漠化、温暖化、海面上昇、異常気象などを引き起こし、環境は急速に悪化していっている。

　幸福の追求を原動力とする社会の発展と引き換えに、ぜったいに元どおりにはならない自然破壊が新しい地層として刻印されているのだ。

② 焼け野原になった日本

　戦争はものの破壊と蕩尽だ。武器弾薬を無尽蔵に蕩尽し、環境だけでなく社会システムまでをも破壊していく。それは人間にも及ぶ。戦争は人間の生命を奪うだけでなく、生き残った人の心身を壊す。2022年2月24日にロシアが開始したウクライナへの軍事侵攻ではウクライナ南部と東部、そして首都のキーウが無残なほどに破壊されただけでなく、2022年11月時点で、両軍合わせて20万人以上の兵士と、民間人4万人以上の死者をだしている。

　戦争による破壊は自然へのダメージを意味しており、被害を受けた地域は環境悪化を被ることになる。典型は、1945年8月6日と8月9日に原子爆弾を落とされた広島と長崎だろう。広島市は6日の午前8時15分の爆発で、その年の12

---

*1　放射性物質の放射能が半分になるのにかかる時間を半減期という。ウランの半減期は45億年、トリウムの半減期は140億年、プルトニウムの半減期は2.4万年である。

月までに約14万人が亡くなったと推計している（広島市2019）。長崎市は9日の午前11時02分の爆発で、その年の12月までに約7万4000人が亡くなったと推計している（ながさきの平和2023）。両市とも「確定」ではなく「推計」としているのは、その時に誰がそこにいたのか、正確なことがわからないからだ。

　ちなみに広島の場合、死者のうち少なくとも数千人は植民地となっていた朝鮮半島からやってきた人たちだといわれている。長崎も事情は同様で、数千人の朝鮮半島出身者が命を落としたといわれている（広島市・長崎市原爆災害誌編集委員会編1979）。

　現在、核の恐ろしさを語るときにメディアが放つ定番フレーズ「日本は唯一の被爆国」は間違いではない。原爆が落ちたのは、まぎれもなく日本国だったのだから。けれどもこの語感が人びとに喚起させる「被害者は日本人だった」といったイメージは間違っている。日本人だけが被害を受けたわけではない。朝鮮半島出身者をはじめ、中国、アメリカ、イギリス、オーストラリア、オランダ、インドネシア出身の人たち──その多くは連合軍捕虜だった──も落命しているのだ。

　これらのことは、ともすれば対象を一方向からしかみない私たちに、そのような見方がいかに多くを見落としているかを教えてくれる。柔軟性を欠く硬直した思考では、実態を正しく把握できない。多角的かつ多面的に対象物を見たり考えたりすることで、はじめてわかることがある。

　さて広島と長崎にもどろう。図11-3と図11-4は原爆が落とされた後の両市の写真である。

‖ 図11-3 ‖ 原爆投下後の広島

‖ 図11-4 ‖ 原爆により破壊された長崎市・浦上天主堂

　写真をみると、戦争が壮絶な環境破壊であることがわかる。画像には写らないが、放射性物質が地球や生命体にダメージを与えることも理解できるはずだ。二つの都市だけではない。図11-5は何度も空襲を受けた東京の姿である。

‖ 図11-5 ‖ 大空襲後の東京

　首都が大きな被害を受けたのは、原爆投下の約半年前の3月10日の空襲によってだった。300機の米軍爆撃機が飛来して絨毯爆撃（大編隊が、まるで絨毯を敷くように、一斉に大量の爆弾を投下していく攻撃方法）を敢行、その日だけで10万人の死者が出た。東京大空襲という。

　こうしたことが決定打となって、8月14日に無条件降伏を記したポツダム宣言を受諾して、翌15日の正午にラジオ放送にて、天皇による玉音放送（「堪え難きを堪え、忍び難きを忍び……」）を流して戦争終結を宣言した。

③ 猛烈な戦後復興

（1）戦後復興と朝鮮特需

　戦後日本社会は焼け野原からはじまった。終戦の1945年から1952年まではGHQによって統治され、どのような国家になっていかなくてはならないかの道筋がつけられた。最高法規である憲法は「天皇主権」「憲法の範囲内での臣民の権利としての人権」「兵役と納税の義務」を特徴とした大日本帝国憲法から、「国民主権」「基本的人権の尊重」「平和主義」を謳う日本国憲法へとかわった（第3章③）。

　1950年に勃発して53年に休戦協定が成立するまで続いた朝鮮戦争によって、日本は経済的に飛躍することができた。1948年に樹立した朝鮮民主主義人民共和国（北朝鮮）と大韓民国（韓国）との戦争によって、物資の供給基地とし

ての機能を果たすことになった日本は、生産と輸出によって「朝鮮特需」と呼ばれる好景気に沸き返った。輸出品は毛布やテントなどの繊維製品、食料品、針金や鉄条網などの金属製品、コンクリート材料、車両と修理部品など多岐にわたった。

　経済学者の浅井良夫によれば、特需収入高は1950年が1億4888万9000ドル、1951年が5億9167万7000ドル、1952年が8億2416万8000ドル、1953年が8億947万9000ドルにのぼった。停戦となった翌年1954年は5億9616万4000ドルと激減しているので（浅井2002:219-266）、朝鮮特需が日本経済にもたらしたインパクトの絶大さがわかる。大戦によって焦土と化した日本社会には、皮肉なことに、かつての植民地で起きた戦争によって戦後復興の第一歩が記されることになった。

　石油やダイヤモンド、レアメタルのような資源をもたない日本は、農林水産業を基盤とする国から、資源を輸入して製品化し、それを海外へ輸出することで利益を得る工業を基底とする国へとかたちを変化させた。そして1940年代から50年代にかけての工業化の時代、1950年代から60年代にかけての交通網の時代、1960年代から70年代にかけてのニュータウンの時代、1970年代から80年代にかけてのレジャーの時代と、人びとの生活を物心両面から豊かにしていった（《第3章❻》）。

（2）公害：豊かさの裏面

　「豊かさ」は自然破壊を随伴せざるを得なかった。考えてみてほしい。太平洋ベルト地帯と呼ばれる京浜、中京、阪神、北九州の工業地帯のほとんどは海を埋め立ててつくられている。交通網は、トンネルを掘削したり、山を削ったりして鉄道と高速道路を敷設することで整備されていった。住環境の整備も同様の手法が採用された。山の木を伐採してスキー場、ゴルフ場、キャンプ場などをつくったレジャーの時代も発想はまったく同じだった。

　経済復興になりふりかまわず猪突猛進した挙句のしっぺ返しが、四大公害病といわれる負の遺産だった。

　水俣病は、1950年代から60年代にかけて熊本県水俣市で発生した公害病で、化学工場チッソが工場廃液をそのまま海に排出したことでおこった。廃水に含まれるメチル水銀（有機水銀）が魚介類に蓄積し、それを食べた人間が水銀中

毒を起こし、中枢神経を中心とする神経系が冒され、感覚障害・視野狭窄・聴力障害・運動失調などが生じる。

新潟水俣病は第二水俣病とも呼ばれ、1965年に初めての患者が報告された。昭和電工が新潟県の阿賀野川に有機水銀を含む廃液を流出させたことで起こった公害病で、原因物質や発症のメカニズムは水俣病と同じである。

イタイイタイ病は富山県の神通川流域で起こった。大正時代からあったといわれているが、公害病に指定されたのは1968年だ。神岡鉱山から放出されたカドミウムが川の水を汚染し、主に生活用水や農業用水として日常的に利用することで体内摂取した河川流域の住民たちが被害に遭った。腰や膝などの痛みからはじまり、腎臓障害によって骨が脆（もろ）くなっていく。寝返りやくしゃみをしただけで骨折してしまい、激しい痛みに苦しむことからこの病名がついた。

四日市ぜんそくは、1960年ごろから三重県四日市市を中心とした地域で発出した深刻な大気汚染だ。石油化学コンビナートから排出される亜硫酸ガスによって、気管支炎、ぜんそく、肝障害などを発症する。

④ 構造化される被害

（1）強者による弱者への加害

自然を破壊しつつ経済的発展を遂げていく日本社会を鋭く射抜く学問として登場したのが環境社会学である。第一人者の**飯島伸子**（1938-2001）は四大公害病を調査・研究し、その到達点の一つとして「**被害構造論**」を提出する。

公害などの環境問題が生じるとき、そこでは「被害」よりも「加害行為」が先行して生じていると指摘したうえで両者の関係性をこう説明する（飯島2000:6）。

> さまざまな人間活動の結果として発生した環境悪化が、ひとびとの健康や生活に悪影響を及ぼし、そこで生じた健康被害や生活被害が、もろもろの社会的関係のなかで連鎖的に拡大していく事態の総体を、加害行為と被害現象との社会的な関連性を基軸として考える枠組み。

なにやら難しそうな文章だけど大丈夫。簡単な例を挙げると、加害者のチッ

ソが有機水銀を海に直接排出しなければそもそも水俣病はおこらず、そこで地域住民が被害を受けることはなかったということだ。

　被害構造論は、誰がどのような受苦を被るのかについて考察していて、それには①生命・健康、②全生活（包括的意味における生活）、③人格（個人と家族にかかわる）、④地域環境と地域社会の4つのレベルがある。

　もっとも重要なのは、水が高いところから低いところに流れていくように、「社会的強者」から「社会的弱者」へ害悪が集中していくと指摘したことだろう。それを次のように述べる（飯島1985:148）。

　　　被害者の多くが下層労働者や農漁民など社会的に低位の人々であり、あるいは、互いに無縁に、広範囲に散居している消費者たちであったことから、抗議や抵抗のための組織的運動が組まれにくく、また、たとえ組まれても抑圧されてきた。

（2）例としての原子力発電所

　この指摘は3.11の福島原発事故にもあてはまる。東北地方の福島県双葉郡大熊町と双葉町に立地する福島第一原発は、地元東北地方ではなく、直線距離で200km以上も離れた首都の電気をつくるための施設だった。

　図11-6を見てみよう。東京や大阪など大都市の50km圏内には原発が建設されていない。都市で消費する電気をつくる施設であるにもかかわらず、原発のような高リスク物件は大都市の近くには設置しないのが鉄則なのだ。

‖ 図11-6 ‖ 日本の原子力施設（2022年10月現在）

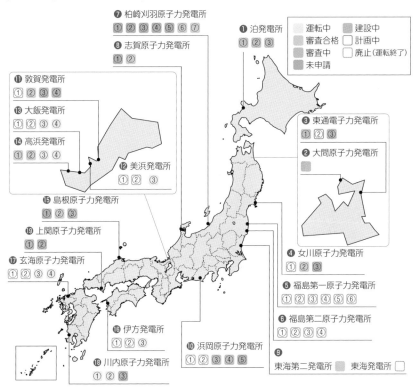

出典：日本原子力文化財団

　建設されるのは政治経済の拠点から離れた地方、しかも過疎・高齢化が進行して存続が危ぶまれる町村が多い。莫大な資金が投入され、巨額の経済的効果を地元にもたらすからだ。

　福島第一原発の場合、約350万m²の敷地に1号機から6号機までの原子炉が建設された。建設費用は1号機約390億円、2号機約560億円、3号機約620億円、4号機約800億円、5号機約900億円、6号機約1750億円である。原発誘致前は米作・麦作・養蚕を主な収入源とする「後発的農村」であり、農業だけでは生活できない「出稼ぎ農村」（竹中1994:45）に天文学的資金が投入されたのである。

　1号機の建設がはじまった1967年9月以降、本体の原発工事と関連企業の進

出によって寒村は激変する。双葉町農家の一家に一人は原発関連企業と関係をもつようになり、出稼ぎ農家から兼業農家へとライフスタイルが根本的にかわり、貧困からの脱出も果たした。1990年のデータでは、就業者一人当たりの分配所得は、県庁所在地の福島市307万3000円に対して大熊町546万1000円、双葉町299万円となっている。大熊町は福島市を圧倒し、双葉町は伍すまでになった。

　1955年が約1700万円だった大熊町の一般会計当初予算の歳入額は、福島第一原発が営業運転を開始した1971年には約4億2000万円へと16年間で24倍に膨れ上がった（福島民報2011）。

　そればかりではない。インフラ整備がすすみ、労働者やその家族など人口が増え、さまざまな店舗が営業をはじめる。原発近くの双葉郡楢葉町には東京電力が巨額の出資をしてサッカーの聖地Jヴィレッジまでもが建設された。

　国は原子力発電所の建設を進めるために1974年に「電源三法交付金」制度を設けて立地地域への交付金を手厚くする一方、東京電力は直接大熊町に寄付を続けた。これらの財源をもとにして野球場や体育館などの公共施設が建設され、生活道路などの整備が次々となされていった（福島民報2011）。貧村から一発逆転、またたくまに開発され発展していく。原発は巨大な利益を地元にもたらすのである。

　限界集落が置かれた状況は完全に袋小路（行き詰まった状態）といってよい。なにもしないでいると近い将来かならず存亡の危機に直面してしまう。それに抗い、原発のような施設を引き受けると、経済的な旨味はあるが、引き換えに永遠にハイリスクを背負い続けなければならない。社会学者の井上俊は、このような状況を「悪夢の選択」（井上1992:27）と呼んだ。

　あるいは、あの世で魂を差し出すことを条件に、この世のあらゆる快楽を享受する契約を悪魔と結ぶゲーテの『ファウスト』から「ファウスト的取引」といわれることもある。

　これらは「どちらの道を選ぼうとも、歩む先に幸福は待っていない」という意味である。そして福島県大熊町と双葉町では、まさにファウスト的取引によって悪夢が現実化してしまった。

⑤ NIMBY問題の解決法

（1）迷惑施設

　原発に限らず火葬場、産業廃棄物処理場、ごみ焼却場、米軍基地など「社会的に必要であることは認めるが、自分の生活圏内には建てないでくれ」といった素朴な感情が湧き出てくる設備のことを「迷惑施設」と呼ぶ。そしてこの感情をNIMBY（ニンビー）という。"Not In My Backyard（我が家の裏庭にはノー！）"の頭文字で、地域や住民のエゴを表す言葉として否定的なニュアンスでつかわれることもあれば、社会的弱者に押し付けられようとしている環境不正義を告発する手段として肯定的なニュアンスでつかわれることもある。

　社会的には必要なこれらの施設を新たに建設する場合、どのようにしたら適地を確定させることができるのだろうか。どうすればその地域の人たちは納得しそれを受容できるだろうか。

　これまで方法として用いられてきたのが、①密室ではなく公開された場で、②科学的で客観的なデータによってそこが最適地であることを証明し、③すべての利害関係者による公正で平等な話し合いを積み重ねていくといった合意形成の手法だった。

（2）話し合えば解決するのか？

　ドイツの哲学者ユルゲン・ハーバーマスは真理性、正当性、整合性を普遍的な妥当性とする。これを基礎として合理的に動機づけられる了解が得られる。了解をもとに、公明正大に長期にわたって継続される議論を「討議」と呼んだ（ハーバーマス1985:71）。

　討議は①言語・行為能力のあるすべての当事者が参加することができて、②どのような主張や意見であれ述べることが許され、③自分の立場や希望や要求を表明できる場でなければならない。権力の介入、強制、抑圧などが排除された場で討議を尽くすことが合意形成への道をひらく（ハーバーマス1991:142-143）。

　彼が構想するような議論の方法や合意形成の求め方には馴染みがあるだろう。これまでの学校生活で喧嘩やイジメがあったとき、部活動の練習方法や文化祭の出し物を決めるときなど、話し合いによって解決・決定してきたからだ。学

校だけでなく政治・メディア・会社・家庭などで、ハーバーマス流のルールの
もとで対話を重ねれば、最善の結論にたどりつけると教えられ、それを信じ、
疑うことなく実践してきたはずだ。

　しかし協議さえすれば、全員が納得できる結論を導き出すことができる／で
きただろうか。それはおそらく無理だ／無理だったはずだ。

　意見を述べる機会が皆に与えられていたとしても、積極的に発言する人もい
れば、消極的な人もいる。話術が巧みな人もいれば口下手な人もいる。議論の
場における公正性と平等性は、理想ではあるが、現実には社会的な地位も異な
れば、人望にも差があるし、好悪の個人的感情もあるはずで、それによって論
議の方向が誘導されることがある。

　たとえばごみ焼却場の建設の可否を話し合う場であれば、建設予定地の地権
者なのか否か、自分の仕事への影響の有無、建設予定地と自宅との位置関係、
ごみ収集車が通る道路は通学路にかかっているのか、そして家族に就学児がい
るのかどうかなど、問題に対する関心の濃淡は個々人が置かれた立場によって
異なっている。それらの要素を完全に無視して全員の意見をまったく同等に取
り扱うと不公平感がでてくるだろう。ハーバーマスが構想する討議は、きわめ
てユートピア的であり、非現実的ではないか。

　ではどうすれば納得可能な結論に到達することができるのか。

⑥ 第三の道、生活環境主義

（1）開発か保護か

　生活環境主義を提唱した一人、社会人間学者の松田素二はこう説明する（松
田1986:703-725)。

　大雨や台風のたびに氾濫する小川があり、河川流域のコミュニティに被害が
出ている事態を想定してみよう。このとき曲がりくねった細流をまっすぐにつ
け替えて、土手と川底の三面をコンクリート張りにする解決方法がある。この
ような人工的な景観は日本全国いたるところで確認できる。

　近代的な知識や技術を駆使して問題を解決していく立場を、彼は「近代技術
主義」と呼ぶ。3.11後にはじまった、東北地方の海岸線にくまなく巨大な防
潮堤を建設する防災策はこの典型である。

　一方、それとは真逆に、生態系の破壊に断固反対し、自然環境を保護することを第一義にする立場を「自然環境主義」と呼ぶ。米軍基地建設のために沖縄の辺野古の海を埋め立てることに対して、珊瑚をはじめとする貴重な自然が破壊されてしまうことを理由に抗議し続けている自然保護団体の理念はこの典型である。

（2）生きる場の論理

　近代技術主義と自然環境主義と聞けばなんだか理解しにくいが、簡略化すれば前者は「開発」、後者は「保護」の立場を意味することが多い。私たちは地域おこしの目的でリゾート企業を誘致する場合や、放射性廃棄物の最終処分場問題などでこの対立を日常的に目の当たりにしている。「開発か保護か」の反目は、どこまでいっても平行線で合意することはない。これらの対立もハーバーマス的な討議の限界を示しているといえる。

　単純ではあるが容易ならざるこの二元論に対して第三の道を提示したのが生活環境主義だ。これは評論家である長崎浩の「私にはひとの心はわからない―しかしひとびとの心はわかる」（長崎1977:186）という考え方を基底として「当該社会に居住する人々の生活の立場」（古川2004:145）から問題を捉える方法論である。

　地域社会は長い年月そこで暮らしてきた人たちの知恵と知識が凝縮された空間だ。生業、近所との付き合い方、生活用水の管理方法、冠婚葬祭のしきたり、祭りなど年中行事のとりおこないかた、相互扶助のルール、災害時の対処方法など、村落は彼らなりの創意工夫を蓄積することで、独自の「生きる場の論理」（松田1986:707）をつくりあげてきた。

　近代技術主義的に、井戸のかわりに上下水道をつけることに集落の全員が合意したと思えば、自然環境主義的に、茅葺き屋根の街並みを保全するために、個人宅を勝手に改修したり売買したりすることを許さず、そうする場合には共同体の総意をとることを義務づけたりする。

（3）人びとの生活の立場

　部外者がみれば主義主張に一貫性がないとか、個人の権利の侵害だと憤るかもしれない。ところが生活環境主義は、当該社会に生きる人たちがその時々の状況に応じて操る「生きる場の論理」を尊重する立場をとる。ある時には自然保護を盾にダム建設に反対し、別の場では保護など一顧だにせず地域おこしのために山の森林を伐採してリゾート誘致に走ったとしてもその決断を支持するのだ。

　松田の「生きる場の論理」は「当該社会に居住する人々の生活の立場にたつ」とする社会学者古川彰の宣言と同義だ。場当たり的に対処しているわけではないが、かといって考え方が首尾一貫しているわけでもない。徹底的な合理主義でも功利主義でもない。融通無碍だがけっして根無し草的ではなく、とはいえ強い理念に貫かれているわけでもない、コミュニティの生活に埋め込まれている、歴史的に培われてきた臨機応変的な知恵と知識の塊に信を置く。

　重要なのは「人びとの立場」ではなく「人びとの生活の立場」をとることである。なぜなら前述したとおり、共同体で暮らす人びとには、複雑な人間関係や利害関係がある。個人的な事情を抱えている場合もあろう。したがって「人々の立場」に立った場合、個人の置かれた状況が判断に影響をもたらすことが考えられる。やはりハーバーマス流の討議はあくまで理想であり、現実には成立しないのだ。「ひとの心はわからない」とはそういう意味だ。

　かたや地域社会が歴史的に蓄積してきた「人びとの生活の立場」は、そのような個人的な利害を超えたところに存在している。それは、当該社会がこれまで存続し生き抜いてきた手段としての知恵の結晶でもある。この生活知を松田は「生きる場の論理」と表現したのだ。「ひとびとの心はわかる」とはそういう意味だ。

⑦ 環境保護のジレンマ

　生活環境主義には批判もある。代表的なのは、共同体が培ってきた独自の生活知を無条件かつ無邪気に信頼することへの疑義である。コミュニティには暴力的・差別的な文化が残っていることもある。そこまでいかなくとも現代的な

感覚ではナンセンスにうつり、否定されても仕方ない文化もあることだろう。すべての人たちの関係性がずっと良好なユートピアはほとんどの場合ありえず、不幸な歴史を背景にして人間関係が分断されていることもある。そういう負の要素までもが無批判的に保存され承認されるばかりか、ときには称揚されることへの違和感だ。

また「人々の生活の立場」はほぼ「地域社会の文化」と同義だ。この場合、共同体の文化を絶対的に信頼して至上の価値をおくことは果たしてよいことなのかといった疑義もある。文化至上主義ともいうべきこの宣言は、人間至上主義ともいえるだろう。

これは「人間の活動が地層にまで影響を及ぼし、地球環境的に後戻りできないポイントが差し迫っている」と警鐘を鳴らす人新世とは真逆のスタンスでもある。なぜなら人新世は人間至上主義がもたらした結果だと主張しているからである。なぜ人間が地球の絶対的君主だといえるのか。

近代技術主義と自然環境主義の二項対立図式を乗り越えた点で生活環境主義が果たした役割は大きかった。第三の道はないといわれていた問題に第三の選択肢を提示した意味と意義はたしかにあった。しかし待ったなしの状況にある地球規模の環境破壊への対応策は、コミュニティの生活知に解を求める理論が捉えることができる射程をはるかに超えている。

エコロジー的近代化論＊2やSDGsなどさまざまな提言がなされてきてはいるものの、肥大化する人間の欲望には歯止めがかからず、進行する環境破壊を止めることはできていない。このジレンマをどうするのか、残された時間は多くない。

＊2　1980年代にドイツ、オランダ、イギリスなどの研究者が中心となって提唱したのを端緒とする、従来からある「産業発展と環境保護はトレードオフ」とする二項対立的な思考から脱却し、自然破壊することなく産業発展を遂げていく産業システムのエコロジー化を目指す理論である。これは2015年に登場したSDGsとも共通性がある。

🔍 参考文献

- 浅井良夫、2002、「1950年代の特需について（1）」『成城大學經濟研究』。
- 飯島伸子、1985、「被害の社会的構造」『技術と産業公害』国際連合大学。
- 飯島伸子、2000、「地球環境問題時代における公害・環境問題と環境社会学　加害−被害構造の視点から」『環境社会学研究』（6）。
- 井上俊、1992、『悪夢の選択：文明の社会学』筑摩書房。
- Paul. J. Crutzen・Eugene. F. Stoermer, 2013, The Anthropocene, Libby Robin・Sverker. Sörlin・Paul. Warde eds. *The Future of Nature*, Yale University Press.
- 竹中久二雄、1994、「原子力発電投資と地域経済振興の課題：福島県双葉町の農工両全策を事例として」『農村研究』（79）。
- ながさきの平和、2023、「原爆の威力」 https://nagasakipeace.jp/search/about_abm/scene/iryoku.html
- 長崎浩、1977、『政治の現象学あるいはアジテーターの遍歴史』田畑書店。
- ユルゲン・ハーバーマス、1985、『コミュニケイション的行為の理論　上』未來社。
- ユルゲン・ハーバーマス、1991、『道徳意識とコミュニケーション行為』岩波書店。
- 広島市、2019、「死者数について」 https://www.city.hiroshima.lg.jp/soshiki/48/9400.html
- 広島市・長崎市原爆災害誌編集委員会編、1979、『広島・長崎の原爆災害』、岩波書店
- 福島民報、2011年10月22日。
- 古川彰、2004、「第4章　環境の社会史研究の視点と方法　―生活環境主義という方法」舩橋晴俊・古川彰編著『環境社会学入門　環境問題研究の理論と技法（社会学研究シリーズ25）』文化書房博文社。
- 松田素二、1986、「生活環境主義における知識と認識：日常生活理解と異文化理解をつなぐもの」『人文研究』38（11）。

● 石牟礼道子、2004、『新装版　苦海浄土　わが水俣病』講談社

水俣病は単に個人の健康を害するだけでなく、地域社会を根こそぎ崩壊させていく。病に苛まれる人たちに寄り添いながら、被害者の苦しみ、悲しみ、怒り、そして公害の凄惨さを伝えた必読の書。

● 映画、2001、『神の子たち』

フィリピンにあるパヤタス・ゴミ廃棄場で暮らす人びとの日常を追ったドキュメンタリー。「格差」や「勝ち組、負け組」などの言葉が陳腐に感じるほどの絶対的貧困は、どのようにしたら解決することができるのだろうか。

ボランティア：自己責任社会における利他的行為

《 キーワード 》
ボランティア元年　ボランティアの4原則　ユイ／モヤイ／テツダイ

① 1995：ボランティア元年

　1995年1月17日（火）午前5時46分、兵庫県の淡路島北部の地下16km付近を震源とする推定マグニチュード7.3の巨大地震が近畿圏を直撃した。神戸市、芦屋市、西宮市、宝塚市、北淡町、津名町の一部で震度7を記録したほか、神戸と洲本は震度6、豊岡、京都、彦根は震度5、大阪、姫路、和歌山、奈良、岡山、高知などでは震度4、大分、名古屋、松山ほかでは震度3、長野、横浜、熊本などでは震度2、はるか離れた新潟、千葉、鹿児島ほかでも震度1を計測するほど揺れは広範囲に及んだ。

　住宅密集地である神戸市長田区では10か所以上の地点で同時火災が発生し、焼失面積は80万m^{2}を超えた。東京ドーム（4万6755m^2）17個分になる。

　大阪と神戸をつなぐ阪神高速道路・3号神戸線は東灘区で635mにわたり17基の橋脚が倒壊して上空を走る高速道路が地面に突き刺さるように横転した。

‖ 図12-1 ‖ 阪神・淡路大震災の被害

©松岡明芳／©神戸市

この災害による人的被害は死者6434人、行方不明者3人、負傷者4万3792人、住家の被害は全壊が約10万5000棟（約18万6000世帯）、半壊が約14万4000棟（約27万4000世帯）にのぼった。

　交通網では港湾で埠頭の沈下、鉄道関係では山陽新幹線の高架橋の倒壊と落橋のほかJR西日本など13社が不通、道路関係では高速自動車国道や阪神高速道路など27路線36区間が通行止めとなった。

　ライフラインでは断水が約130万戸、地震直後の停電は約260万戸、都市ガスの供給停止は約86万戸、電話は交換設備の障害やケーブルの破損などによって約30万回線が不通となった（消防庁2006）。

　被災地にはすぐに避難所が設けられ、生き延びた人たちが命からがら駆け込んできた。兵庫県下で1152か所、避難者数のピークは31万6700人、大阪府下で避難所82か所、避難者数のピークは3700人に及んだ。

　未曾有の有事に対して、日本全国からボランティアがやってきた。その数なんと延べ180万人におよぶ。早い人は地震の3日後には避難所に駆けつけていた（渡辺1995:107）。

　そればかりではない。被害が比較的軽微だった地域に暮らしていた人たちは、自宅にあった米でおにぎりを結び、お茶のペットボトルをリュックに詰め込み、持てる限りの毛布や防寒着や日用品を抱えて被災地を目指した。道路は家屋が倒壊していたり、陥没したり、波打ったりしていた。自動車では走行できないので、自転車かオートバイで行けるところまで行き、そこから先は歩いた。そして被災者一人ひとりに自腹で用意した救援物資を配った。それを毎日繰り返した。

　自然発生的に生まれた全国規模の草の根ボランティアは、震災以前の日本社会ではほとんどみられなかった。ところが阪神・淡路を契機に、大事故や災害が起こるとすぐに日本全国から多数の人たちが瞬時に駆けつけてくる利他精神が自然化していった。こうした状況を踏まえて、1995年を「ボランティア元年」と呼ぶ。

第12章

（1）関東大震災

　いまから100年前の日本社会で、ボランティアに関する重要な出来事がもう一つあった。1923（大正12）年9月1日（土）午前11時58分。マグニチュード7.9の大地震が東京を中心とする関東一円を襲ったのだ。気象庁は、震源地は神奈川県西部、深さ23kmだったと推定している。震度6と判定されたが、当時は震度が0〜6の7段階であったためで、現在の10階級指標であれば震度7に相当するとされている（気象庁2023）。

　ちょうど昼食どきだった不運が重なり、広範囲で火災が生じた。建物の構造が現在ほど耐震性に優れていなかったので、火災と重なって、電気、水道、道路、鉄道などのライフラインを含めて甚大な被害をもたらした。さらに前日の降雨が原因で土砂崩れ、地滑り、土石流などの土砂災害が多くの地点で起こった。ここに津波の襲来が重なった。死者・行方不明者は10万5385人で、このうち9万1781人が焼死、焼失家屋21万2352戸、全壊家屋7万9733戸、半壊家屋7万9272戸（池田2019）と、関東全域は文字どおり壊滅状態となった。

‖ 図12-2 ‖ 関東大震災で廃墟と化した横浜

‖ 図12-3 ‖ 関東大震災からの避難者

このときに自然発生的に組織されたのが東京帝国大学（現東京大学）の学生による救護団体だった。東大に避難してきた約2000人に対して、たちまち40人余りの学生が集まってきて食物の配給や夜警活動をはじめた。その後、法学部教授の末弘嚴太郎（1888-1951）が参加して対外的な統率者の役割を担うことになった（池田2019）。

　東大構内がひと段落すると、彼らのなかから30人が窮状が伝えられていた1万人の避難者で溢れかえる上野公園に向かった。ところ構わず撒き散らされる糞尿を始末し、疫病の蔓延を防ぐべく公衆便所を設置し、援助物資を公平・平等に配給し、避難者の名簿をつくって全国から問い合わせが来る安否確認に対応した。

　ボランティアは彼らだけではなかった。さまざまな団体がそれぞれの理念をもって救援活動をおこなった。ただしその思想は組織によってかなり異なっていたようで、「慈善」を全面にうち出している一団に対して末弘は猛批判している（末弘1923:77-78　新字、新仮名づかいに改めた）。

　　救世軍の如き愛国婦人会の如きが即ちそれであった。避難民を救うのであれば、最も公平にして有数なる分配方法に依托して然るべきである。何故に、自らの団体の名を避難民に知らしぬ必要があるのか？　何故に恩を売る必要があるのか？　然るに、多数避難者に行き亘らざるが如き僅かな

る分量の品物を業々しく大旗を掲げた自働車を馳せつつ撒き散らさなければならない「慈善家」の腹の中は卑しむべきである。救護事業は決して「慈善」では〔なく、〕緊急状態の生んだ「必要」に過ぎないのである。「生存」の為の必要なのである。都下百万罹災民は単に其の「必要」なる緊急状態に在るに過ぎない。慈善を受けんとするものの如きは一人もない。然るに、無用に多数の「貴婦人」連は其の総重量よりも軽少なる慰問品を自働車に積み来って先ず避難児童を整列せしめたる上自ら親しく之に向かって「慈善」を施した。何と云う浅間しい虚栄心であろう。彼等は「慈善」を施すことに依って同時に彼等の御上品なる慈善心を満足せしめ安価な涙を流さんとして居るのだ。而して、それが如何に罹災民に対する「侮辱」を意味するかを感じないのだ。罹災民の為には唯食料と衣服とが必要なのだ。何も貴婦人にやさしい言葉をかけられたりおめぐみを受ける必要はないのである。又救世軍にしても彼等は与えるべきものを与えさえすればいいのである。何を苦しんで大旗を樹てて僅かの物品を業々しく撒き散らすのか？　「救護」を名とする「伝道」は不純である。

「恩を売ったり」「慈善心を満足せしめ」たり「伝道」するような行為をやめ、いかなる理由や動機を前提につけずに、ただ単に「救護」だけに専心する。欲求や欲望は一滴たりとも混入させない。もちろん「慈善」などの気持ちは毛頭もない。なんと痛々しいほどの清廉潔白さだろうか。末弘が示す、私利私欲を徹底的に排除した救護の理念の崇高さは、まさにボランティア精神の極北にあるといってよい。

（2）カントの定言命法

　末弘の考え方は、18世紀のドイツの哲学者イマヌエル・カント（1724-1804）のそれにきわめて近い。彼は道徳や倫理について深い思考に沈潜した哲学者で、たどりついた一つの結論が仮言命法と定言命法だった。
　カントは次のように述べる（カント2015:42）。

　　君の意志の採用する行動原理が、つねに同時に普遍的な法則を定める原理としても妥当しうるように行動せよ。

この部分だけを読んで意味を理解するのは相当難しい。簡素化して説明していこう。

　ボランティアをすることが「道徳的」であると仮定して考えてみよう。誰かに「なぜボランティアをするのですか」と問われたら、あなたはどう答えるだろうか。

　「社会の役に立ちたいから、ボランティアをします」

などのように、前半の「○○だから」には無数の理由を入れることができる。カントはこの「○○だから、□□する」というモラルや倫理を却下する。

　「社会の役に立ちたい」を考えてみよう。

　そう思ったのはこの私で、ボランティアをすることで被災者のためになるのはもちろんのこと、その先にある社会の役にも立つことができ、気持ちも晴れて満足感を得ることができる。突き詰めれば、私の欲求や欲望を満たすための行為としての活動なのだ。「○○だから、ボランティアをする」はすべて巡り巡って私欲であり、それが紛れ込んでいるモラルや倫理は純粋ではない。

　「○○だから、□□する」というかたちを仮言命法とカントは名付けた。日本で災害ボランティアが罹災者から感謝されたときによくいう返礼「困ったときはお互いさまじゃないですか」もこれにあたる。災害ボランティアに下心がないことは百も承知ではあるが、この支え合い精神の表現を字義どおりに解釈すれば「今は私があなたを助けます。だけどもしも私が困ったときには、今度はあなたが私を助けてくださいね」となる。いわば互助の強要だ。そのような欲求や欲望が潜在している救護は、真正な意味で道徳的でも倫理的でもない。

　そしてこれを退け、道徳的であるためには定言命法でなければならないと結論づけた。これは仮言命法の前半部分がなく、自分自身への「□□せよ」という命令形をとる。ボランティアであれば「社会の役に立ちたいから」などの前提条件を排除し、無条件の、純粋意志として「ボランティアをせよ」となる。私欲を完全に除去した、究極の理性である定言命法としてのモラルや倫理だけが普遍的原理となりうるといったのである。

③ ボランティアとユイ／モヤイ／テツダイ

（1）自らの意思でおこなう行為

　ボランティアの語源は、ラテン語の「みずからの意思でおこなう」という意味を持つ「volo」であるといわれている。それがイギリスに伝わり1647年あたりからボランティア（volunteer）という語がつかわれはじめた（柴田1983:39）。当初は「自警団」とか「自警団の隊員」を意味していたが、軍隊の「志願兵」を指すようになり、その後、厚生労働省が「自発的な意思に基づき他人や社会に貢献する行為」（厚生労働省社会・援護局地域福祉課2007）と定義するような現在の意味を含むようになった。変化はあるが、根底にある「みずからの意思でおこなう」マインドは受け継がれている。

（2）ボランティアの起源とイギリスの公的扶助

　人間社会における利他的行為の起源を探ることは不可能だ。おそらく人類が誕生して以来の普遍的行為であろう。

　公的な福祉の萌芽は、1600年前後のイギリスにみることができる。同国では1388年に救貧法の起源とされている法律が成立し（柴田1983:23）、労働能力のない者に対してはコミュニティが私的慈善などをとおして救済するべきであると示された（林2022:80-82）。

　その後、1601年にエリザベス救貧法が成立した。本法は何度か改正されたり、新法ができたりしたが、結局1948年に国民扶助法が成立するまで存続した。マイナーチェンジを繰り返しながら300年以上も続いた息の長い法律だった。

　成立当時、同法に基づき、労働能力のない者と、親が養育できない、あるいは親が不在の児童に対して救貧税を財源にした救済を実施した（柴田1983:23）。実際に救済活動を担ったのはキリスト教をベースとする「教区」といわれるコミュニティで、法的な救済義務はあったもののコミュニティの共同性も尊重されていた（林2022:129-130）。

（3）日本の相互扶助

　日本社会にも古くから相互扶助の文化はあった。代表的なのは**ユイ／モヤイ**

／テツダイだろう。

ユイとは、コミュニティの成員による互酬的＊1な労働力の交換をいう。田植えや稲刈りは一家だけでは重労働すぎる。このとき全農家が一致団結して各家の農作業を順番にこなしていくのだ。農作業だけにとどまらず、茅葺き屋根の葺き替え作業などにも用いられる。

‖ 図12-4 ‖ 合掌造りの葺き替え（岐阜県、白川郷）

©Bernard Gagnon

モヤイとは、コミュニティの成員が協働しその成果物を公平に分配することをいう。村が所有する土地を有料駐車場にして利益を配分するといったことだ。

テツダイとは、コミュニティ内で困りごとなどがあれば、成員が労働提供をして助けることをいう。家の補修を近所の人に手伝ってもらうといったことだ。

＊1　互酬とは、援助や贈与をしたりされたりする相互扶助行為をいう。援助や贈与を受け取ったら、有形か無形かは問わず、なんらかの返礼が期待される。マルセル・モースは、ポリネシアでは贈与は義務であり、受け取るのも義務ならば、贈与に対する返礼に対する返礼も義務であるとした（モース2015）。一方、オーストリアの経済学者カール・ポランニー（1886-1964）によれば、人間の経済活動（広義の交換）には「互酬」のほかに、収穫物を一度一か所に集めたのちに成員に分け与える「再分配」、貨幣とものを交換する非常に特異な交換形態「市場交換」がある（ポランニー1980）。

現代に話を戻そう。

関東大震災、阪神・淡路大震災、東日本大震災など未曾有の災害を経験することで、ボランティアは姿をかえてきた。学校を挙げて取り組んだり、NPOとして組織化したり、個人で情熱を傾けたりと広く一般化してきたのは承知のとおりだ。学校の地域貢献の一環として、駅前や通学路の清掃をしたことがある人も多いことだろう。

とはいえそもそもボランティアとは何なのか考えたことがあるだろうか。

それには4原則があるといわれている。

1. 自発性

自発性とは、<u>自分の意思でおこなう主体的行為</u>ということだ。誰かに強制されておこなう活動ではない。教員から「学校の周りのゴミ拾い」をするように指示されたから掃除をしたのだとしたら、それはボランティアではない。

2. 無償性

無償性とは、<u>金品などを受け取ることを目的としない</u>という意味である。見返りを求める有償的行為は仕事やアルバイトだ。多くの大学では「ボランティア実習」などの科目を設定していて、履修すれば単位を修得できる。しかし単位という報酬を前提としているので、カント的には、これはボランティアではない。

3. 公益性

公益性とは、<u>社会の役に立っている</u>という意味である。特定の個人や団体のためにしかならないおこないはボランティアではない。その行為が社会に広くひらかれていることが重要なのだ。

4. 創造性

創造性とは、いま何が必要なのか、そのためにはどうすればよいのかを<u>考えながら的確に行動すること</u>をいう。災害復旧であれば、単に以前の状態に戻す

のではなく、これからの生活を見据えて創造的に活動しなければならない。他者のためにおこなう行為なのだから、その人の身になって立ち振る舞うことが重要でひとりよがりではいけない。

　上記以外にも重要な要素がある。

・継続性
　一回だけの行為ではなく継続しておこなうこと。そうすることで真に社会の役に立つことができる。

・相互性
　ボランティアは、ともすれば「する側」と「される側」に二分されてしまう。こうした関係性は善意の一方通行で、平等とはいえない。上下関係を超えた対等な相互行為でなければ継続することは困難だろう。

⑤ 青年海外協力隊の活躍

（1）発足の背景

　現在、日本のボランティア活動の一翼を担っているものの一つに**青年海外協力隊**（JOCV）がある。これは政府開発援助を一元的に担当している国際協力機構（JICA）の国際ボランティア部門だ。開発途上国へのプロジェクトの支援や出資を取り仕切る、日本の国際貢献を最前線で実践している機関だ。
　JOCVが発足したのは1965年だった。
　1961年に大統領ジョン・F・ケネディ（1917-1963）が構想した国際ボランティア機関、アメリカ平和部隊（American Peace Corps）が創設された。開発途上国からの要請を受けて、専門の技術や技能をもった人材を派遣し、草の根活動をおこなう組織である。初年度には900人の若者をラテンアメリカ、アジア、アフリカの16カ国に派遣した。これに刺激を受けて、日本でも同様の、高度の専門的技能を持ったスペシャリストではない、民間人による国際貢献に乗り出したのだ。
　当時の日本社会は転換期を迎えていた。1945年に終戦してから1964年まで、

一般市民の海外渡航に対しては厳しい制限が設けられていた《第3章❸》。

　しかし1964年の東京オリンピック・パラリンピック開催にあたり、その方針は転換された。オリ・パラはグローバリゼーションを象徴するメガイベントだったからだ。資源を持たない国日本としては、貿易で経済的利益をあげていかなければならないことも大きかった。スポーツの国際大会を開催することで戦後復興にひと区切りつけた政府が、次に目指したことが国際化だったのだ。そこで、同じタイミングで一般市民の海外旅行を解禁し、国際ボランティア活動にも着手したのである。

　ちなみに「ボランティア」というワードが日本社会に流通しはじめたのはこの頃である。この語はまだ一般的ではなかった。

（2）命がけの行為としてのボランティア

　派遣前訓練を経て、1965年に赴任したのは26人、赴任国はラオス、フィリピン、マレーシア、カンボジアだった。アメリカ平和部隊と比較して「たった4か国にわずか26人か」と思うかもしれないが、当時の状況は現在とはまったく異なっていた。日本人が海外に赴くことが非常に稀だった時代だったのだから。

　世界を俯瞰すれば南北の経済格差が広がる一方で＊2、資本主義と社会主義の思想的対立も激しく（冷戦）《第15章》、中東戦争やベトナム戦争は泥沼にはまり込んでいた。1962年にはソ連が、フロリダ州マイアミの目と鼻の先にあるキューバに核ミサイルを配備しようとした。阻止するためにアメリカは海上封鎖して、核戦争寸前まで緊張がエスカレートした。これをキューバ危機という。

　そのような世界情勢下で、電話などの通信手段もないようなローカルな場所にボランティアを送り込むのである。政治、経済、治安が不安定で、マラリア、赤痢、コレラなどの病気が日常的に発生していて、言語、習慣、価値観がまったく異なり、インフラが脆弱で物質的には貧しい社会に単身で飛び込んでいくことは文字どおり命がけの行為だった。初期の隊員たちは「日本の地を踏むこ

＊2　ヨーロッパ、アメリカ、日本などの経済的に発展した国は北半球に位置している。対して経済的に豊かではない国は南半球に多い。そこから先進国と開発途上国間にある経済的格差を南北問題という。

とはもう二度とできないかもしれない」と悲壮な覚悟で出発したという。

　このような時代から現在に至るまで、世界各地での草の根活動をとおして国際貢献を果たしてきた。2023年3月現在、累計の派遣国数は93、派遣ボランティアは4万6640人にのぼる（JICA2023A）。なぜこれほど安定的に成長することができたのだろうか。最大の理由は政府が直接バックアップしているからだろう。隊員が現地に持っていくのは一般旅券ではなく公用旅券だ。私的ではなく日本国の公務として派遣されているというステイタスは、安全を最優先しなければならない活動にとっては非常に心強い。現地手当が支給されるのも魅力だ。筆者は協力隊OBで、1988年から90年にかけての2年1か月間、大洋州の島国パプアニューギニアにスポーツ隊員として派遣されていた。当時の現地生活費はひと月約3万円で、贅沢はできなかったが普通に暮らすには十分だった。

‖ 図12-5 ‖ JICA派遣者数の推移

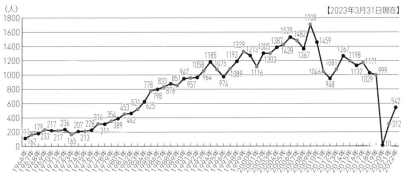

出典：JICAホームページ

（3）変化するボランティア像

　60年ほどの歴史をもつJOCVは、ボランティアを日本社会に定着させ、有償ボランティアという新しい形態を生み出した。

　前述の4原則には無償性が入っていたはずだが、政府主導のJICAのボランティアは無償ではない。ただ、HPには「現地生活費とは、現地の生活費の補助であり、給与や報酬ではありません」（JICA2023B）と明記されているので、

見返りとして支給しているわけではない。とはいえ赴任時と帰国時の交通費は JICAが負担し、現地での居住は受け入れ国が提供してくれる。またそれらとは別に国内に所属先を有さない、あるいは所属先から給与の支給を受けない隊員は派遣期間に応じて国内手当が出る。相当手厚い支援が受けられるのだ。こうしたことを総合的に考えると、協力隊は新しいタイプのボランティアだといえるだろう。

　新しいボランティア像は教育機関でもみることができる。

　小中高校では地域連携や地域貢献に熱心に取り組んでいて、そのプログラムの一つがボランティア活動である場合が多い。生徒が自発的に取り組むのではなく、教員からの働きかけがきっかけになっているのだ。

　多くの大学では国内外で活動するボランティア実習を科目として設けており、単位目当てに履修する学生が存在する。

　カントが示し末弘が追求したような利他精神の具象化はたしかに理想型ではあるものの、社会の変化に伴ってボランティアも形態を変えてきたのである。だからこそ裾野がひろがったのであり、それによって災害が生じたらすぐに全国、いや世界各地からボランティアが駆けつけるようになったのである。

⑥ ボランティアと他者理解

(1) 他者（異文化）理解の二つの方法

❶ 継続的コミュニケーション

　現代社会は人の流動性が非常に高い。雑踏を歩くとき、店で何かを購入するとき、ネットで情報のやり取りをするときなど、見知らぬ人と相互行為をしなければ生活できない。古い時代の日本社会であれば、生まれ育ったコミュニティで一生を過ごすことは稀ではなかった。ところがいまはそのような生き方を許さない。つまり強制的に私たちは他者理解をする必要に迫られ、それなしでは生きてはいけないようになっている。

　では、他者理解はどうすればできるか。一つの可能性と方法は対話だろう。私たちは小・中・高を通じて、何か問題が起こるたびに話し合って解決してきた（第11章❺）。あらゆる暴力が完全否定されている現代では、課題解決を望むのならば、会話（対話）しか選択肢がない。

けれども情報を相手に正確に伝え、相手の考えを正しく理解する完璧な相互理解は不可能なのだった《第10章❹》。

❷ 異文化に飛び込む

　もう一つの可能性は、他者の文化に飛び込んでみることである。あなたが香川県に引っ越して、讃岐文化を理解したいと思ったとしよう。その場合、地元の人がするように朝からうどんを食べてみるのだ。来讃する前のあなたには朝うどんの食習慣はなかったが、続けているうちに違和感はなくなっていき、いずれ好ましく思うようになるだろう。文化や県民性を理解する第一歩となるのだ。

　これが異文化に身を投じてみる方法だ。直感的にはいい手法だと思うかもしれないが、果たして万能だろうか。

　信州の郷土料理の一つにイナゴの佃煮がある。当地では蜂の子を炒めたり、佃煮にしたりして食す文化もある。

　あなたが長野県に引越しをして、県民のことを理解したいと思ったとしよう。そのとき昆虫食に挑戦してみる。そうすると食文化の背景や合理性などが理解できるかもしれない。とはいえ多くの人はおそらくイナゴも蜂の子も食べたことがないだろう。そして食したいとも思わないのではないだろうか。

　うどんならば問題ないが、昆虫となると足がすくむのではないか。相手の文化に飛び込んでみることは、場合によっては結構ハードルが高いのだ。

　上の二つの方法での他者理解は相当困難であることがわかった。他の方法はないのか。それとも他者や異文化を理解したいという欲望は放棄しなければならないのだろうか。

（2）ボランティアの共同作業

　本章の議論をとおして、一つの可能性がひらかれていることに気づく。それがボランティアによる他者理解の可能性だ。ボランティア活動は初めて出会った人と対等な立場に立ちながら共同作業をすることをとおして、同じゴールを目指す相互行為だ。

　災害ボランティアは、崩壊し、泥に浸かってしまった家屋を持ち主とともに

片付けたり、行方不明の人を家族とともに捜索したり、被災後の現場に入って地元の人たちとともに復興を模索し実践していったりする。これらは全部、見知らぬ他者との身体的な共同作業である。悲喜と苦楽を共にし、協力しあいながら、同じ目標に向かって歩んでいく実践である。これは単に会話という頭脳限定の相互行為でもなければ、異文化に飛び込むという一方的な身体活動でもない。

スポーツ・ボランティアの活躍

　共同作業はスポーツにも当てはまる。スポーツは知らない者が集まり同じルールのもとでゲームという作品をつくりあげる。このプロセスで、味方選手同士、味方選手と相手選手、監督と選手、ファンと選手、ファン同士といった具合に異なる位相で多種多様なコミュニケーションをしつづける。その結果として、勝敗を含む作品が完成する。スポーツが平和の手段として用いられるのは、この他者理解の可能性がひらかれているからだ。

　東京2020オリンピック・パラリンピックの開催が決まる前後から日本政府が取り組んだのが、スポーツの平和利用だった。一つは、2014年から2020年までの7年間、開発途上国をはじめとする世界100か国以上に、世界のよりよい未来のためにオリンピック・パラリンピック・ムーブメントを広げていく取り組み「Sports For Tomorrow」、通称SFTである。

　もう一つは、1990年代から世界各国が取り組み始め、2000年代になって国連がそれらを集約して一元化した「開発と平和のためのスポーツ（Sports for Development and Peace）」、通称SDPだ。二つの思想的背景が多くの部分でオーバーラップしていることは想像するに難くない。

　これらの理念を実現するための具体的施策として、政府が注力したのが協力隊の体育・スポーツ分野の拡充だった。2010年ごろの派遣人数に占める体育・スポーツ隊員の割合は年5%を超える程度だったが、2015年には15%を超え、2017年には20%程度まで急上昇したのである（白石・齊藤・山平・下宮 2020:77-86）。

⑦ ボランティアの再帰性

　本章で紹介してきたさまざまなことがらと同様、ボランティアも変化のとき
を迎えている。

　無私を貫き通した末弘の理念を共有し実践した学生がいた関東大震災、多く
の人が自発的におにぎりとお茶をリュックに詰め込んで徒歩で被災地に向かっ
た阪神淡路大震災、未曾有の被害を出した東日本大震災、そして1960年代か
らはじまった政府主導の国際ボランティアなど、時代の変転と状況に応じなが
らその姿や内実を変化させてきた。それが人びとの意識を改革し、社会に影響
を与えることとなった。連鎖的にボランティアの社会的意味や意義も多様化し
ていった。

　こうした再帰性を理解しながら活動に取り組むことで、他者理解の可能性は
さらにひろがっていくことだろう。それはまた新しいユイの形成につながって
いくかもしれない。本章第3節で紹介したユイは小さな共同体で培われてきた
相互扶助の文化である。それは小さなコミュニティ内部だけで限定的になされ
てきた実践だ。しかしJOCVやアメリカ平和部隊など、地政学的な分割線とし
ての国境を軽々と越える見知らぬ他者との共同作業は、グローバル社会におけ
る新しいユイのかたちだともいえるだろう。

　互助という人類の普遍的文化は、いままさに新しい地平へと足を踏み出した
のである。

🔍 参考文献

- JICA、2023A、「事業実績／派遣実績」https://www.jica.go.jp/volunteer/outline/publication/results/
- JICA、2023B、「待遇と諸制度（派遣期間：1年〜2年）」https://www.jica.go.jp/volunteer/application/support_system/treatment/
- 池田浩士、2019、『ボランティアとファシズム：自発性と社会貢献の近現代史』人文書院。
- イマヌエル・カント、2015、『実践理性批判1』光文社。
- 気象庁、2023、「大正関東地震の概要」https://www.data.jma.go.jp/eqev/data/1923_09_01_kantoujishin/gaiyo.html

● 厚生労働省社会・援護局地域福祉課、2007、「ボランティアについて」 https://www.mhlw.go.jp/shingi/2007/12/dl/s1203-5e_0001.pdf
● 柴田善守、1983、『ボランティア・テキストシリーズ① 社会福祉の歴史とボランティア活動 —— イギリスを中心として——』大阪ボランティア協会。
● 消防庁、2006、「阪神・淡路大震災について（確定報）」 https://www.fdma.go.jp/disaster/info/assets/post1.pdf
● 白石智也・齊藤一彦・山平芳美・下宮秀斗、2020、「青年海外協力隊体育隊員に関する研究の実態と課題の整理」『運動とスポーツの科学』26-1。
● 末弘嚴太郎、1923、「帝大學生救護團の活動に就いて」『改造』10月大震災号、改造社。
● 林健太郎、2022、『所得保障法制成立史論 イギリスにおける「生活保障システム」の形成と法の役割』信山社。
● カール・ポランニー、1980、『人間の経済Ⅰ 市場社会の虚構性』岩波書店。
● マルセル・モース、2015、『贈与論』筑摩書房。
● 渡辺実、1995、「災害ボランティア・今後のあり方を考える：阪神淡路大震災からの教訓」『地域安全学会論文報告集』(5)。

👍 おすすめ

● 映画、2015 、『クロスロード』
青年海外協力隊の50周年記念として製作された映画。ある青年が「自己成長」を求めて協力隊に参加する。ところがボランティアに懐疑的だったこともあり周囲の仲間と衝突を繰り返す。フィリピンに派遣された彼らは、2年間の海外におけるボランティア経験でどのように変わったのか。一見の価値ありの感動作。

● 友井羊、2014、『ボランティアバスで行こう！』宝島社
東北地方で未曾有の大地震が発生する。大学生が組織した災害ボランティアツアーに参加した人たちはさまざまな個人的事情を抱えていた。謎や事件を解き明かす、ボランティア活動の推理小説というユニークな作品。

コラム4
呪術と宗教

再活性化する呪術

　2016年12月28日、イギリスの新聞社*THE SUN*は「アフリカ・ルワンダのサッカー連盟は、ルワンダ・プレミア・リーグでの選手の呪術（magic　マジック）の使用を禁止する通達を出した」と報じた（THE SUN2016）。

　グローバル化と近代化が急速にすすむ現代世界において、奇妙なことに呪術が再活性化している。アフリカのサッカーシーンでマジックがつかわれることはそれを端的に象徴している。

　呪術は本人の自覚なしに作動する力である妖術（witchcraft）と、本人が意図的に他者に危害を加えるためにおこなう邪術（sorcery）とにわけられる。

　マジックを詳細に論じたイギリスの人類学者ジェームズ・フレーザー（1854-1941）は、著書『金枝篇』で呪術を二つに類型化している。一つは類感呪術（模倣呪術）で「似たものは似たものを生み出す、いい換えれば、結果はその原因に似る」（フレーザー1997:60）という法則による。「憎いアイツを模した人形をつくって、地獄に堕ちろと念じながらそれを火にくべる」はこれにあたる。

　もう一つは感染呪術（接触呪術）で「かつて互いに接触していたものは、その後、物理的な接触がなくなったのちも、引き続きある距離をおきながら互いに作用しあう」（フレーザー1997:60）という法則による。「好きな人が愛用している服のボタンを手に入れ、それに向かって念じることで、その人の気持ちを自分に向けさせる」はこれにあたる。

　この二つは小説、マンガ、アニメ、映画などでもよく出会うので馴染みがあることだろう。とはいえこのような行為は、ともすれば、未開社会によくある原始的な文化の残存、あるいは合理的思考ができな

い人による時代錯誤な迷信だと思われてきた。

　しかしいま、絶望的なほどの格差が広がる現代世界において、社会の最下層に追いやられた人たちが、自身の力ではどうにもならない状況を前にして、能力以上の「なにか」にすがって現状を打破していこうと呪術に一縷（いちる）の望みを託すことがある。あるいは中・上流階級であっても、能力以上の必要に迫られたとき、マジックが用いられることがある。そう考えると、案外身近にあるといえる。

　冒頭のサッカーも「絶対に負けられない戦いがそこにはある」と、周囲から過剰なプレッシャーをかけられるとき、人智を超えた「なにか」に頼ろうとしたのだろう。こうした現代世界にあって呪術の再活性化を現代社会に関連づけて解釈していくことを「呪術のモダニティ論」という。

宗教と呪術

　初詣に行って「今年はよい年になりますように」と願ったり、受験前に神社に行って「志望校に合格できますように」と祈ったりすることがある。この場合の、社寺での「願う」「祈る」行為は宗教的行為といってよい。

　フランスの社会学者エミール・デュルケム（1858-1917）は宗教を「聖なる事物、すなわち分離され禁止された事物に関わる信念と実践とが連動している体系であり、それらの信念と実践とは、これに従うすべての人びとを、教会と呼ばれる同一の道徳的共同体に結びつけている」（デュルケム2014:85）と定義した。重要なポイントは三つある。

　一つは「聖なる事物」だ。これは聖と俗を分離するように作用する。神社や教会に入ると外の喧騒とは隔絶した神聖な空間が広がっていて、立ち居振る舞いに独自のルールが設けられたりするのはその一例だ。

もう一つは「信念と実践」だ。これはその宗教独自の信仰形態やそれに関連する儀式をおこなうことをいう。

　最後は「教会と呼ばれる同一の道徳的共同体」だ。宗教は社寺や教会など、なにがしかの特定の場所を持ち、それが人びとを結びつけるべく機能する。

　この定義にしたがえば、呪術と宗教は異なる実践として区別できる。実際、彼はまったくの別物だとした。呪術が歓びをもって神聖な事物を冒瀆し、宗教的な儀式とは正反対のことをおこなうからだ（デュルケム2014）。

　対してフレーザーは別種とはせず、重ね合わせる立場をとる。双方が「なにか」にむかって「願い」「祈り」「念じる」行為をとおして自己の願いを成就しようとする試みだとすれば、二つは人間の心性の部分で多分にオーバーラップしている。

宗教と自殺

　デュルケムは代表作『自殺論』（1897）で、宗教と自殺との関連について考察している。比較したのはキリスト教のカトリックとプロテスタント（第14章）で、両者はともに自殺を厳しく戒めているにもかかわらず、前者よりも後者のほうが自殺率が高いことを発見した。

　そしてその原因をカトリックの統合性の強さ、逆に言えば、プロテスタントの結合性の弱さに求めた。前者に比べて後者は個人主義的傾向が強いのだ。これには理由がある。

　カトリックでは聖書の多義的な解釈を認めず、信者全員が同じ信仰をもつように促される。内部のヒエラルキーも強固なので、これらによって信者が一体化し凝集性が高められる。

　反対にプロテスタントは聖書に対する個人の解釈を認める。自らの手によって信仰が創造されていくといってもよい。プロテスタントに

も共同体としての機能を有する教会はあるものの、信仰が個人主義的なので孤立しやすいのである。そして孤立化は自死の可能性を高める。

　この、自殺の動機を本人だけに帰することができる、過度の個人化から生じる自死をデュルケムは**自己本位的自殺**と呼んだ。

　それに対して未開社会や伝統社会でなされる殉死のように、他者のため、あるいは何かの大義のために自害することを**集団本位的自殺**とした。

　宿命的自殺とは、植民地主義時代に頻発した奴隷の自尽など、物質的・精神的に抑圧されることによって自殺する形態を指す。

　そして最後に『自殺論』の白眉が**アノミー的自殺**である。アノミーとは、<u>社会の規範や道徳が弛緩したり崩壊したりすることで、一種の無法状態になること</u>をいう。精神的に自分で自分をコントロールできない状況でもある。

　AさんがTシャツを買いにお気に入りのショップに行ったとしよう。入店して以前から目をつけていた青の柄物を見つけたAさんは、それを手にとりレジに向かうが、ふと立ち止まる。青色のとなりに藍色バージョンが置いてあり一目惚れしたからだ。思案した挙句に2枚とも手にとって会計に行こうとしたが、またもや立ち止まる。その横にある、爽やかな水色仕様に目が釘付けになったからだ。こうなるとAさんの欲望は加速度的に肥大してコントロールできなくなる。

　最初は意中の一枚を買おうと思っただけなのに、現代の資本主義は、個々人に小さな欲求を生じさせることで新たな渇望感を喚起し、猛烈な勢いで膨張させて、我々を欲望の塊にしてしまう。どこまで買い続けたとしても、決して満足感は得られない。資本主義が駆動する猛烈なスピードのベルトコンベアの上を逆方向に全力疾走しているようなもので、収拾不能な際限なき「もっと、もっと」という枯渇感や挫折を生み出すだけだ。この果てしなき未充足感はやがて悲観にかわって

いく。無際限の絶望が人を自殺に追い込んでいく。

　デュルケムが指摘したアノミーは、現代社会学の最重要キーワードの一つである。

🔍 参考文献

- THE SUN、2016、「ANY WITCH WAY Witchcraft banned from African football matches as strange happenings freak out players and officals」https://www.thesun.co.uk/sport/football/2490057/witchcraft-banned-from-african-football-matches-as-strange-happenings-freak-out-players-and-officals/
- エミール・デュルケム、2014、『宗教生活の基本形態（上・下）オーストラリアにおけるトーテム体系』筑摩書房。
- ジェームズ・フレーザー、1997、『図説　金枝篇』東京書籍。

自己とアイデンティティ：「自分らしさ」へのあくなき欲望

《 キーワード 》

自我　無意識　自己同一性

① 自画像のなかのゴッホ

　オランダが生んだポスト印象派の巨匠フィンセント・ファン・ゴッホ（1853-1890）はその短い生涯のあいだに数多くの自画像を残している。

‖ 図13-1 ‖ ゴッホの自画像（1889）

　なぜこれほどまでに自己を描く必要があったのだろうか。いまとなっては彼の本当の気持ちは誰にもわからないが、想像してみよう。

　彼は人付き合いが苦手で孤立しやすく、経済面を弟テオに全面依存しながら極貧に耐えつつキャンバスに向かいつづけた。ただ作品はまったく売れない。もがき苦しむうちに、耳を切り落とすまでに精神を病んでしまう。画家として

の社会的評価は無に等しいが、描くのをやめるわけにはいかない。自分には絵しかないのだ。

　彼は孤高の人だった。幸福とはいえない芸術家人生を歩みながら、激烈なる内省[*1]を果てしなく繰り返していたのではないだろうか。これが自画像に駆り立てる動機の一つになったのかもしれない。

　現在の人気の高さからは想像もできないが、ゴッホの絵画が高く評価されるのは死後のことである。

❷ コギト・エルゴ・スムのインパクト

（1）疑い得ない自己

　ゴッホが執着した「自己について考える」行為は、古くから哲学的な大問題でもあった。今から400年前に生きたフランスの哲学者ルネ・デカルト（1596-1650）は自己について名言を残した。1637年に公刊された『方法序説』に記された「わたしは考える、ゆえにわたしは存在する」（デカルト2012:36）、一般的には「我思う、ゆえに我あり（cogito ergo sum　コギト・エルゴ・スム）」として知られている言葉だ。

　彼は、真理を追求する手段として、あらゆることを疑い、排除するという態度を徹底する。

　見ることを考えてみよう。10m前方に一頭のウマが佇（たたず）んでいるとしよう。それを見ているあなたは「たしかにそのウマは、いま私の目の前にたっている。私はそれを見ている」と確信するだろう。ところがこれは間違っているのだ。

　図13-2は眼がどのように対象をとらえているのかを示している。眼球にあるレンズをとおして対象を網膜に投影するのだが、映し出された画像はレンズを通過することで天地が転倒してしまう。眼はさかさまに世界を見ているのだ。しかしあなたはそう思わない。網膜に映し出されたさかさまの像がそのままの状態で脳内に送られるわけではないからだ。膜上の映像は信号化され視神経をとおって脳内へ伝達され、そののち信号から像が制作・復元される。そのプロ

---

*1　思考や行動について深く省みること。

セスで上下左右が逆転した映像を反転させて正立させる変換作業をおこなう。だからそのように見えているのだ。だが正確には正立していると脳が思っているだけだ。したがって眼で見る／見ている行為だけに限定していえば、この世は天地がさかさまになっている状態こそが正しい。

‖ 図13-2 ‖ 眼の仕組み

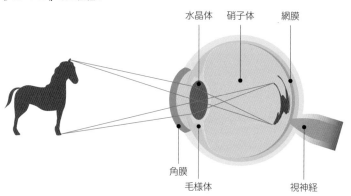

デカルトは思考実験として、すべての可能性を余すところなく排除していった。四角形が目の前にあったとしよう。これが四つの辺しか持たないことは自明だ。これほど透明な真理が虚偽であるはずがない。ところがこう疑う（デカルト2013:65）。

> すべてのことをなしうる神が存在し、この神によって私は、現にあるようなものとしてつくられたのだ、という意見である。それならば、この神は、実際には、地も、天も、延長をもつものも、形も、大きさも、場所もまったくないにもかかわらず、私にはこれらすべてが、現に見られるとおりに存在すると思われるようにしたかもしれないのである。

なんと疑い深いのだろうか。ここまでくるとクレーマーとも思えてくるほどだ。

とはいえ考察を深めていくと、あらゆることを疑い否認する自己の実在だけは、どのようにしても排除できないとの結論に達する。現存するすべては否定

できるが、それをする自己が「ある」ことだけは否定できないのだ。これは自己の思考という存在の肯定である。それが「我思う、ゆえに我あり」の意味だ。

(2) パラドックスの罠

　注意しなければならないのは、自己があらゆることを否定する／できる点である。なぜならこれはパラドックスになっているからだ。

　もっとも有名なのは2500年前にいたといわれている伝説の詩人、ギリシャ人のエピメニデスが残した言葉だろう。新約聖書の「テトスへの手紙」に出てくる、うそばかりつくクレタ人について述べたシーンだ。クレタ人の預言者が「クレタ人はいつもうそをつき、悪い獣、怠惰な大食漢だ」（新約聖書Ⅱ:309）といったのだ。逆説になっているのは前半の「クレタ人はいつもうそをつき」の部分だ。

　もしもクレタ人がいつでもかならずうそをつくのだとしたら、クレタ人の預言者は「クレタ人はうそつきではない」といっていることになる。もしもクレタ人の預言者がうそつきではないとしたら、クレタ人はいつでもかならずうそをつくとは限らないことになる。どちらにしても矛盾していて「『クレタ人はいつもうそをつく』というクレタ人の言葉」は論理的に成立しない。

　デカルトの「我思う、ゆえに我あり」も同様の構造になっている。「あらゆることが否定できる」のであれば、自己の存在も否定できるはずだから「我あり」とはならない。反対に「我あり」と自己の存在を認めるのであれば、「あらゆることは否定できる」が成立しない。

　けれどもこう宣言する（デカルト2013:71）。

　　このようにして、私は、すべてのことを存分に、あますところなく考えつくしたあげく、ついに結論せざるをえない。「私はある、私は存在する」というこの命題は、私がこれをいいあらわすたびごとに、あるいは、精神によってとらえるたびごとに、必然的に真である、と。

(3) 心身二元論

　彼の言葉はその後、現在に至る400年にわたって、私たちの自己についての認識に影響を与え続けている。その理由は、コギト・エルゴ・スムは「我思う」

精神と「我あり」の身体が個別に存在していると解すことができるからだ。心身二元論という。精神と身体は異なる実在であることを論理的かつ哲学的に結論づけたのがデカルトなのだ。

この主張に猛然と異論を唱えたのがドイツの思想家フリードリヒ・ニーチェ（1844-1900）だ。代表作の一つ『ツァラトゥストラはこう言った』でつぎのように語る（ニーチェ1967）。

> 「わたしは身体であり魂である」―これが幼な子の声だ。なぜ、ひとは幼な子のように語ってはいけないのか？
>
> さらに目ざめた者、識者は言う。わたしはどこまでも身体であり、それ以外の何物でもない。そして魂とは、たんに身体における何物かをあらわす言葉にすぎない。
>
> 身体はひとつの大きな理性だ。ひとつの意味をもった複雑である。戦争であり平和である。畜群であり牧者である。
>
> あなたが「精神」と呼んでいるあなたの小さな理性も、あなたの身体の道具なのだ。わが兄弟よ。あなたの大きな理性の小さな道具であり玩具なのだ。

精神と身体が別々に現存しているとする考えかたは、古代エジプトでさかんにつくられたミイラをみてもわかるように、古くから信じられてきた。

現代でも近しい人が亡くなると、身体は火葬に付したうえで、精神はなおも生き続けていて「天国から見守ってくれている」と思ったりする。

スポーツ界では身体を鍛える「フィジカルトレーニング」と、精神を鍛える「メンタルトレーニング」を分けておこなう。

性同一性障害とは心の性と身体の性が一致しておらず、両者を一致させたいと強く希望している状態をいう（第5章❷）。心身二元論は現代社会に溢れている。

精神が物質としての身体とは別に独立して存在していて、精神こそが至上であるとする考え方を唯心論という。反対に精神や魂は一切存在せず、なにかの物質によってすべてのものは構築されているとする考え方を唯物論という。

「私」について考えるとき、オーストリアの精神科医で心理学者でもあり、精神分析学の発展に貢献をした**ジークムント・フロイト**（1856-1939）をはずすわけにはいかない。

（1）自己と自我

論考をすすめるまえに「自己」と「自我」の違いを簡単に押さえておこう。

一時、フロイトと師弟関係にあったスイスの精神科医・心理学者**カール・グスタフ・ユング**（1875-1961）は、自己と自我の関係を「自我が意識の中心であるのに対して、自己は意識と無意識とを含んだ体の全体性の中心である」（河合2009:250）といった。簡略化すれば、自我は意識、自己は意識と無意識の合算となろうか。

‖ 図13-3 ‖ ユングの自己と自我

出典：河合隼雄『ユング心理学入門』岩波書店

ただし二人の用語のつかい方は同じではない。フロイトは自我をエスと超自我との関係性から描き出しているからだ。

（2）内なる三人の「私」

彼は、人間には内なる三人の「私」がいると主張する。エス、超自我、自我

だ。

❶ エス

　エスは、快楽原則に従う「私」である。いわば無意識的に欲望のままに振る舞おうとする本能的な私だといえる。腹が減ったから何か食べたい、眠たくなったから横になりたい、退屈だから遊びたい、腹が立つから殴りたいなど、人間は常時、何かしらの欲求に駆られている。それがエスである。

　なお、エス*Es*とはドイツ語の「それ」をあらわす単語、英語でいう*it*である。

❷ 超自我

　超自我は、良心や道徳からなる理想自我の「私」である。法や常識などにはおかまいなしに欲望のままに振る舞おうとするエスに対してブレーキ役を果たす。

　社会では、したいことをなんでもしていいわけではない。腹が減ったからといって、コンビニに入り並べられているおにぎりを勝手に食べると犯罪として処罰される。社会には法、道徳、マナーなどを基盤にして、望ましいとされる行動規範がある。その生き写しだ。

　彼の精神分析は、分析の根本に性や性衝動（**リビドー**）を置き、それらを父親との関係性から読み解いていくところに独自性がある。超自我（理想自我）は、父親の影響を強く受けているという。

❸ 自我

　自我は、エスと超自我を調停する役割を担う「私」である。正反対の活動を志向する二人の「私」を現実原則に則って調停し、実際にたちあらわれるのが自我だ。

　講義を受けていて、あまりのつまらなさに眠たくなったとしよう。ここでエスは、「この科目は面白くない。眠たいから寝よう」と湧きあがる情念のままに動こうとする。けれどもルールブック的超自我はそれを許さない。授業は真面目に受けるべきだとする道徳と良心は揺らがない。ウトウトするあなたをあの手この手で起こそうとする。その結果としてあなたはスマホを取り出し、教員の話を熱心に聞いているふりをしてSNSをチェックするのだ。

真逆の私であるエスと超自我の産物として、眠らず、かといって勉強に集中もせず、真面目に受講しているふりをして、じつはスマホで遊んでいる自我が表出するのである。

④ 着ぐるみをまとった自我

ところで人間は嫉妬とコンプレックスの塊だ。醜いことはわかっているが、どうしようもできないこの感情が、私たちを突き動かしていることも事実だろう。妬みと劣等感こそが人間の生の原動力だ。「○○さんよりも勉強ができない」コンプレックスがあなたを机に向かわせるのであり、恋愛上手な友人を妬み羨むからこそ自分磨きに熱中できるのだ。

このどろどろした情感は、心の奥底にしまっていて、日常生活上には出さないし、出してはいけない。もしもなにかの拍子にポロリと表に出てしまったら、友人関係は一瞬で崩壊してしまうだろう。エスの領域にある醜い感情は、厳重に鍵をかけて封印しておかなければならない。他者にみせていいのは着飾った自我だけだ。だからこそ、あなたは志望校に不合格になり親友が同じ学校に合格したときに、笑顔とともに「おめでとう」と祝福できるのだ。

しかし……。たとえば、社会に表出させている着飾った自我同士が恋愛関係になったと想像してみよう。そのような愛は本物だろうか。エスこそが自分の核心であるのならば、エス同士で愛し合わなければ意味がないのではないか。自我は、いわば着ぐるみをまとった偽りの私だからである。そして眼前に立つあなたも、同様のプロセスを経て着ぐるみを着た偽りのあなただ。

着ぐるみ同士が愛し合ってもそれはニセモノの感情だし、着ぐるみの私が社会的に成功したとしても、それはホンモノの私が成功し名声を得たわけではないことにならないか。

ニセモノ同士のコミュニケーション

エスを露出させて生きてはいけないし、そもそも表出させることは社会的に許されていないので、作り物の自我を頼りに生きていかざるを得ない。

まるで役者のような演技をすべての人が日常的におこなっている。ニセモノ同士がコミュニケーションしているのだから、私たちは常時、他者に騙されているといってよい。世の中のすべては偽作なのだ。

世界中は虚偽で構成されていてそれ以外にはない。そうであれば人は結局、虚言だとわかっていても、それを信じて生きていくしか選択肢がない。

けれども偽りを見破り「すべてはフェイクだ」と暴露する「私」がいることもたしかだ。実際に、本書のこの部分をいままさに書いているのは筆者にほかならないではないか。とはいえニセモノの筆者が「すべてはフェイクだ」と指摘するのだから、この記述も虚言になる。そしていま、そう判断してそう書き記している筆者もまがいものなのだから、うそと判断したこと自体がうそである。こうして合わせ鏡に映るニセモノは無限後退していく。うそつきクレタ人が「クレタ人はうそつきだ」といったのと同じパラドックスが無限に繰り返されていくのだ。

⑤ ゴッフマンの演技する自己

アーヴィング・ゴッフマンは、自我がくりひろげる日常的行為を芝居という観点から分析している。

彼は、人間の日常は演技することで成立していると考える。

店の従業員は初対面の客に向かって、さも以前からの知り合いであるかのように笑顔を振りまく。反社会的勢力の人たちは肩をいからせ周囲を睨(にら)みながら街を闊歩(かっぽ)する。裁判官は威厳を持った眼差しを被告に向けて重々しく判決を言い渡す。生徒はつまらない教師の話をおもしろそうに聞いている。父親は自宅で子どもの前では父を演じ、妻の前では夫役を引き受け、会社では部長の配役を務め、飲み屋では客になりきり、同窓会では友達の役回りをまっとうする。母親も、子どもも同様だ。

誰もが周囲からの期待を想像し、そのときの自分に与えられた役割にふさわしいように振る舞おうとする。人生という舞台で役柄としての「私」を演じるパフォーマーだ。他者はあなたの演技を鑑賞しているオーディエンスだ。

このパフォーマー―オーディエンス関係を基軸にして現代社会を分析したのがゴッフマンである。

演者は自身の印象を観客に植えつけなければならない。店員は愛想の良さを、反社会的勢力は恐怖を、裁判官は威厳を、といったように。このように自己に対する他者の評価をコントロールしようとすることも印象操作だ。これをおこ

なうことで、本人が抱くなにかしらの目標を達成しようとする。

　ただし四六時中演技しているわけではない。そんなことをしていたら体力が続かない。どこかで手を抜く必要があるわけで、それを「裏-局域（back region）」あるいは「舞台裏」と呼ぶ。反対に演技をしている場を「表-局域（front region）」と呼ぶ（ゴッフマン1987:125-131）。

　舞台裏が重要なのは「表現する性能が苦心してでっち上げられ、ここで幻想や印象が公然とつくり上げられ、またここに小道具や個人の外面を形づくる細々としたものが、演技や役割の全レパートリーという一種の折畳み式の形で収納されている」（ゴッフマン1987:131）からだ。ONとOFFをつかい分けることで、表-局域で理想の「私」を演じることができるのだ。

　人びとが期待される／期待されていると思っている役割を人生の舞台のうえで演じる（ドラマトゥルギーを駆使する）ことでコミュニケーションが成立し、それが社会を成り立たせているのだとする考え方をドラマティズムという（《第10章❻》）。

‖ 図13-4 ‖ アーヴィング・ゴッフマン

❻　強化されるアイデンティティ

　私が私であると感じくいることをアイデンティティ（identity）、日本語では自己同一性という。

（1）エリクソンのアイデンティティ論

　アイデンティティという概念を提唱したのは、アメリカの発達心理学者エリク・エリクソン（1902-1994）だ。主著『アイデンティティとライフサイクル』で人の生涯を「乳児期」「幼児初期」「遊戯期」「学齢期」「青年期」「若い成人」「成人期」「成熟期」の8期にわけたうえで、アイデンティティ形成にとっての「青年期」の重要性を指摘する（エリクソン2011:134-139）。

　そして「自我アイデンティティ」を「集団アイデンティティ」から説明する。まず集団アイデンティティがいかに成員に伝えられ共有されていくのかを、子どものしつけから導出する（エリクソン2011:4）。

> 〔原始的な社会の研究をおこなったところ〕そうした社会においては、子どものしつけが、明確な経済システムや小規模で流動性のない社会的プロトタイプの各項目と見事に一致している。私たちの結論によると、こうした集団における子どものしつけで用いられる方法は、以下のようなものである。すなわち、経験を組織化するその集団に固有の基本的な方法（私たちはこれを集団と呼ぶ）が、乳児の初期の身体的経験に伝えられ、それを通して、乳児の芽生え始めた自我にも伝えられてゆくという方法である。

　次に集団アイデンティティから自我アイデンティティを案出する（エリクソン2011:6-7）。

> 　成長しつつある子どもが、生き生きとした現実感を獲得するのは、次の二つの自覚を持つ場合である。一つは、経験を積み重ねていく自分独自の生き方（自我統合）が、自らの属する集団アイデンティティの中で、成功した一事例として認められているという自覚。もう一つは、そうした自分独自の生き方が、集団アイデンティティの求める時間＝空間やライフプランと一致しているという自覚である。
> 　〔略〕
> 　〔乳幼児が自分で立ち上がり歩けるようになると〕「歩ける人」になるということは、数ある子どもの発達段階の一つであるが、正確には、〈身体

をきちんと動かせるようになること）と〈文化的な意味〉が一致すること
を通して、あるいは〈身体をきちんと動かせる喜び〉と〈社会的な承認〉
が一致することを通して、子どもたちにより現実的な自尊感情をもたらす
ようなひとつの発達段階である。この自尊感情は、決して単なる幼児的な
万能感のナルシシズムの表われではない（それならばもっと手軽に手に入
るはずである）。この自尊感情はやがて成長し、手ごたえを持って実感さ
れる集団の未来に向かって自我が確実に学んでいるという確信に変わる。
あるいは、社会的リアリティの中で明確な位置づけを持った自我に発達し
つつあるという確信に変わる。この感覚を自我アイデンティティ（ego
identity）と呼びたいと思う。

　重要なのは、人の発達は、他者や社会との関係性のなかで、生涯にわたって
続いていくと指摘した点にある。エリクソンはこれを「漸成」と呼ぶ。「周囲
から影響を受けながら徐々に形成されていく」といった意味に近い。それを表
しているのが、前述した人生の「乳児期」から「成熟期」までの8段階なので
ある。
　したがってアイデンティティは、青年期に確立されたものが一生涯にわたっ
て保持され続けるといった性質を有していない。
　換言すれば「自我＝〇〇」という柔軟性をもった同一性に一定程度の時間的
連続性がある状態が自我アイデンティティなのだ。この形成や実感には、他者
や社会が必要である。自己と他者や社会との関係性のなかで自我アイデンティ
ティは不断に組成され続けるのである。

（2）エスニック・アイデンティティの特性

　ここからはアイデンティティを踏まえつつ自我と他者との関係性を考えてみ
よう。
　たとえば「私は女性／男性である」と思うとき「私」と「女性／男性」は
「＝（イコール）」で結ばれ、同一視されている。「私」とイコールになるのは
性別だけではない。「私は日本人だ」「私は高校生だ」「私はゲームオタクだ」
など、さまざまなカテゴリーに同一化できる「私」がある。
　上記の「私」の同一性は個人的な領域に属するが、人間は集団に帰属しても

いる。その集団の一員として認識されるアイデンティティを社会的アイデンティティという。人が属するグループにはさまざまな位相がある。「性的マイノリティ」「人種」「民族」などはその代表格だろう。

　多様な集合体があるが、民族に絞って話を進めよう。民族の構成員が共有している集団的同一性を**エスニック・アイデンティティ**もしくは**エスニシティ**と呼ぶ。

　近年流通している民族概念は共通の特性をもっている。「民族とは人々の第一の本源的アイデンティティの源泉とみなされ、続いて人は一つの民族にのみ生涯帰属し共鳴共感するものとみなされる。つまり単一の固定したアイデンティティに全的に帰依するということが期待されるのだ。したがって、いくつかの民族をわたり歩いたり、同時に複数のアイデンティティを保持することは認められない」（松田1999:104-105）という性質だ。

（3）抵抗の手段としてのエスニシティの困難

　エスニック・アイデンティティは本質的な実在で、各人に等しく内在している。そしてこのエスニシティは、内部に対しては個人間の差異を隠蔽して均質化と同一化を強制し、外部に対しては差異を強調し拡大する。内部では個々の違いを超えた我々意識の醸成が重要であり、「他民族」に対しては、彼らとの差異が大きくなければ「自民族」が措定できない。内部への同質化と外部への差異化を強調し、それを再帰させることで一枚岩的エスニシティが生成強化されていく。

　この現象は、グローバル化が進む現代世界では各地で頻繁にみることができる。グローバリゼーションによる社会の多文化化と混淆化は、民族的マジョリティと民族的マイノリティの摩擦を生じさせるからである。民族的強者によって差別・抑圧された民族的弱者の抵抗の手段としてエスニシティが機能しているのだ。

　しかし闘いのツールとしてのエスニック・アイデンティティに不自由を感じる人が出始める。構築されたエスニック・アイデンティティが差別を内包して

＊2　構築したアイデンティティを意図的に本質化して抵抗の手段にする作戦を戦略的本質主義という。

いることがあるからだ※2。

　在日コリアンは、日本社会で長きにわたって差別的な扱いを受け続けてきた。それに対して「在日コリアン」というエスニック・アイデンティティを創り、各人が内面化する戦術で抵抗してきた。だがそうすると「民族内部にある先祖供養の儀式である祭祀（チェサ）や家系図の族譜（チョッポ）に象徴的に現れている、朝鮮民族が『伝統的』に継承してきた『女はまるで"人間以下の存在"』」（金1999:132）という、現代社会では「ありえない」差別構造まで残存してしまう。

　<u>一枚岩的エスニシティを解体してしまっては差別と抑圧に抵抗できないが、これを肯定すれば民族内部の差別構造までが温存される</u>。いわば「解体するべきものに依拠せざるをえない」（金1999:132）板ばさみに陥るのだ（第2章❼）。

（4）性的マイノリティと人種の困難

　ジレンマは性的差別や人種差別でもみられる。

　ジェンダー・マイノリティはレインボープライドなどの社会運動で社会的平等と承認を勝ち取ろうと行動しているが、そのためにはまず、性的マイノリティという、性的マジョリティとは異なる社会的アイデンティティを構築してそれに帰依していかなければならない。さもなければ圧倒的な力を持つ多数派と同等の権利を得ることはできない。けれども彼らの理想は「異性愛者も同性愛者もみんな一緒」の社会、性の指標によって差別されることがない社会ではないのか。

　人種差別も同じ構造をもっている。アメリカで黒人差別事件がおきるたびに「Black Lives Matter（ブラック・ライヴズ・マター）」が巻き起こるが、このとき黒人は「黒人」という社会的アイデンティティを創造し、それに集団的に同一化していかなければならない。さもなければ白人が圧倒的に優位な社会と戦っていけない。けれどもそもそも抑圧される側が目指しているのは、人種による障壁がない「肌の色によって人間を差異化しない。白人も黒人もみんな一緒」の社会のはずだ。

　どうすればこのジレンマを超克することができるのだろうか。

❼ アイデンティティのゆくえ

(1) 他者がなければ自己もない

アイデンティティを別の角度から考えてみよう。自己同一性という訳語からもわかるとおり、これは私についての事柄である。自分で自分を考えれば良いと思うかもしれないがそうはいかない。それをするためには他者の存在が必要だからだ。在日コリアン・アイデンティティを構築するためには、日本人アイデンティティを措定しなければならない。他者に抵抗するためには、それとは異なる自己をつくる必要がある。性差別と人種差別で構築されるアイデンティティも同じだ。

この自画像をアメリカの社会学者チャールズ・クーリー（1864-1929）は「鏡に映った自我（looking-glass self）」と表現した（Cooley2022:184）。

鏡とは、もちろん他人のことである。自分を映し出してくれる他者の存在があって、はじめて自分が誰かを知ることができるのだ。

(2) 二つのアイデンティティ論：実在か幻想か

現在のアイデンティティ論は、アイデンティティはたしかにあるとする実在論と、アイデンティティは幻想でしかなく、あるのは状況に応じたポジションだけだとするポジショナリティ論の二極にわかれる。両者の言い分にはそれぞれ一理あるが、どちらの立場に立っても不都合がおこる。

実在論を考えてみよう。

「私は男だ／女だ」といったアイデンティティは、自明であり不変であると思うかもしれない。ところが性は社会的構築物である《第5章❸》。そして社会学は社会のあらゆる現象を脱構築してきた。そういう観点からすれば「私は男だ／女だ」という実感も単なる幻想にすぎない。そのように勘違いしているだけなのだ。こうして実在論は解体され否定される。

ポジショナリティ論を考えてみよう。

理解するには、日本で生育した在日コリアン二世を思い浮かべればよいだろう。その人は、あるシチュエーションでは日本で生まれ育ったバックグラウンドから「私は日本人だ」と思うことがあるだろうし、別のコンテクストでは「私は在日コリアンだ」と思ったり「私はコリアンだ」と思うこともあるだろ

う。状況に応じて「私」の位置がかわるのである。これがポジショナリティ論だ。

　根こそぎ分解して幻想化するのは簡単ではあるが、それでは、世界各地で起こっているアイデンティティをめぐる政治問題（**アイデンティティ・ポリティクス**）の説明がつかない。在日コリアンが日本社会に根強く残る差別に抗い続けた歴史、性的マイノリティが性的マジョリティと同等の権利を求めて闘争してきたプロセス、何の罪もない黒人が理不尽に迫害されて巻き起こったBlack Lives Matterをアイデンティティ・ポリティクス以外にどのように位置づけることができるのだろうか。

　彼らはありもしないファンタジーを旗印として、社会の不平等と闘ってきたわけではない。彼らが依拠したアイデンティティは、彼らにとってはまぎれもなく実在している。そう考えるとポジショナリティ論は実態にそぐわない。

（3）インターセクショナリティ

　アイデンティティを考えるとき、もう一つ重要な概念がある。それが**インターセクショナリティ**（intersectionality）、日本語では交差性と呼ばれている分析視角である。インターセクションは交差点を意味する英単語だ。

　ジェンダー研究者であるアメリカのパトリシア・ヒル・コリンズとカナダのスルマ・ビルゲは次のように定義する（コリンズ・ビルゲ2021:15）。

> 　インターセクショナリティとは、交差する権力関係が、様々な社会にまたがる社会的関係や個人の日常的経験にどのように影響を及ぼすかについて検討する概念である。分析ツールとしてのインターセクショナリティは、とりわけ人種、階級、ジェンダー、セクシュアリティ、ネイション、アビリティ、エスニシティ、そして年齢など数々のカテゴリーを、相互に関係し、形成しあっているものとして捉える。インターセクショナリティは、世界や人々、そして人間経験における複雑さを理解し、説明する方法である。

　文章は難しいが、具体的な事例で考えると理解しやすい。

‖ 図13-5 ‖ インターセクショナリティ

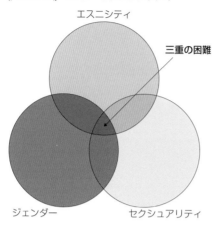

エスニシティ

三重の困難

ジェンダー　　　　セクシュアリティ

　日本社会で暮らす在日コリアン女性を想像してみよう。彼女を抑圧しているのは、「在日コリアン」というスティグマである。それだけではなく「女性性」もある。前出したチェサやチョッポにみられるように朝鮮文化では、女性は男性に比べて劣位に置かれるからだ。彼女はエスニシティとジェンダーが交わるところに位置することで、二重に差異化され抑圧される存在となる。これがインターセクショナリティだ。

　このアイデアが秀逸なのは「エスニシティ＋ジェンダー＝彼女の困難」ではないことを示したところにある。二つの要素が重なることで、かかる圧力と受ける苦痛が総和以上になるのだ。

　仮に彼女がレズビアンだったとしよう。その場合は「エスニシティ」「ジェンダー」「セクシュアリティ」のスティグマが交差することになる。このとき「生きづらさ」が、三要素の合計以上になることは想像を俟たない。

　概念としてインターセクショナリティを導入することで、差別や抑圧といった不平等や不正義をより重層的かつ立体的に浮かび上がらせることができるのだ。

🔍 参考文献

- エリク・エリクソン、2011、『アイデンティティとライフサイクル』誠信書房。
- 河合隼雄、2009、『〈心理療法〉コレクションⅠ　ユング心理学入門』岩波書店。
- 金泰泳、1999、『アイデンティティ・ポリティクスを超えて　在日朝鮮人のエスニシティ』世界思想社。
- Chalres. H. Cooley, 2022, *Human Nature and the Social Order.*
- アーヴィング・ゴッフマン、1987、『行為と演技　日常生活における自己呈示』誠信書房。
- パトリシア・ヒル・コリンズ、スルマ・ビルゲ、2021、『インターセクショナリティ』人文書院。
- デカルト、2012、『方法序説』岩波書店。
- デカルト、2013、『省察　情念論』中央公論新社。
- フリードリヒ・ニーチェ、1967、『ツァラトゥストラはこう言った　上』岩波書店。
- 松田素二、1999、『抵抗する都市』岩波書店。
- 2010、『新約聖書Ⅱ』文藝春秋。

第13章

● 平野啓一郎、2012、『私とは何か 「個人」から「分人」へ』講談社
　小説家の著者が「私」について思索している新しいアイデンティティ論。これ以上分割できないはずの「個人」の複数性を、日常生活の具体的な場面から解き明かしていく。「私」はいったい誰なのか、「私」はどのような存在なのか、読者を深い思考へと導いていく。

● 大野哲也、2021、『20年目の世界一周　実験的生活世界の冒険社会学』晃洋書房
　1990年代にやってみた自転車世界旅行中に出会った人たちを20年ぶりに再訪し、彼らの生き方に迫る。各人各様の既成概念にとらわれない冒険的な生の軌跡を追っている。

資本主義：競争原理で駆動する社会

《 キーワード 》
マルクス主義　プロテスタンティズムの倫理と資本主義の精神　新自由主義

❶　創造説から進化論へ

　1800年代の欧米は、ダーウィンとウォレスが発見した進化論に沸き立っていた《第2章❷》。旧約聖書の「創世記」にある、宇宙や生物は神がつくったとする天地創造説＊1が二千数百年もの長きにわたり信じられていた当時、地道な調査・研究から生物進化のシステムとプロセスを解き明かし、それを完全否定したからである。創造説を信じきっていた社会にとっては驚天動地のできごとだった。

　進化論は二人が唱えた説によって頂点に達するが、多義的に解釈されてもいた。代表例は社会進化論《第2章❸》だろう。**ルイス・ヘンリー・モルガン**（1818-1881）は、アメリカ大陸の先住民の調査・研究に情熱を捧げたアメリカの人類学者で、主著『古代社会』を1877年に出版し、人類史は、「未開⇨野蛮⇨文明」（モルガン2012:24）へと進歩してきたと主張した。

　この説は文明の最先端をいっていた欧米の人たちをたちまち魅了した。なぜなら「ネグロイド（黒色人種群）やモンゴロイド（黄色人種群）らに比べて、我々コーカソイド（白色人種群）が人類でもっとも進化している」と解釈することができたからだ。

　ダーウィンは生物進化を「自然選択（natural selection）」、スペンサーは社会進化を「最適者生存（survival of the fittest）」と表現したが、社会的には後者のタームが定着していった。

＊1　創世記は「初めに、神は天地を創造された。地は混沌であって、闇が深淵の面にあり、神の霊が水の面を動いていた。神は言われた。『光あれ。』こうして光があった。神は光を見て、良しとされた。神は光と闇を分け、光を昼と呼び、闇を夜と呼ばれた。夕べがあり、朝があった。第一の日である。」ではじまる（日本聖書協会2022:13）。

前者は「無目的に多様な形質をもった個体が生み出され、それらのなかで環境に適応していたものが生き延びる。それが繰り返されることで進化がもたらされる」という意味だ。

　かたや後者は「その環境にもっとも適応できたものだけが生き残る。それ以外は淘汰される」という意味だ。両者は似て非なる考えだ。自然選択において、個体が環境に適応するかどうかが生得的かつ偶然的であるのに対し、最適者生存は個体が「環境の変化に対してうまく適応していこうとする努力」（ボウラー1997:217）をすると考えるからである。

　環境や状況は時々刻々と変化しているので、この主張は、瞬く間に「弱肉強食」や「優勝劣敗」へと変換された。社会進化論が、これら強者の論理を地でいく学問である優生学を誕生させて「人間の改良」に取り組むことにもつながったことは第9章で述べたとおりである。

② 社会進化論とマルクス主義

（1）『資本論』の核心

　『古代社会』に強く影響を受けた人物に、ドイツの思想家カール・マルクス（1818-1883）とフリードリヒ・エンゲルス（1820-1895）がいる。共同執筆した『資本論』では、欧米で勃興し猛烈な勢いで社会を変革している資本主義（キャピタリズム）において、資本家階級が労働者階級をいかに搾取しているかを論証している。

　同書の核心は、こうなるだろう。

　土地や工場などの生産手段を持つ者を資本家階級と呼ぶ。この階級は生産手段を次世代に相続していくので、子どもは生まれながらにして資本家階級だ。一方、労働者階級とは、そのような資本を持たない者のことを指す。彼らは、自らの身体を労働力という商品に変えて、資本家階級に売り渡すしか生きる術がない。この階級の子どもも、生まれながらにして労働者階級となる。こうして両者に上下関係がつくられる。

　労働者は商品化された自身の身体をつかって、毎日椅子をつくる。椅子は1日に1脚制作することが可能だとしよう。資本家は、完成した椅子を1脚1万円で販売する。1日に1脚売れるとすれば売上高はひと月30万円になる。原材料

費や光熱費などが10万円かかるので、残りは20万円。そこから労働者に10万円を給料として支払い、残った10万円を資本家が懐に入れる。

　内訳をみると「当然ではないか」「会社はそういう機構だ」と思うかもしれない。だがマルクスらはそのように考えない。

　労働者は1万円の商品価値がある椅子を1か月に30脚製造している。したがって労働には、原材料費も含むが、ひと月あたり30万円の商品価値があるはずだ。しかし実際に支払われるのはわずか10万円にすぎない。

　資本家は資本を相続していく。二代目の社長は努力して現在の地位についたわけではない。たまたま生まれが幸運に見舞われただけだ。それだけのことで、毎月10万円の収入を得ている。この金は30万円分の商品価値がある労働を提供した労働者から搾取したものである。労働者階級は資本を持たないがゆえに、搾り取られ続けることを甘受しなければ生きていけない。資本家階級は、労働者から絞り上げた資金をもとにして、資本を増大させていくことが可能だ。資本家階級は経済的にますます豊かになり、労働者階級はますます貧困へと陥っていく。

‖ 図14-1 ‖ カール・マルクス（左）とフリードリヒ・エンゲルス（右）

（2）社会進化論としてのマルクス主義

　この立場を**マルクス主義**という。マルクス主義は社会進化論を取り入れて、人類史は次のような段階をたどってきた／たどると考える。

原始共産制⇨奴隷制⇨封建制⇨資本主義⇨共産主義

❶ 原始共産制

　原始共産制についてエンゲルスは、婚姻を例にして説明する。人類史の初期段階では、人びとは無規制に性交していたとされる。近親相姦の概念がなかった時代、「……最古の最原始的な家族形態として、何を見出すか。それは群婚である。即ち男子の全群と女子の全群とが互に占有しあい且つ殆ど嫉妬の余地を残さぬ形態である」（エンゲルス1949）。

　現代の多くの社会でみられる一夫一婦制《第6章❶》を「一人の夫が一人の妻を所有している」「一人の妻が一人の夫を所有している」と考えるならば、群婚には、資本家階級が土地や工場を独占しているような私的所有の概念がみられない。また子どもを男女による生産物だと考えるならば、群婚では一方の生産者である母は「出産」という事実によって特定できるが、もう一方の生産者である父親が誰かを確定させることはできない。いわば全男性が生産者である。このような特徴をもつ原始共産制の社会を人類史の最初期に措定した。

❷ 奴隷制と封建制

　つぎに出てくるのは**奴隷制**である。一人の絶対的権力者と、他のすべての者が君主の支配下にある生産手段としての奴隷という社会だ。一人に権力が集中している一方で、それ以外の者は帝王の所有物であり、単なる労働力としかみなされない。当然ながら人権などはない。もちろん全生産物を王が独占する。

　そのあとに出現するのが**封建制**で、日本でいえば江戸時代がそうであった。これは土地を介した殿様−家来関係だといえるだろう。主君は、家臣たちを外敵から守り、防災に励み、安全で安定的な生活を保障する義務がある。そのかわり家人は、領主が所有する農地から取れたコメの数割を上納しなくて

はならない。こうした契約的関係——家来は殿様の支配下にはあるが所有物ではない——による生産関係を特徴とする。

❸ 資本主義と共産主義

　江戸時代が終わり明治時代が到来したように、封建社会の次にくるのが資本主義社会である。私たちがいま生きている社会だ（次節以降で考察する）。

　その次にやってくるのが共産主義だ。先に見たように、圧倒的多数の労働者階級を不当に搾取する資本家階級は打倒されなければならないからだ。

　簡潔にいえば、私的所有を否定して生産手段や生産物を完全に共有することで実現される貧富のない社会である。この社会は「労働者階級」「資本家階級」などの階級が存在しないことが特徴で、平等な生産関係を基盤とした「人間の平等」が達成される、社会の最終形態といってよい。マルクスらの考えを簡略にすればこのようになる。

　『資本論』は共産主義社会が誕生する前に世に出ている。それにつながる社会主義国家は1922年のソビエト社会主義共和国連邦の建国までまたなくてはならなかった。これは同書が出版された1867年から55年後のことだった。当時の資本主義の欠点を見抜き、次社会の到来を予想する予言の書でもあったわけだ。

❸ カトリックとプロテスタント

（1）封建制から資本制への跳躍

　原始共産制から奴隷制を経て封建制へと社会が変化していくことに違和感はない。私的所有の概念がほとんどない群婚社会が過去にあったと仮定して、そのような時間を過ごすうちに集団内から強いリーダーシップを持った者が現れてくるのは自然なことだと思われる。リーダーが絶対的な権力者になっていくことも、いわば当然であろう。

　唯一の王が、人間以下の境遇におかれてきたその他すべての奴隷たちに打倒されるのも、やはり必然で、その後に親分−子分関係ともいえる封建制が成立するのも自然の流れだと感じる。

　しかしながら封建制から資本制への変化は不自然だ。人と人が直接関係を結

ぶのではなく、資本が人間を仲介する社会へと基底が一新されているからだ。封建制と資本制の間には思想の大きな跳躍があるのだ。主従関係から資本へと経済の原理原則、人びとの思想や価値観が大転換するきっかけは何だったのか。

　この問いに答えたのがマックス・ウェーバーだ。彼はその起源をキリスト教のプロテスタントの一派であるカルヴァン派にみる。

（2）プロテスタントとは

　話を進める前に、プロテスタントについて概略を説明しておこう。

　1500年代、カトリック教会は財政難で苦しんでおり、既存の教会のメンテナンスはもちろん、新たな聖堂の建設もままならなかった。

　困難な状況を脱するために考え出されたのが「贖宥状」だった。「これを持てば、あなたの罪は赦されますよ」という免罪符のことだ。

　信者にとって最大の関心事は、「死後、自分は天国に行けるのか」だった。もしも現世で不義をはたらいていたら、神が見逃してくれるはずがない。とはいえ人間は、誰でも一つや二つの「あんなこと、するんじゃなかった」といった過ちがあるはずだ。そんな罪深き自分はかならず地獄に突き落とされることだろう。こうした苦悩を抱えているときに、買うと現世の悪行が許される贖宥状が売り出された。

　皆こぞって買った。これで自分は救済され、天国行き間違いなしだ。

　そうして財政的にV字回復したカトリック教会は、1626年、イタリア・バチカンに総本山サン・ピエトロ大聖堂を建てることができた。

　この贖宥状がキリスト教会を二分する議論を巻き起こす。ドイツの神学者マルティン・ルター（1483-1546）が、露骨な集金システムに対して反旗を翻したのだ。1517年に「95か条の論題」と呼ばれる公開質問状を発表する。免罪符を買えば、すなわち金を払いさえすれば天国に行けることについて、質問の体裁をとって猛批判したのである。

　これがきっかけとなってキリスト教会は分裂していく。彼の賛同者は、カトリックから離れてプロテスタントと呼ばれるようになった。呼称はラテン語の「抗議する」を意味する*protestatio*からきている。英語で「抗議する」ことをプロテスト（protest）というが、この語源も同じである。

©Alberto Luccaroni

❹ プロテスタンティズムの倫理と資本主義の精神

さて、ここから本題、ウェーバーが唱えたプロテスタントと資本主義の関係を追っていこう。

（1）カルヴァン派の三つの教義

プロテスタントにも多くの宗派があるが、ウェーバーが着目したのはカルヴァン派だった。主に、現在のオランダからイギリスあたりの地域で優勢だった。そしてこの地域から資本制が生まれてくる。カルヴァン派が誕生して根づいていった地域や時期と、新経済システムの勃興がぴたりと一致するのだ。いったいなぜなのか。偶然の一致だとはとても思えなかった。両者にはなにか関係があるにちがいない。

カルヴァン派の信仰をカルヴィニズムといい、その教えには三つの特徴があった。

❶ 予定説

第一は「予定説」である。「死後、神によって救済されるか、救済されずに滅びてしまうかは、あらかじめ決められている」という教えだ。換言すれ

ば「死後、あなたが天国にいくか地獄にいくかはすでに神が決めていて、現世であなたがどのように生きようが、変更はきかない」となる。

この教えは信者にすれば理不尽極まりなかっただろう。一所懸命に信仰しても天国にいけるとは限らないのだから、信心深ければ深いほど不安に苛（さいな）まれたはずだ。憂（うれ）いから解放されるには「自分は救済される」側であることを自らの手で証明するしかない。そうして「これほどまでに信仰心が篤（あつ）い私を神が見捨てるはずがない」と確信できるまで、信奉に没頭していった。

❷ 偶像崇拝の禁止

第二は「被造物神化の禁止」だ。偶像崇拝のことで、教会にあるイエス・キリストの像を神として尊崇することなどをいう。

旧約聖書の「出エジプト記」の第20章にこうある（日本聖書協会2022:240）。

> あなたには、わたしをおいてほかに神があってはならない。
> あなたはいかなる像も造ってはならない。上は天にあり、下は地にあり、また地の下の水の中にある、いかなるものの形も造ってはならない。あなたはそれらに向かってひれ伏したり、それらに仕えたりしてはならない。

偶像はそもそも誰かの創作品である。人工的な像なので真の神ではない。したがってそれを神格化して礼拝することは間違っている。だから偶像崇拝、すなわち被造物神化を禁止したのである*2。

信仰の対象が神から人工物に転移してしまうところが問題の核心だ。誰かがつくった木像が聖化し、やがてそれが特別な力を宿すようになるからだ。

＊2　2010年代にイスラム国がテロ行為と並行して世界遺産などを破壊していったことは世界中でニュースとなり、イスラム国に対して非難と攻撃が一段と増していった。彼らが文化財を破壊していったのは、偶像崇拝の禁止を遵守していたからである。多くの人たちにとっては貴重な、後世に残していくべき財産であったとしても、彼らからすれば、崇拝の対象となる／対象となってきた偶像はあってはならないのだ。

❸ 天職

　第三は「天職」だ。職業召命説ともいう。ルターによって説かれた世俗的職業は天職であるとの教条が、カルヴィニズムに受け継がれた。

　「いまの仕事は神があなたに与えた使命だから、まじめに取り組みなさい」という教えだ。

‖ 図14-3 ‖ マルティン・ルター（左）とジャン・カルヴァン（右）

（2）世俗内禁欲の誕生

　三つの教義が合わさり、信心深い人が遵守（じゅんしゅ）したらどうなるだろうか。

　ある男性がカフェを経営しているとしよう。彼は天国にいくために、朝から晩まで一所懸命に働いている。こんなに忠実に主の教えをまもっている私を神が見捨てるはずがない。予定説によって現世の生き方には関係なく救済される者はあらかじめ決まっていることは承知しているが、彼は救済されると思いたいし、猛烈に働くことで不安を払拭（ふっしょく）して、自分は選ばれし人間のはずだと得心するだろう。

　カフェは、彼の頑張りによって利益をあげることだろう。儲けた金をどうつかうか。「これだけ働いたのだから自分へのご褒美で、今晩は回転していない寿司でも食べにいくか。たまにはそれもいいだろう」と思ったとしよう。その瞬間に天の声が聞こえてくるに違いない。「おいおい。お前は高級寿司店に行

きたいから一所懸命に働いているのか。ふーん、そうなのか。そんな邪な考えの者は救済するに値しないな」と。

この神託が聞こえたからにはもう寿司を食べにはいけない。脳裏に湧出する煩悩を必死に払い除けつつ、再び彼は猛烈に働き出す。

そして月日が経って、ある日のこと。久しぶりに休暇がとれたので着古した服を新調しようと思い立った。ボロボロではないものの、ヨレヨレだからいわば生活必需品だ。そのときまたもや天からの啓示が降り注ぐ。「お前は新しい服を買うために働いているのか」。

天職、職業召命説を信じる者は、高級寿司などもってのほかで、たとえ日用品の購入でさえも躊躇せずにはいられない。私利私欲は徹底的に封印しなければならない。猛烈な労働と果てしない清貧が求められるのだ。これを世俗内禁欲という。さもなければ神から見放されてしまう。

結果、彼は利益を上げ、それを散財することなく貯蓄し続けることになる。この金をどうするか。職業召命説に忠誠を誓うとすれば、どのように行動すべきか。答えは単純明快だ。貯金をそっくりそのまま仕事に投資する、要するにカフェの2号店を出すのである。

気持ちを新たにして彼は仕事に没頭する。2店舗になったから忙しさは倍になったが利益も倍になった。そして売り上げを伸ばして蓄財し、職業召命説にしたがって3号店の開店のためにつかう。これを延々繰り返す。

同じ手法は現代社会では見慣れたものだろう。キャピタリズムの申し子であるマクドナルドやスターバックスは、まさにこのビジネス戦略で世界中に店舗を増やしてきた。

ウェーバーは、プロテスタントのカルヴィニズムに忠実であることと、資本主義の経営システムは原理が同じだと主張したのだ。これがオランダやイギリスといったカルヴァン派が優勢な地域で、人類史で類をみない経済システムが誕生した理由であると結論づけたのである。

⑤　宗教的要因の重要性

（1）ウェーバーとデュルケム：二人の巨人と宗教

ウェーバーとデュルケム（　コラム4　）が現代社会学の基礎をつくった。現

在でも彼らの著書はよく引用される。興味深いのは、両者が宗教と社会的行為の相関を解明したという共通点にある。

　デュルケムはカトリックが優勢な地域では自殺率が低く、プロテスタントが優勢な地域では自殺率が高いことを明らかにして、その理由を両者の信仰スタイルの違いに求めた（ コラム 4 ）。教会を中心にして聖書を一元的に解釈して多義的な解釈を認めない前者は、その意図せざる結果として信者の凝集性が高まる。カトリックは連帯しやすい。

　一方後者は、聖書の個人的な多義的解釈を認めるので、神と信者が一対一関係になりやすい。その意図せざる結果としてプロテスタントは孤立しやすい。この違いが自殺率に反映している。どのような社会に属するかによって人びとの生き方がかわる。

　対してウェーバーは、デュルケムと同じように、カトリックとプロテスタントの信仰スタイルの違いに着目しつつ、カルヴィニズムの教えがキャピタリズムという経済システムをつくりだしたと主張した。

　同じキリスト教に着目しているが、両者の興味・関心の方向性は異なる。かといって、どちらかだけが正しいわけではない。

　「はじめに」でも述べたように社会学の醍醐味は対象を異なったアングルからみてみるところにある。そうすれば違うかたちがみえてくる。デュルケムは、キリスト教をとおして社会病理の一つである自殺を考えた。ウェーバーは、キリスト教から資本主義を考えた。多くの人は宗教と自殺や経済が関係しているとは想像だにせず、別個に現象していると思っているのではないか。こうした既成概念や思い込みを粉砕し、対象を多元的で重層的にとらえるところに社会学の面白さがある。それを典型的に示しているのが二人の考察なのである。

‖ 図14-4 ‖ マックス・ウェーバー

（2）下着泥棒と資本主義

　マルクスもキャピタリズムに宗教的要素を見いだしていた。フェティシズム
論だ。

　偶像崇拝に似たメンタリティは、現代社会のあらゆるところにみてとること
ができる。なんといっても類似例は盗撮だろう。盗撮犯は逮捕されると「女性
の下着に興味があった」とよく供述するが、これは欲望が転移しているといっ
てよい。性的欲望からすれば身体に興味があるはずなのに、それをカバーする
衣類に目的が横滑りしているからだ。ときどきニュースになる下着泥棒も同じ
である。盗撮犯や泥棒が、身体ではなく衣類に執着するのは、下着に彼らを魅
了する特別な力が宿っているからだ。

　物神崇拝（フェティシズム）とは、山・海・石・木、火、水などの対象に神
性や呪力を見いだし、崇めたり祈ったりすることをいう。日本は「商売の神様」
や「学問の神様」などがいる八百万の神の国だから、神の遍在性は理解しやす
い。

　そう考えると、偶像崇拝とフェティシズムは重なる部分があることがわかる。

　下着などに執着する者が、ときに「フェティシズム（フェチ）」という用語
をつかって説明されるのはここからきている。身体ではなく、そこからスライ
ドした衣類が欲望の対象として特別な力を宿すからである。

とはいえ現代社会にある最大のフェティシズムの対象は貨幣だろう。私たちは「金持ちになりたい」「金があったらなあ……」とよく思うが、これは願望がずれている。本来的には金で手に入れることができるものが欲しいはずから、である。「回転していない寿司屋に行ってみたい」「有名ブランドのバッグが欲しい」のような願いがダイレクトに湧き上がるのではなく、まずそれらと交換可能な全能の貨幣に向かう横滑りが生じている。<u>ただの紙切れに特別な力が宿る</u>のだ。

　貨幣との交換物になる商品も同じだ。本来は必要だから生産されるべきもののはずである。ところが資本主義では必要性ではなく、売れる＝儲かるかどうかを基準にして生産される。商品が生活必需品としてではなく、利益を得る手段へとスライドして「カネのなる木」という従来とは異なった力を宿すようになるのだ。

　ここからマルクスは、キャピタリズムにおいて貨幣や商品にフェティシズムをみた（マルクス2017）。

⑥ 努力と競争を礼賛する社会

　私たちは幼い頃から「努力や忍耐が大切」「目標をたて、それにむかって前に進んでいくことは尊い」と教えられてきた。「頑張ればいつか夢は叶う」「努力は報われる」といったフレーズは世に氾濫している。

　社会学者の大村英昭はそれを「**禁欲的頑張る主義**」と呼ぶ。そして、この価値観が世に満ちあふれており、人びとをそれぞれの夢に向かって全力疾走するように煽り立てていると指摘している（大村2004:1-14）。

　これはスポーツ界でとくに顕著だ。トップアスリートは皆、人生をその競技に懸けて、食事、睡眠、トレーニングなど日常生活のすべてを成績向上のために捧げている。だからこそ夢の舞台に立つことができるのだ。

　だが努力しているのは彼らだけではない。「努力せよ」という価値観は、現代日本社会のあらゆる場面でみることができる。いったいなぜなのかを考えていこう。

　日本社会は市場経済システムを基盤としている。これを定義づけるのは非常に難しいが、その核心が**競争原理**であることは間違いない。

ハンバーガーについて考えてみよう。世の中にある多くの店は、安くて美味しいハンバーガーづくりをめぐって競い合っている。それができた店は生き残り、繁盛して利益を得る。やがて全国にチェーン展開して大企業へと成長していくことだろう。できなかった店は、消費者の支持をえられず倒産していくだろう。

　スペンサーの「最適者生存」と同じで、消費者のニーズに応えることができた者が優秀で、その者だけが生き残るのだ。熾烈な生存競争を繰り返すプロセスで、商品は改良され品質が向上していく。それがよりよい社会の発展につながっていく。

　戦後日本社会に経済的発展をもたらしたものづくりの歴史は、まさにこれを証明している。企業の生き残りは、同業他社の製品と比べて、価格を抑えつつ品質を向上させることができるかどうかにかかっている。

　企業だけではない。学校も受験戦争に勝った者だけが入学を許される弱肉強食の典型例だ。入学したらしたで、違う競い合いが待っている。成績によって奨学金がもらえたり、授業料が免除になったりするからだ。その後に就職活動なる闘いも待っている。

　卒業後は企業内で昇進争いに加わらなければならない。

　結婚したいと思ったら、意中の相手を巡って他者と勝負しなければならない。そのときにものをいうのが勝ち取ってきた学歴・勤務先・収入といった要素である。社会学では資本と呼ぶ。これらの資本を元手にして結婚相手の争奪戦が繰り広げられる。

　結婚してもまだまだ続く。子どもができると習い事や受験などの子育てレースがはじまるので、親として参戦せねばならない。子どものステイタスを上げることは、親の社会的地位を上げるのだ。上昇志向と卓越化への欲望は無限だ。生の隅々にまでトーナメントシステムは入り込み、それによって社会も個人も駆動している／駆動させられているのである。

　良質の資本を手に入れるためには、あらゆる場面でおこなわれる対戦に勝つことが肝要だ。そのためには努力するしかない。競争原理を基底とする社会だからこそ「努力することは素晴らしい」という価値観が成立するのであって「努力することは素晴らしい」という信条が社会に独立して存在しているわけではない。

不登校、引きこもり、無職者、野宿者などの社会的評価が低いのはここに理由がある。社会を駆動させている競争に参戦していない／参戦できないから周囲から白眼視される。禁欲的頑張る主義に乗れない／乗らない者は、容赦なく「怠け者」のラベルを貼られてしまうのだ。

⑦ 資本主義と基本的人権：新自由主義の成立

（1）レッセ゠フェールとみえない手

競争社会を成立させるためには、個人に自由を与えておかねばならない。「どこの大学を受験してもよい」や「どこの店のハンバーガーを食べてもOK」のように各自に完璧な選択権を与えておかなければ競争は成立しない。消費者の任意選択の集積から、唯一の勝者が決定されていく。

これを拡張していえば、政府は経済にいろいろと口を出さない方がよいことになる。企業は与えられたステージでライバルに勝とうと苛烈な企業努力を強いられているのだから、放任しておけば、企業間競争によって高品質な商品が誕生し、市場で適正な価格で売られるはずだ。品質が粗悪だったり、価格が不適正だったりすれば、消費者の支持が得られず市場から強制的に排除されていく。

これがレッセ゠フェール（自由放任）で、自由市場に任せておけば経済は最適な状態に自然に調整されるとする論理だ。アダム・スミスはこう主張する（スミス2000:303）。

　……他の多くのばあいと同様に、みえない手に導かれて、彼の意図のなかにまったくなかった目的を推進するようになるのである。

「みえない手（invisible hand）」は一般的には「神のみえざる手（invisible hand of God）」として知られている。

1979年、イギリス初の女性首相になったマーガレット・サッチャー（1925-2013）はスミスに考え方がきわめて近く、1987年に雑誌*Woman's Own*から受けたインタビューで「だれが社会なのか？　そんなものはない！　あるのはただ、個人としての男性と女性、そして家族だけだ」という名言を残してい

る（Margaret Thatcher FOUNDATION2023）。

　　……who is society? There is no such things! There are
individual men and women and there are families……

‖ 図14-5 ‖ サッチャー（左）とソ連大統領ゴルバチョフ（右）（1989）

　社会の存在を完全否定する高らかな宣言は「みえない手」に起源をもっているといってよい。個人を自由放任しておけば、もっとも高品質で高効率な場が神の手の原理で自然にできあがる。社会主義国家のように、社会が人を恣意的にある方向に導いてはいけないのだ。これが彼女の政治信念であり、この思想を端的に表したのが、先の発言だったのである。

（2）資本主義が憲法の形を決めた

　サッチャーが目指した「場」が最良であるとされるとき、個人に自由を保障

しておくことが重要となる。基本的人権の尊重がこれにあたる。欧米日を代表とする資本制が先鋭化する社会で、もっとも重要な社会的価値が人権であることの意味はここからきている。だからこそ、日本国憲法の第11条は、

> 国民は、すべての基本的人権の享有を妨げられない。この憲法が国民に保障する基本的人権は、侵すことのできない永久の権利として、現在及び将来の国民に与へられる。

と宣言しているのだ。

憲法と経済は別物だと考えがちであるが、そうではない。資本主義を達成し維持するためには個々人に基本的人権として自由を保障しておかなければならない。それが成立条件なのだ。経済システムが第一にあって、それを持続させるために日本国憲法が機能しているのだ。これが新自由主義の基本である。

（3）下部構造と上部構造

マルクスの有名なテーゼ「下部構造が上部構造を規定する」とは、生産関係の総体、つまり下部構造としての経済が、「文化」「法律」「政治」「宗教」などの上部構造を規定していくという意味である（マルクス1990）。経済こそが社会の土台だ。戦後の日本社会の経済システムと憲法の関係はまさにこのとおりだ。

第二次世界大戦が終結して、GHQが日本を統治下においた時期に、アメリカの強い意向を踏まえた現在の憲法が制定された。キャピタリズムの申し子が日本の新憲法に基本的人権の尊重を強く求めたのは自明だったのである。そして戦後日本は、水先案内人であるアメリカにしたがって、資本主義国家として西側陣営につき、経済的発展を遂げていったのである。

🔍 参考文献

- フリードリッヒ・エンゲルス、1949、『家族・私有財産及び国家の起源 リュウィス・エッチ・モルガンの研究に因みて』岩波書店。
- 大村英昭、2004、「『鎮めの文化』としてのスポーツ」、『スポーツ社会学研究』(12)。
- アダム・スミス、2000、『国富論（二）』岩波書店。
- 日本聖書協会、2022、『聖書　新共同訳　旧約聖書』。
- ピーター・J・ボウラー、1997、『チャールズ・ダーウィン　生涯・学説・その影響』朝日新聞社。
- Margaret Thatcher FOUNDATION、2023、「1987 Sep 23 We Margaret Thatcher Interview for *Woman's Own* ("no such thing [as society]")」https://www.margaretthatcher.org/document/106689
- カール・マルクス、1990、『経済学批判』岩波書店。
- マルクス、2017、『資本論1』岩波書店。
- L.H.モルガン、2012、『古代社会（上）』岩波書店。

👍 おすすめ

- 大澤真幸、2019、『社会学史』講談社
  アリストテレス、ルソー、マルクス、フロイト、デュルケム、ジンメル、ウェーバーなど、著名な思想史家たちを縦横無尽な視野と圧倒的な知識量で解説しながら社会学について思索する知的好奇心に溢れる一冊。

- 映画、1936、『モダン・タイムス』
  映画界のスーパースター、チャールズ・チャップリンの代表作の一つ。冒頭の機械にこきつかわれる人間を描いたシーンは、人間性をまったく考慮しない効率一辺倒の資本主義システムを溢れんばかりのユーモアで痛烈に皮肉っている。

グローバル化：均質化と差異化の同時進行

《 キーワード 》
世界システム論　マクドナルド化　差異化と均質化・同一化

① グローバリゼーション時代の到来

（1）文化としてのグローバリゼーション

　ひと・もの・資金・情報などが国境という強固な分割線を軽々と越えて地球規模で流動化することをグローバリゼーションと表現する。現在では自然かつ当然だと感じるが、これは最近の現象である。第二次世界大戦後の日本社会は1964年まで、事実上、海外旅行禁止政策がとられていた（第3章❸）。

　日本のメディアが国際放送*1を開始したのは1930（昭和5）年12月26日だ。アメリカに向けて尺八、三弦（三味線）、琴の合奏「六段」がラジオ放送されたのがはじまりとされる（酒井2018:35-56）。

　これらの経緯を考えると、海外のメディアを日本で視聴する、あるいは逆に、日本のコンテンツを海外で楽しむ行為はごく最近成立した文化であることが理解できるだろう。

（2）冷戦とグローバリゼーション：冷戦体制の崩壊

　グローバリゼーションのターニングポイントになったのは、1989年11月9日のベルリンの壁崩壊である。それまでは西側の中心だったアメリカと、東側の中心だったソ連とが激しく対立して、地球は資本主義陣営と共産主義陣営に二分されていた（冷戦）。ところが分断を象徴するコンクリートの壁を東西のボーダーに張り巡らしていた東ドイツが、東側経済の衰退に端を発して西ベル

---

*1　芸術学者の酒井健太郎は、受信者を特定せずに放送電波を海外に送出してそれが届く範囲で受信されることを狙う形態を「海外放送」、対象国・地域の放送局と約束のうえで送出してそれが受信局から当該地域に中継放送される形態を「国際放送」としている。

リンとの往来を認めたことによって、一夜にして冷戦は幕を下ろした。これを端緒にソ連を構成していた国々は、雪崩を打ったように分離・独立を果たしていった。ソ連自体も1991年に崩壊しロシアと国名を変えて現在に至る。

‖ 図15-1 ‖ ベルリンの壁崩壊

©Lear 21

❶ 資本主義：自由の重視

　両陣営の対立の根底には「人類の幸福」をめぐる考え方の違いがあった。資本主義が考える人類の幸福は「自由」である(第14章❼)。「他者に迷惑をかけなければ個人はなにをやっても自由」だとする規範こそが人類の最大の幸福だと考える。そしてこの原理原則によって経済が動く、換言すれば、自由競争原理で経済を回すためには個々人に最大限の裁量権を与えておくことが重要なのだ。自由とは基本的人権のことであり、民主主義につながっている。

❷ 共産主義：平等の重視

　共産主義が考える人類の幸福は「平等な社会」である。資本制社会ではごく少数の勝者が天文学的な富と権力を掌握することができるが、圧倒的多数の敗者は辛酸を舐めることになる。

　弱肉強食を地でいく社会は人類にとって幸福だろうか。優勝劣敗が先鋭化するキャピタリズムにNOを突きつけ、飛び抜けた経済的勝者はいないが、貧困や格差がない平等な社会を人類の目指すべきゴールとしたのである。そ

のためには個人の自由を制限することも辞さない。社会を優先するからだ。

❸ 現在でも残る対立

　資本主義社会の日本がコロナ禍にあって、都市のロックダウンに踏み切らなかったのは、それが一人ひとりの自由を制限してしまうからだ。一方、ゼロコロナ政策を掲げていた中国共産党が各地であっさりとロックダウンに踏み切って人びとの行動を厳しく制限したのには、幸福論の違いが背景にあった。

　2022年2月にはじまったウクライナ戦争にも同じ構図がみてとれる。かつてはソ連邦の一員であったウクライナが西側陣営に与（くみ）するとなると、同国と長い国境を接しているロシアは思想的に水と油の関係だった資本主義・自由民主主義と直に接触することになる。緩衝地帯として機能するウクライナがあることによって地政学的に安寧を得ていたが、これからはそうはいかなくなる。危機的状況だ。まして以前はソ連邦の一員であった同国の敵対思想への恭順は、裏切りとしか映らない。

　このように幸福をめぐる思想的背景が、国際政治の対立を激化させている。

　ただ現在では、中国もロシアも純粋な社会主義国家ではないし、ピュアな共産主義国家を目指しているわけでもなさそうだ。競争原理が働かなくては、グローバルマーケットで戦っていける商品を開発することができないからだろう。とはいえ両国がとっている経済政策は、一極集中的な権力を基盤とした国家資本主義ともいうべきもので、欧米日がとっている自由民主主義を基底とした資本制ではない。経済のキャピタリズムと政治の自由民主主義はワンセットだと考えられてきたが、そうではない社会主義市場経済というアクロバティックな経済システムが成立している。

② 世界システム論

（1）競争原理が働かない共産主義

　第14章で資本主義を考察したが、触れられなかった重要な理論がある。アメリカの社会学者イマニュエル・ウォーラーステイン（1930-2019）が唱えた「世界システム論」だ。

　繰り返しになるが、重要な点なので確認しておこう。

　資本制の原動力は競争原理にある。安価でクオリティが高い商品をつくりだすことができた者が勝者となり、できなかった者は敗者となってマーケットから退場させられる。これを繰り返すことで品質はさらに向上していく。トーナメントシステムを生きる場の隅々にまで行き渡らせることで、社会は発展していくのだ。

　共産主義にはこのルールがない。対戦によって優劣と格差が生じるのだからそれを排除しなければ平等な社会が展望できない。

　ところが競い合いなどの切磋琢磨がなければ、品質は向上していかない。グローバルマーケットにおいて、熾烈な競争を勝ち抜いてきた資本主義社会の製品と、共産主義社会の平和状態の中で計画的に生み出された製品とでは、クオリティ面でも価格面でもまったく勝負にならなかった。これが衰退を招いた致命的欠陥だった。

（2）搾取をもとに成り立つ資本主義

　資本制は純粋な勝ち抜き戦によって駆動していると思われるが、そうではないと主張したのがウォーラーステインだ。史的システムとして成立しているのだと主張する。

　世界システム論はキャピタリズムを世界的な分業システムとして捉え、「中心」国が「周辺」国の富を搾取することで成立していると考える。現在、中心に位置しているのは欧米日である。本理論がおもしろいのは、周辺から中心に向かって富が直接的に流れ込んでくるのではなく、いったん「半周辺」を経由するところにある。半周辺が周辺の富を吸収し、それが中心へと流入するのだ。

周辺⇨半周辺⇨中心

資本主義社会の雄であるイギリスを例にすれば理解しやすい。イギリスが18世紀から産業革命を成し遂げていくとき、原動力となったのは世界各地に所有する植民地から吸い上げた富だった（《第1章❸）。とくに有名なのは三角貿易だ。軍事力を背景にアフリカに乗り込んだイギリスは植民地経営をしながら黒人を奴隷としてかき集め、船に乗せて大西洋を渡りアメリカ大陸に運び込んだ。広大な農場で働かせるためだ。当地では、砂糖、綿、タバコなどの作物をつくり、それらをイギリスに輸送し巨大工場で製品化した。できあがった商品はヨーロッパ、アフリカ、アメリカなどで売り捌いた。

　イギリスとアフリカとアメリカを奴隷、原材料、製品が周遊することで、富がイギリスに蓄積されていく。このシステムを最大限に活用して産業革命を成し遂げたのであって、イギリスが単独かつ自力で大転換を起こしたわけではない。資本主義の成立は植民地という「周辺」から富を収奪することによって達成されていったのだ。

富の流れは一方通行

　富の流れは常に「周辺⇨半周辺⇨中心」で、その逆はない。

　一方、環境破壊につながるゴミのような不用品は「資源」や「リサイクル」などの名目で「中心⇨半周辺⇨周辺」へと流れていく。典型的なのは家電や自動車だ。

　世界システム論が指摘するのは、中心以外の国が中心の従属的な立場に置かれていることである。国家間の格差は広がるばかりだ。

第15章

‖ 図15-2 ‖ 三角貿易

（3）ダーウィンの悪夢：ビクトリア湖とナイルパーチ

　これだけでは抽象的すぎて理解が難しいかもしれない。そこで世界システム論を理解するためのよい教材を紹介しよう。2004年に公開された映画『ダーウィンの悪夢』だ。

　ナイル川の源流の一つに数えられるビクトリア湖は、ユーラシアのカスピ海、北米のスペリオル湖につぐ世界3位の面積を誇り、ケニア、ウガンダ、タンザニアに面している。6万8800km²という面積は、数字だけではピンとこないが、北海道が8万3450km²、九州が3万6780km²なので「九州以上、北海道未満」といったところか。ここは「ダーウィンの箱庭」と形容されるほど生物多様性に富んでいて、固有種も多い。だが、そんな湖に変化がもたらされる。

‖ 図15-3 ‖ ムワンザ

筆者撮影（2015）

　ある時期まで、湖には「ナイルパーチ」と呼ばれる魚は存在しなかった。しかし詳細は不明ながら——一説には1950年代だといわれている——何者かがバケツ一杯分の魚を湖に放流したらしい。そこから湖の環境と住まう人びとの生活は激変していく。在来種が、肉食魚であるナイルパーチによって食い荒らされはじめたのだ。その一方、美味な魚肉は現地の人びと、特に漁師にとっては現金収入をもたらす福の神でもあった。

❶ グローバル経済への編入と格差

　環境破壊と経済の活性化のジレンマを抱えることになったタンザニアの町ムワンザにEUが目をつけた。魚の加工工場を建設し、切り身をヨーロッパや日本などに輸出しはじめたのだ。日本に輸入された当初は「白スズキ」と名付けられて販売され、白身魚のフライなどに調理されて食卓にあがった。

　グローバル経済の一翼を担うことになった一方で、その円環に入れなかった人びとは、日々劣悪化していく湖と開いていく格差によってますます社会の底辺へと追いやられていく。

　エイズにかかって死んでいく娼婦たち、鍋で炊かれた飯をめぐって殴り合いを始める幼い子どもたち、危険極まりない夜警の仕事で一晩わずか1米ドルしか稼げない男性、大量の魚の残骸が腐敗する時に発生させるガスによって失明してしまった出稼ぎ民たちの姿が生々しく映し出される。

　三枚におろされた白身部分は空輸されてヨーロッパや日本に向かう。頭や尻尾などの「食べられない」部位は、トラックに山積みされて別の加工工場に向かう。そこで地方の農村から出稼ぎでやってきた女性たちの手で、木の棚に並べられ天日干しされる。ただハエが大量発生していて蛆虫だらけだ。鳥たちも啄んでいる。不衛生極まりない環境で乾燥させたら、油が入った大鍋で素揚げされる。これが商品となって現地の人たちに食される。

　おいしい部分は「中心」に向かって空を飛び、「食べられない」部分は蛆虫にまみれながら乾燥、素揚げされて「周辺」の人たちに供される。おいしいと舌鼓を打ちながら思わずこぼれる微笑みは、非人間的な境遇に耐え忍ぶムワンザの人びとによって支えられていたのだ。

❷ ナイルパーチにみる世界システム

　この映画が世界システム論の視点から興味深いのは、EUがナイルパーチという富を直接搾取してはいないところにある。加工された商品を輸送しているのはウクライナの航空会社なのだ。魚は、「漁獲・加工のタンザニア・ムワンザ（周辺）⇨ 輸送担当のウクライナ（半周辺）⇨ 消費地EU・日本（中心）」という経路をたどるのだ。

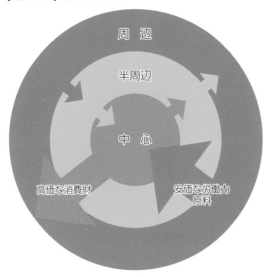

図15-4をみてもわかるように、史的システムとしての資本制は徹底的に分業体制を敷く。

　もちろんこれがナイルパーチをめぐる真実のすべてではないのだろう。ムワンザは、この魚だけに経済を依存しているわけではない。とはいえこの映画が資本主義への依存を加速度的に増している現代世界の冷酷な一面を暴露していることは事実である。

③ 人身売買としての外国人技能実習制度

　世界システム論は、植民地主義やムワンザだけでなく、あらゆるところで確認できる。現代日本社会であれば、日本人からは敬遠される単純労働、低賃金労働、3K（きつい・汚い・危険）労働を担っているのは、主にアジア諸国からの出稼ぎ民だ。彼らのほとんどは、1993年に創設された**外国人技能実習制度**を利用して日本にやってくる。

　本制度は、実際の現場で労働しながら日本の技能・技術・知識などを開発途上国の人たちが学び、実習終了後に帰国して、出身社会の発展に役立てることを主眼とする制度である。技能や知識の移転を目指すといえば、国際貢献そのものなので崇高な理念だといってよい。けれども実際には、労働力不足に陥っている日本社会における格安労働力としての役割を担わされているにすぎない。

┃ 図15-5 ┃ **外国人技能実習生のシステム**

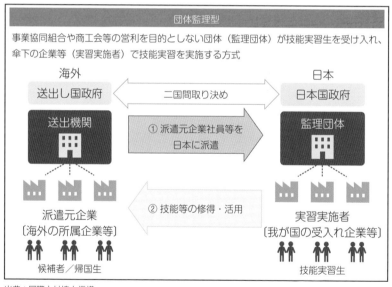

出典：国際人材協力機構

第15章

最大の問題は本制度を希望する場合、ほとんどのケースで来日前に研修を受けなければならないことだ。現地の送出機関が運営する研修所に入所して6か月間ほど日本語学習、日本文化の理解（挨拶・礼儀・マナーなど）、交通機関の乗り方などについて学ぶのに金がかかる。いわば授業料で、渡航費用も含めると、来日した時点で50万円以上の借金を抱えていることが少なくない*2。実習期間は3年が基本なので、職場に入って日本人よりも安い給料で働かされることに甘んじながら、借入を返済しつつ故郷で待つ家族への仕送りに励むのである。

　制度的欠陥、とくに負債を背負わせて来日させる、見方によっては逃げ道を塞いだうえで低賃金労働を強いる方法はアメリカから「人身売買」にあたると指摘されている*3。在日アメリカ大使館では、2022年7月19日付で、「〔アメリカ政府が〕4人の技能実習生を人身取引被害者と正式に認知した」と発表している（在日米国大使館と領事館2022）。

　掲げている看板は高尚だが、内実が伴っていない本制度は、各方面からの批判をうけて、廃止したうえで新制度を創設する方向で議論が進んでいる。

④ マクドナルド化する世界

　グローバリゼーションは、世界を均質化と同一化していく。いまや世界のどこにいっても、人びとはTシャツとジーンズを身にまとい、コカ・コーラを飲みながら、レディー・ガガを聴いている。街並みも、走っている車も、売られている商品も、そしてライフスタイルも、すべてが似通っている。

　アメリカの社会学者ジョージ・リッツアはこの現象を「マクドナルド化（McDonaldization）」と呼ぶ。名称の由来は、もちろん市場経済システムのアイコンたるハンバーガーチェーンのマクドナルドのことである。これには4つの特徴がある（リッツア1999）。

----

*2　2022年の調査によれば、来日前に送出機関に支払った費用の平均は52万1065円だった（法務省2022）。

(1) 効率性

　目的に対して最適な手段を選択することである。調理方法を工夫して単純化したり、メニューをシンプルにしたりすることで効率があがる。客が自分で商品を席まで運び、食後は片付けをして店を出ることも、店側からすれば合理的である。

　合理化と効率化は、ファーストフード店だけでなく、病院、役所、企業、教育現場、インターネットなど至る所で追求されている。

(2) 計算可能性

　素早く大量の商品を生産・確保する能力をいう。品質よりも価格と数量が重要視されるのだ。客は注文を終えてから商品が出てくるまで、カウンターの前で待たなければならない。長時間待たせたら、それだけで店の評価を下げてしまうだろう。逆に可能な限り短時間に、安価でボリュームがある商品を提供すれば、それだけで喜ぶだろう。味という要素は重要ではあるが、価格と量よりは優先順位が下だ。それを典型的に表しているのが「ビッグマック」でありセットメニューだ。この戦略は必然的に薄利多売となる。

　計算可能性も社会のあらゆるところで追求されている。スーパーマーケットやコンビニなどはその典型だ。

(3) 予測可能性

　合理化された社会では規律、秩序、システム化、形式化、ルーティン化、一貫性、組織的な操作などを重視する。これらは世界を均質化と同一化の方向へ誘うが、それによって世界のどこにいっても迷うことはなく、同じ作法とルールにしたがって行動できるようになる。

　ニューヨークと東京とパリのビッグマックがまったく違う味と形と量であれば、客は戸惑うことだろう。だが世界中で統一されていれば、安心・安全に注文することができる。事前になにが出てくるかがわかるからだ。食べれば、ど

＊3　2022年7月20日、朝日新聞は「アメリカ国務省が本制度にたいして人身売買にめたるものと問題視している」という記事を配信している（朝日新聞2022）。

れほど満腹になるかまで予想できる。

　予測可能性も世界のあちらこちらで確認できる。電車やバスなどの公共交通機関の乗り方、電話のかけ方、郵便の出し方、ネットショッピング、標識なども含めた交通ルールなどはその具体例だ。

（4）制御

　マクドナルドは、従業員を徹底的に制御している。制服の着方、接客マニュアル、清掃の手順、調理方法、注文から商品の提供までの時間など、細部まで規則化している。これが世界共通品質をもたらしている。

　これは客にも当てはまる。私たちは誰に教わったわけでもないのに、店に入るとレジ前に並び、順番が来ると注文し、カウンターの前で待ち、商品ができるとテーブルまで運び、短時間で食べ、終わるとテーブルを拭いて、ゴミをゴミ箱に分別処理して店を出る。それを皆が寸分違わず、無意識的におこなっている。店に完全にコントロールされているといってもよい。統制によって高効率化と合理化が達成されるのだ。

　制御は、病院や銀行の番号札発券や、自分の順番が来たら掲示板に番号が表示されるといった方式に昇華している。可能な限り客を働かせる、しかもそれを悟られないようにすることが肝心である。店側が客を上手に管理しているのだ。

⑤　均質化と差異化の同時進行

　リッツアは、世界の隅々でマクドナルド化が進行しており、生活世界はどんどん均質化し同一化していると指摘した。

　ただ、ことはそれほど単純ではない。グローバル化の進展は、差異化という、均質化や同一化とは真逆の流れも同時に生み出しているからだ。

（1）寿司

　好例は寿司だろう。日本の食文化の代表ともいうべき寿司がはじめてアメリカに渡った時、現地では不評だった。生魚を食べる文化がなく、気持ち悪い料理として映ったからだ。火を通していないことによる衛生面への不安もあった。

そのときに生み出されたのが、カリフォルニアロールだった。海苔巻きの具にアボカドを入れていて、牛魚はつかわれていない。メキシコ料理の定番食材なのでアメリカ人にとってはなじみがある。

アボカドをわさび醤油で食すとマグロの刺身の味に近い。そこに目をつけたのである。カリフォルニアロールは瞬く間にアメリカ人のハートを鷲掴みにして、寿司が受け入れられていくきっかけをつくった。肥満が社会問題になっていたことも追い風だった。低カロリーで栄養素的にも優れていると評判になり、健康食としても、もてはやされるようになっていった。

これが日本社会に環流してくる。回転寿司のサーモンアボカドはその進化版だ。日本伝統の寿司文化ではアボカド寿司などは「ありえない」が、アメリカ発祥の寿司文化では「ありえた」のだ。

食の日本文化はアメリカに行って差異化され、アメリカの和食となった。それが新しい日本文化として逆輸入されることで食の日本文化を変化させたのである。

‖ 図15-6 ‖ カリフォルニアロール

©Tim Reckmann from Hamm, Deutschland

（2）てりやきバーガー

　ファストフード店の「てりやきバーガー」も同じだ。元来「てりやき」は
なかったが、日本の食文化は甘辛い味を好む。マクドナルドがアメリカから
日本にやってきて、日本人好みのてりやきバーガーを創作し差異化を実現し
ていったのだ。

　高い人気を誇るようになると、世界に拡散し、スタンダードとなっていく。

（3）民族

　これは民族にもあてはまる。グローバル化によって人の往来が頻繁になり、
移動先で定住するようになると、飛び地のように同じ民族のコミュニティが
できあがる。彼らは均質化と同一化の圧力下で我々意識を旗印に凝集化して
いく。それが二世・三世と時代がくだると、ホスト社会に吸収されていく、
あるいは自ら進んで現地社会に身を投じていく者が出てくる。

　同時進行的に差異化しながら均質化と同一化していき、均質化と同一化しな
がら差異化していく複雑性こそがグローバリゼーションの特徴なのである。

⑥ 資本主義社会における欲望

(1) 伝統指向型／内部指向型／他人指向型

アメリカの社会学者デイヴィッド・リースマン（1909-2002）は、「社会変化に伴って、人びとの行動を律する原理が変化してきている」と指摘している（リースマン2013）。

❶ 伝統指向型

市場経済システムが誕生する以前の社会では「なぜそれをするのか」と問われると「昔からやってきたからだ」と答えた。「なぜ正月に初詣に行くのか」と聞かれれば「村の風習だから、行くのだ」と応じるのである。こうした行動規範を内面化した人間を「伝統指向型」と呼んだ。

❷ 内部指向型

しかし資本主義の勃興によって人びとの行動原理が変化していく。「なぜそれをするのか」と問われれば「したいからだ」と答えるのだ。「なぜ正月に初詣に行くのか」と聞かれれば「行きたいからだ」と応じるのである。

独立心に溢れる新進気鋭の起業家たちは、伝統にとらわれることなく、自己の信念や考えを羅針盤にして、新しい社会をつくりあげていった。資本制という人類史に初登場する社会では、独立独歩の精神が重要であり、競争社会を勝ち抜いていく強い自己が求められたのである。こうした行動規範を内面化した人間を「内部指向型」と呼んだ。

❸ 他人指向型

だがキャピタリズムが成熟した現代社会になると、そのような強い自己はかえって邪魔になる。企業は個性など求めてはおらず、協調性やコミュニケーション能力を重視するからである。求められる人間像が変化するとき、行動原理も変化する。「なぜそれをするのか」と問われれば「みんながするからだ」と答えるのだ。「なぜ正月に初詣に行くのか」と聞かれれば「みんなが行くからだ」と応じるのである。

この行動原理は理解しやすい。スマホを親に初めて買ってもらったとき、どのように説得したのかを思い出してみよう。「スマホを買ってよ。だってみんな持っているんだよ！」といったのではないだろうか。こうした行動規

第15章

範を内面化した現代人を「他人指向型」と呼んだ。

(2) 欲望の三角形：模倣としての欲望

　他人指向型に関連して、フランスの文芸批評家ルネ・ジラール（1923-2015）は「欲望の三角形」という概念を提示している（ジラール2010）。私たちは「新型のスマホに機種変更したい」「回転していない寿司屋に行きたい」など、常に何らかの願望にまみれている。それは自己の内面から自然に湧き上がってきているように思える。最新機種が欲しいのは私だし、高級寿司店に行きたいのも私自身だ。それ以外に何があろうか。

　ところがそうではなく、人間の欲望はかならず第三者を経由していると主張する。みんながもっているから私も最新型が欲しくなる。他者を模倣することによって喚起されるのだ。このメカニズムを「欲望の三角形」と呼ぶ。

　明治の文豪、夏目漱石の『こころ』は、これを描いた名作である。あらすじはこうだ。

・私の親友が下宿している家に娘がいる。
・親友はこの女性に恋をする。
・それを間近でみていた私は、いつしか彼女のことが好きになっていた。

‖ 図15-7 ‖ 欲望の三角形

　ジラールが指摘した「模倣」を「ミメーシス」という。このタームは社会学では非常に重要だ。なぜならハビトゥス（ コラム3 ）もベースになっている

のはミメーシスだからである。身体技法や形式知も、誰かの模倣を下敷きにしている。そう考えると、リースマンの他人指向型はもとより、伝統指向型や内部指向型でさえもそうだといってよい。

(3) 誇示的消費

　行動規範は内面化されたミメーシス的欲望によって支えられているが、これを認めるのは苦痛だ。誰もが、「自分らしさ」を追求しているからだ。この模倣と自分らしさの二律背反的欲望の板挟みにあったときに発動される三つ目の欲望が、アメリカの社会学者ソースタイン・ヴェブレン（1857-1929）がいう「誇示的消費」（ヴェブレン2016）で、これが解決策になる。

　困難に直面している自尊心を救済するためには、他者を卓越すればよい。たとえばブランド品を求める購買行為がそれにあたる。

　友人が国産車を買ったとしよう。すると三角形的欲望が喚起され、あなたも猛烈に自動車が欲しくなる。同じ車を買ったのでは単なるミメーシスで、それでは自尊心が傷つく。この状況を自己救済するには、高級ブランドの外車を買えばよい。そうすれば、それはもはや真似ではない。しかも外国製を入手する行為によって友人と差異化し、希少価値という意味で「自分らしさ」を出すことができる。あなたは必要性や実用性などの効率ではなく、卓越化のために、そして周囲から羨望の眼差しを得るために、それを買うのである。いまや自動車を購入すると表現するよりは、ブランドを手に入れるといったほうが正しい。この種の購買行動を誇示的消費と呼ぶ。

⑦ 自己責任を越えて

(1) 自由という不自由

　グローバリゼーション下にあって資本主義は新自由主義と呼ばれるようになり、ますます先鋭化している。「他者に迷惑をかけなければ個人はなにをやっても自由」という価値観が地球を覆っている。「何を食べたいのか」「どんな服を着たいのか」「どこの大学に進学したいのか」「誰と付き合いたいのか」「どのような仕事に就きたいのか」といった人生のあらゆることを自分で決めることができる。誰からも、何からも介入や制限・拘束されずに私の思うままに行

為を選択できるのだ。

　完全に自由な社会の出現は、人類史上はじめてのことだ。だがそれに伴って、どのような結果が出ようとも100%自己責任になった。社長になれたのが自分の手柄ならば、会社をリストラされたのも自分自身にすべての原因があるわけだ。他者に依存することを許さない、人間が単独で存立している／存立しなければならない孤独で冷徹な社会でもある。

　こうした状況下では、人びとは自己について考えざるを得ない。自分だけが選択権を持っているので、どのような決断をするべきかを自問自答しなければならない。自己についての思索が、果てしなく内旋していかざるを得ない。これが現代社会で氾濫している「自分らしさ」の真実だ。

❶ 自己決定の面倒さ

　この社会が生きやすいとは思えない。あらゆることを<u>自己決定することはリスクを伴うだけでなく、面倒臭いからだ</u>。だから昼時の食堂で一番売れるのは日替わり定食なのである。おかずは店主が決めてくれるので、自分はあれこれ考えなくてすむ。そう、自由は不自由なのだ。現代社会に生きる私たちは「自由」という名の足枷をはめられた囚人に等しい。

❷ 強者の論理

　自由を基盤とする<u>自己責任論には問題がある</u>。すべての人がすべての責任をとることを前提にしている強者の論理だからである。人種差別がある社会で黒人に生まれた、あるいは性差別が残存している社会で女性に生まれたケースを考えてみてほしい。障がいをもって生まれた赤ちゃんの場合はどうだろうか。<u>自己責任論は「社会的弱者」の存在を捨象してしまうのだ</u>。

❸ 個人化の促進

　この論理は他者との連帯を困難にもする。すべての結果責任を自己に帰す審判は他人への依存を許さないので、個々人は必然的に、周囲から切断された存在にならざるを得ない。人間の個人化だ。サッチャーの言葉「社会などというものはない」（《第14章❼》）は、これを肯定し称揚する高らかな宣言でもあったのである。

　とはいえ他者から完全に独立・自律した個人を想定することは、そもそも

不可能だろう。いまあなたが着ている服は誰がつくったのか。今日あなたが食べたものは誰が生産したのか。それらを想像するだけで、人間、とくに現代社会に生きる者は、自己の生存を他者に委ねていることが理解できる。

(2) 自己責任時代における連帯

では世界の趨勢(すうせい)となっている強者の論理を乗り越えて、いかにして他者と連帯し、共生できるのだろうか。ユイ《第12章❸》のような共同性の可能性は、現代社会にいかにひらかれているのだろうか。

一つのアイデアは、松田素二が提唱する「コンヴィヴィアリティ*4」だろう（松田2021:1-23）。彼は日常生活で触れたりアクセスしたりできる多様な思考・価値観・知識・制度・システムなどの一部を、自在に継ぎはぎすることで目の前の問題に対処していく力を「ブリコラージュの技法」*5と呼ぶ。

そして社会的に「正しいもの」「強いもの」が支配して秩序をつくりだそうとするときに、「正しくないもの」「弱いもの」が排斥され周縁化されていくことに異議を唱え、不完全性から出発することの重要性を指摘する。そしてこれらの異種異質なものとともに生きる思想と実践を「コンヴィヴィアリティ」と呼ぶ。個人の単独性と相互依存性、共同体との連帯という相反する日常的実践の可能性を展望する、挑戦的ロードマップである。

これだけを読めば抽象的で理解が難しいかもしれないが、第12章のボランティアの実践と挑戦を思い起こせば具体的なイメージが湧くかもしれない。人間は誰もが不完全な存在だ。とくに被災して自立性が失われ、他者の援助なしでは生きていけない状態は、自己責任社会では「弱いもの」の一例であろう。

さらに一歩すすめていえば、「私」自身も「弱いもの」の典型だろう。資本主義社会では一握りの「勝者」のほかは皆「敗者」だからである。現代日本社

---

*4 「コンヴィヴィアリティ」は、もともとは「自律した自由な個人」に価値をおき、それを基底にした「自立共生」を意味するタームとしてイヴァン・イリイチが提唱した。それに触発されたカメルーン出身の思想家フランシス・ニャムンジョは、アフリカ社会にて、人間の不完全性から出発して異種異質なものが共存しつつ共に生きる思想と実践を「コンヴィヴィアリティ」と呼んだ。

*5 レヴィ=ストロースは、身の周りにある雑多な道具や材料を活用して、その状況に必要なものをつくり対処することを「ブリコラージュ（器用仕事）」と呼んだ。

会で氾濫する「貧困」「格差」「親ガチャ」「負け組」「ひきこもり」「不登校」「鬱」などのワードの持続的生産は、禁欲的に頑張った末の「敗者」が大量生産されていることに一因があるのではないか。あるいは多くの人が、経済、社会階層、社会関係資本 *6、学歴などの指標をもとに繰り広げられている苛烈な人生レースに疲労困憊しているからではないか。

ボランティア活動が流行している理由の一つは、<u>自分という不完全で弱い存在が、他の弱い者や不完全な者たちと共に生き、喜怒哀楽を分かち合いながら連帯することの重要性を、理屈ではなく暗黙知として知っているからだろう。</u>

松田のコンヴィヴィアリティ論は、人間の個人化が加速する現代世界における人びとの共生と連帯の可能性をさぐる一つの試論である。こうしたさまざまな試みの先に、新しい社会の可能性がひろがっているのである。

Q 参考文献

- 朝日新聞、2022、「米人身売買報告書、日本は上から2番目　技能実習の一部『人身取引』」 https://www.asahi.com/articles/ASQ7N3FLTQ7NUHBI00P.html
- ソースタイン・ヴェブレン、2016、『有閑階級の理論』筑摩書房。
- 在日米国大使館と領事館、2022、「2022年人身取引報告書（日本に関する部分）」 https://jp.usembassy.gov/ja/trafficking-in-persons-report-2022-japan-ja/
- 酒井健太郎、2018、「1930年代のラジオ「国際放送」の音楽コンテンツ：日本人の「文化的アイデンティティ」に関する考察に向けて」『音楽芸術運営研究』(12)。
- ルネ・ジラール、2010、『欲望の現象学　ロマンティークの虚偽とロマネスクの真実』法政大学出版局。
- 法務省、2022、「技能実習生の支払い費用に関する実態調査の結果について」 https://www.moj.go.jp/isa/content/001377469.pdf

----

*6　社会関係資本とは、どのような人間と関係があるかを意味することばで、人的ネットワークのことである。

- 松田素二、2021、「序論　都市、抵抗、共同性について思うこと　―40年間のフィールドワークの軌跡から」松田素二・阿部利洋・井戸聡・大野哲也・野村明宏・松浦雄介編『日常的実践の社会人間学　都市　抵抗　共同性』山代印刷株式会社出版部。
- デイヴィッド・リースマン、2013、『孤独な群衆　上下』みすず書房。
- ジョージ・リッツア、1999、『マクドナルド化する社会』早稲田大学出版部。

 **おすすめ**

- 夏目漱石、2004、『こころ』KADOKAWA
  『吾輩は猫である』『坊っちゃん』『三四郎』など数々の名作を残した日本を代表する作家の一人夏目漱石が描く切なく悲しい物語。漱石にとどまらず森鷗外やノーベル文学賞作家川端康成などの作品は、一度はぜひ手に取ってほしい。

- 半藤一利、2009、『昭和史 1926-1945』『昭和史 戦後篇 1945-1989』平凡社
  軍国主義、第二次世界大戦、無条件降伏、国民主権・基本的人権・平和主義を基礎とする資本主義国家への変貌、戦後復興、高度経済成長、バブル景気と、めまいがするような社会変化を辿った激動の「昭和」を独自の視点から再考したスリリングな書。現代日本社会がどのように形成されてきたのか、そのプロセスがよく理解できる。

第15章

（ お わ り に ）

知的冒険の旅に出よう

　「社会について考える学問」ではあっても、社会学の方法論や基本的な考えかたは想像とは大きく違っていたのではないだろうか。

　「はじめに」でも述べたように、社会にあるモノや生起するコト、人びとの意識や行為を「従来とは異なった視点から捉え直してみる」ことをとおして「違うかたちを浮かびあがらせる」ことこそが社会学の醍醐味だ。

　人間がつくりあげる社会と文化、現代の諸事象・諸問題がどのように生成されたのか、当り前のようにみえたとしても背後にある人びとの動きを探ること。そうして知識を何の制約もなしに自在に広げて多様な意識や行為を理解すること。これら一連の探求が社会学の存在意義である。この試みは、自分自身についての問い直しを可能にする知的作業でもある。誰も歩いたことのない思索の原野に踏み出していく、いわば冒険的思考こそが社会学の「面白さ」の核心である。

　本書はその一例であり絶対的な最終結論ではない。別のアングル、異なったアプローチから考えることも可能で、それによって学問的な発展がもたらされる。

　本書を読了したあなたは、15章と4コラムが独立しながらも、ゆるやかに関連し全体として一つのストーリーを成形していることを実感しただろう。だが社会学がカバーする研究領域はこれらだけではない。社会変動論、社会集団・組織論、階級・階層・社会移動、農山漁村・地域社会、都市、生活構造、政治・国際関係、社会運動・集団行動、経営・産業・労働、社会病理・社会問題、社会福祉・医療、法律、知識・科学など本書で触れることができなかったテーマは多い。社会に存在するあらゆる現象と人びとの意識や行為を対象にするのだから、

この学問の射程は遥か彼方までひろがっている。

　私たちが生きる社会、さらに私たちの生は相当複雑だ。人間が二元論を好む理由の一つは単純明快に白黒はっきりさせたいからだが、現代社会、そして人間の生はシンプルからは程遠く、さまざまな要素が解きほぐせないほど複雑怪奇に絡まり合っている。この錯綜性を面倒くさがらずに、いや、むしろ大切にして「そんなの○○に決まっている」という常識の壁の先に足を踏み出してほしい。

　いま社会学の扉を開けたあなたには、本書を踏み台にして、あなただけの知的冒険の旅に出てほしいと思っている。そして思考の柔軟性を高め、生きるための道具として鍛えて、知的視野を切りひらいていってほしい。こうした未踏の領域への探検は、見たこともない壮大な風景をあなたにみせ、あなた自身の生き方の可能性をひろげてくれることだろう。

＊

　本書の執筆にあたり、元桃山学院大学教授・宮本孝二先生からさまざまなアイデアとアドバイスをいただきました。記して感謝申し上げます。

　また日本に数多いる社会学研究者のなかで、どういうわけか「大学の体育学部卒業」⇨「中学校教員」⇨「青年海外協力隊」⇨「自転車で世界放浪（5年間）」⇨「大学院で社会学と文化人類学を学ぶ」⇨「大学教員」という私のイレギュラーな経歴に興味を持って本書の執筆依頼をしてくれた株式会社KADOKAWAの細野翔太さんに心からお礼を申し上げます。

2023年12月
やんばるから与論島を望みつつ　大野哲也

た

大野　哲也（おおの　てつや）
桃山学院大学社会学部教授
大学の体育学部卒業後、高知県の山奥にある全校生徒11名という中学校の教員になる。
1988年から2年1か月間、現職参加制度を利用して青年海外協力隊に参加し、パプアニューギニアでスポーツ指導をする。
教員を退職して、1993年から5年1か月間、自転車で世界を放浪する。そのついでに北米大陸最高峰デナリ、南米大陸最高峰アコンカグア、アフリカ大陸最高峰キリマンジャロ、ヨーロッパアルプス最高峰モンブラン、オーストラリア大陸最高峰コジアスコに登頂し、南北両極点に立つ。
旅のあと、大学院に入学して社会学と文化人類学を学ぶ。

単著
2012『旅を生きる人びと　バックパッカーの人類学』世界思想社
2021『20年目の世界一周　実験的生活世界の冒険社会学』晃洋書房

編著
2019『スポーツをひらく社会学—歴史・メディア・グローバリゼーション』嵯峨野書院
2021『日常的実践の社会人間学—都市　抵抗　共同性』山代印刷株式会社出版部
2021『雑草たちの奇妙な声　現場ってなんだ?!』風響社

だいがく さつめ きょうかしょ しゃかいがく おもしろ ほん
大学1冊目の教科書　社会学が面白いほどわかる本

2024年2月9日　初版発行

おおの てつや
著／大野　哲也

発行者／山下　直久

発行／株式会社KADOKAWA
〒102-8177　東京都千代田区富士見2-13-3
電話 0570-002-301(ナビダイヤル)

印刷所／株式会社加藤文明社印刷所

製本所／株式会社加藤文明社印刷所

●お問い合わせ
https://www.kadokawa.co.jp/（「お問い合わせ」へお進みください）
※内容によっては、お答えできない場合があります。
※サポートは日本国内のみとさせていただきます。
※Japanese text only

定価はカバーに表示してあります。